明代老子學詮解的義理向度

目　次

緒　論

第一節　問題意識的形成

　　《老子》一書言簡意賅，再加上「正言若反」的思想特徵，導致彈性發揮的空間極大，衍生出仁者見仁、智者見智的詮釋效應。自韓非〈解老〉、〈喻老〉之後，兩漢以下迄至明、清注《老》釋《老》之輩，不下三百三十餘家。根據約略統計，兩漢注釋家約十三家，三國兩晉六朝約計七十七家，隋唐約計五十三家，兩宋約計六十四家，元朝約計三十家，明季約計五十八家，而有清一代約計四十家，民國以來則猶未計在內[1]。根據陳榮捷〈戰國道家〉的考證，從韓非〈解老〉、〈喻老〉開始，老子《道德經》至少已有七百餘種的不同注疏，其中仍然存在的大約一半，就是鄰近中國的日本，也大約有二百五十種注解。如果再

---

[1]　魏元珪：《老子思想體系探索・上》（臺北：新文豐出版公司，1994 年 6 月）第十四章〈歷代來釋老解老的重要派別〉，頁 205。熊鐵基、馬良懷、劉韶軍：《中國老學史》（福州：福建人民出版社，1997 年 7 月）〈前言〉中亦言：「歷代注釋《老子》的著作甚多，今人嚴靈峯的《無求備齋老子集成初編》就收有明以前的著作 140 種，續編收錄清代、民國時期及日本、韓國的 196 種，加上較易見到的《道藏》中所收諸種《老子》注本，其數量是很大的。」，頁 2。

將各種外文譯本計算在內，老子《道德經》所受的重視，恐怕沒
有一部哲學著作可以相提並論[2]。凡此，在在透顯出「後老子」
時期，對於《老子》這部傳統哲學經典的注目從來未曾稍減，其
影響力實不容小覷。老子學說即憑依歷來注解、箋釋的內容而得
以繼續流衍傳承，其間各家詮解的義理向度所呈現出豐富多元的
思想樣貌，殆是可以想見的。

其間百家之言說，因著時代思潮之背景與詮註者學養、學歷
之殊異，復加上主觀詮解目的之不同[3]，正可謂各道其所道，各
解其所解。細觀歷代老子學的演變發展，有以儒家、釋家、兵
家、法家、黃老、陰陽、道教、老莊之言解《老》者，詮解向度
之繁複，不一而足。除了外緣背景的影響，註解家亦為個人門戶
所限，以其固有知見詮註《老子》，激盪出各個時期老子學內在
義理的特殊性，因而也凸顯了別樣的色彩與表徵。時代思潮、身
分背景、學術涵養以及註解目的，種種因素的聚合，造就了閱讀
的各式「通孔」[4]。此固然形成解讀《老子》內外的諸多限制，

---

[2]　陳榮捷：〈戰國道家〉，收入《歷史語言研究所集刊》（臺北：中央研
　　究院歷史語言研究所，1972 年 10 月）第 44 本第 3 分，頁 444-445。此
　　外，亦可參見嚴靈峯：《中外老子著述目錄・下編》（臺北：中華叢書
　　委員會，1957 年 5 月），頁 227-303。

[3]　尹志華曾從「時代思潮的影響」以及詮釋者個人的「知識結構」、「身
　　分」、「主觀目的」等面向進行分析，推衍老學史上「六經注我」的現
　　象何以盛行的原因，歸納歷代注解家在對《老子》文句進行具體詮釋
　　時，為貫徹「六經注我」的宗旨所採取的各種詮釋方法。參見氏著：
　　〈從老學史看「六經注我」的詮釋方法〉，收入劉笑敢主編：《中國哲
　　學與文化》（桂林：廣西師範大學出版社，2009 年 6 月）第五輯：「六
　　經注我」還是「我注六經」，頁 61-74。

[4]　牟宗三：《中國哲學十九講——中國哲學之簡述及其所涵蘊之問題》

但弔詭的是，也正因為這些侷限，締造出專屬於其時其人獨到的見解與想法，使得歷代老子學展開煥然一新的可能契機，而不再只是單調的複製而已。誠如杜道堅所言：

> 道與世降，時有不同，注者多隨時代所尚，各自其成心而師之。故漢人注者為「漢老子」；晉人注者為「晉老子」；唐人、宋人注者為「唐老子」、「宋老子」。[5]

歷代老學研究者即從各個不同的角度面向，立足於時代與個人的座標之上，嘗試箋解注釋、研究闡發《老子》的內在底蘊，並由此注《老》釋《老》論《老》的多元觀點中，逐漸積澱、堆疊成一個龐大的學術思想體系。因為各個時代學術風氣、氛圍的不同，以及詮釋者身分背景、知識結構的差異，使得「漢老子」自然不同於「晉老子」，「晉老子」又不同於「唐老子」，「唐老子」又不同於「宋老子」。如此眾多詮釋《老子》的文字，遠遠

（臺北：臺灣學生書局，1986 年 10 月）第一講〈中國哲學之特殊性問題〉中認為「道」、「真理」必須通過生命來表現，生命本身有所限制就像一個「通孔」，而人就是在「通孔」中表現他的精神生活。既然是「通孔」，就同時有所限制，「道」與「真理」就在一個「通孔」上顯現，並沒有全體表現出來，頁 8-10。此處借用牟先生「通孔」一說，將其置入歷代《老子》多元詮釋的省思當中，所謂時代思潮、身分背景、學術涵養以及詮解目的等諸多因素，在在都是形成閱讀「通孔」的限制。有了「通孔」之後，對於經典的真理必然有所見，亦有所不見。此是面對傳統經典的詮釋問題，首先應該有的自覺性體認。

5　〔元〕杜道堅：《玄經原旨發揮》卷下第十，收入《正統道藏》（臺北：新文豐出版公司，1988 年）第二十一冊，頁 0469。

比五千言的文本多過千百倍，其間之註義一方面有傳統的承繼，另一方面也有開新的可能。從宏觀的視野來說，若我們能將各個時期對於《老子》的解讀，加以貫串聯繫起來，便也能同時勾勒出一條清晰的老子詮釋史的思想脈絡。而這條老子學的歷史長河，必然也因為眾多支流的匯集，融合成汪洋恣肆的浩瀚大海，呈現出不同於先秦原創時期的老學精神樣態與風貌。

　　綜而言之，每個時代都有不同身分背景，具有不同學術涵養的眾多學者，因著某種目的的需要，對《老子》文本進行充分的對話與衍義。因為文化背景與時代境域的不同，造就了複雜多元的老子學樣貌。這也同時象徵著老子思想在「後老子」時期的發展中，不單只是刻板複製、照著再說一次而已，而能有接下去說、不斷活化與重生的可能。在中國經典的注疏傳統中，大抵資藉詮解古籍以植入新說的方式，於注解經典的同時也建構新的理論體系，以迎合時代或一己的需要。據此，實可知「《老子》原典」與「《老子》注文」根本是兩回事。熊鐵基即嘗言：

> 這如此眾多的「老子」與作為原典的《老子》之間，可以說既有聯繫，又有區別；既有繼承，又有發展。而正是這種聯繫與區別、繼承與發展的長久交織、演進，組成了老學發展的歷史，且賦予了它極為豐富的內容。[6]

熊先生肯定老子詮釋史中多元詮解的現象，故指稱其「組成了老學發展的歷史，且賦予了它極為豐富的內容」。因此，「詮釋者

6　熊鐵基、馬良懷、劉韶軍：《中國老學史》〈前言〉，頁 1。

的《老子》」與「原典的《老子》」之間，存在著一種「既有聯繫，又有區別」、「既有繼承，又有發展」的深邃關係。除了承繼傳統之外，註解家後來所添加、變造上去的內容與主張，也確實使得老子學說的發展更加顯得豐富嚴峻。若能細部析理這些交織變化的進程，便能逐一構築出各個不同時期特有的老子學圖象。因此，針對《老子》一書的注解文字進行探究，釐清各個時期注《老》釋《老》專家如何以不同的「通孔」閱讀《老子》，當是一個饒富理趣的學術課題。

　　因此，「老子學」理應包含兩個層次的意義：一為老子原有的思想體系；二則為老子思想及《老子》一書的詮釋學體系[7]。「老子學史」即著重在探討這些思路、體系的形成，以及其間陸陸續續所產生發展、變化的軌跡。原創期的老子思想究竟依傍怎樣的思路凝定成形，其後歷代註解家又採取什麼樣的角度重新覆述《老子》。揭開紛紜複雜的詮釋方法，豁顯各有不同的詮解形式與內容，種種義理向度的抉發及其思維理路的重構，都是研究老子學史的重要課題。事實上，注重歷代對《老子》的注解、箋釋及其相關論說，是全面性理解老子詮釋史至關重要的起點，也是建立老子學史刻不容緩的首要任務。因此，展開斷代式專題、專家、專著的探究，當是一個迫切的方向與目標，只有通過對各個時期的重要人物、重要著作以及重要議題深入剖析，才能促使老子學史的研究在質與量上都能日益提升。對於仍在發展中的老子學史而言，《老子》究竟是一部什麼性質與內容的經典？其間

---

[7]　董恩林：《唐代老學：重玄思辨中的理身理國之道》（北京：中國社會科學出版社，2002 年 5 月）〈緒論〉，頁 3。

詮註者觀點的差異與意見的分歧，正使得一部老子學史就像一部
學術思想史，而歷來所積累的豐富文獻與資料，亦正待有心人逐
一檢視與論述。

　　筆者投入老子學史相關領域之研究業已十年有餘，2010 年出
版《宋代老子學詮解的義理向度》[8]一書。希望能更完整將宋代
老子學的詮解型範，及其義理規模建立起來，透顯出專屬於其時
老子學的思想特徵與時代意義。在這個基礎點上，擬再延伸、擴
展觀察的觸角，以「明代老子學」作爲繼續探索的路向，力圖提
出幾個值得關注的議題，以更周詳完備的研究進路，嘗試詮構明
代老子學的歷史風貌。分析明人如何閱讀《老子》的過程當中，
再一次與《老子》文本進行溝通與對話，此對於《老子》一書的
理論抉發及其思想衡定，當能有更精到的認識與徹底的發明。凡
此，大抵爲本書問題意識之所以形成的背景及其緣由。

第二節　研究進路的說明

　　本書的最大動機在於力圖建立明代老子學詮解的義理向度。
眾多論述當中，嘗試提出兩個主要的研究樞軸：其一是「澄清前
人對於老子思想的誤解」；其二則是「儒家學說與老子學說的交
融互攝」。這兩個詮解的義理向度，適足以揭示明代老子學的時
代表徵與特殊意義。就「澄清前人對於老子思想的誤解」而言，
是以《老子》八十一章中較具爭議性的章節作爲觀察核心，對於

8　參見拙著：《宋代老子學詮解的義理向度》（臺北：臺灣學生書局，
　　　2010 年 3 月）。

明人喜於詮註之時，順勢澄清前人對於老子思想相關誤解的普遍現象，蓋能有所發明。薛蕙《老子集解》、王道《老子億》、歸有光《道德經評點》、徐學謨《老子解》、沈一貫《老子通》、釋德清《道德經解》、林兆恩《道德經釋略》、陸長庚《老子道德經玄覽》、李贄《老子解》等等，皆曾於其注文或相關論述之中，評議前人對於老子思想的誤讀與謬詮，並進一步自下己意，提出一些個人的想法與見解。

　　以薛蕙《老子集解》爲例，其注文的特色之一，即在於廣泛批評前人理解老子思想的失當之處。除了按照章節順序，逐字逐句訓詁之外，時而在各章之後有一段總結性的評論。如果遇到爭議性的章節，這些文字便負擔著澄清誤解的重責大任。薛蕙當然也自下己意，適時表述個人的老學觀點，而這些立說，似乎更能張揚其老學研究的維度，同時也折射出時人普遍關注的議題。諸如：十四章駁斥「老子獨守虛無」之說；三十六章反駁「老子爲竊弄闔闢之術」；三十八章澄清「晉室之亂本於老子」一說；五十四章質疑老子思想與楊朱「爲我」之學的關係；五十八章申明「申、韓少恩非源於老子」，並討論《史記》將老、莊、申、韓四人合傳所引發的相關問題；末章則討論分章問題，並就個人支持八十一章的分法，提出一些具體意見。凡此，皆以章後總評的方式，對於老子學說的爭論議題進行闡釋，實在值得注意。薛氏在《老子集解》自序當中，亦嘗主張「老子非異端之流」、「老子非神仙長生之術」的觀點，可以想見批判反省與澄清衡定乃是書最大特色所在。細察此期注《老》解《老》之作，泰半多有章後總論的評點習慣，似乎是一種集體共識。因此，若能擴大研究對象的範圍，全面爬梳各項議題的爭論內容，對於《老子》一書

中備受爭議的章節蓋能多所知悉與釐清。尤有進者，對於「評議者」與「被評議者」的老學觀點，皆能有再次被充分討論與發揮的機會。

　　職是之故，本書第一部分即以「澄清前人對於老子思想的誤解」作為論述核心，其下輻射出四個章節。相關內容之鋪設與安排，茲以下文大略說明之：

　　以「澄清前人對於老子思想的誤解」為論述主題的部分，第一、二章是微觀式的，屬於專家專著的深入探究，主要以薛蕙《老子集解》作為觀察核心；第三、四章則是宏觀式的，屬於專題的開闊論述，主要以明人注《老》解《老》論《老》為全面觀察的範圍。此乃力圖同時從微觀和宏觀方面呈現出一個時代老子學詮解的重要表徵。對於薛蕙《老子集解》投以關注，是研究明代老子學的一個重要起步。是書最引人注意的，就是對於程朱老學的評議與駁正。程朱老學的思想特點，就在於認為老子之學「入於權詐」的思維理路。因為主張老子思想要權詐、存私心，在定位老子與楊朱的理論關係時，遂片面綰合楊朱「為我」之學與老子「欲成其私」之說，整體朝向自私自利的個人主義作解釋。而朱子也以「老子便是楊氏」一說，作為說明「孟子不排老子」的原因，因為老子、楊朱是師生關係，孟子闢楊朱便是闢老子。朱子同時也認為申、韓之流的「入於變詐刑名」，即是源於老子的「惟靜故能知變」，兩者係屬同一源流，此說亦得以合理解釋《史記》何以將老子與申、韓同傳的安排。凡此，皆在程朱以「老子為竊弄闔闢之術」的思想前提底下，鋪設展開一系列論述。然而，薛蕙並無法認同這些觀點，針對程朱的言論，其多方提出討論並力圖澄清誤解。因此，第一章乃以薛蕙《老子集解》

中澄清程朱對於老子思想的相關誤解爲觀察核心，藉由其批駁程朱老學的過程當中，所提出「老子非竊弄闔闢之術」、「楊朱之學不盡合於老子」、「申、韓少恩非原於道德之意」的三項論點，建構薛蕙個人的老學思想，並與程朱老學進行交流與對話。事實上，此三項論點乃以「老子非竊弄闔闢之術」爲基本前提的，因爲其他兩項論點必須先預設此一立場方能成立。薛蕙在澄清誤解之餘，同時也根據老子思想的整體性、連貫性與一致性，再次衡定老子精神的義理方向。明顯可見，在闡釋薛氏種種評議內容之後，確實能逐一逼顯出程朱老學與先秦老子思想相距益遠的情況。如是，當能更完整認識薛氏以及程朱老學思想的意見與主張，對於建構明代老子學詮釋觀點的多元圖象而言，當能有實質之助益。更重要的是，對於《老子》一書內在底蘊的抉發與衡定，亦能有更深廣的理解可能。此是爲第一章的論述重點。

此外，眾多爭議之中，「老子之學是否獨任虛無？」也是一個備受檢討的論題，在薛蕙《老子集解》中佔有相當篇幅的討論。因此，第二章擬闡發其所提出「老子之學非棄人事而獨任虛無」的觀點。薛蕙對於老子之道的表述，除了「道體」的「無」之外，還包含著「道用」的「有」而立論，其間體用、動靜、虛實之間的圓融關係，更值得注意。根據他的說法，「虛」、「無」都是描述道體的情狀，其間並沒有消沉、厭世的傾向，其亦將「虛」、「無」轉化成爲心性體認的修養，強調一種「沖虛爲用」的工夫入路。《老子》三章所言：「爲無爲，則無不治」，即是立意於人當效法道體虛無之理，以沖虛爲用、虛靜無爲的方式去應世對跡，順任萬物的自然情狀去發展，以著無所執、無所累的心境去治理萬事萬機，如此當能無所不爲、無所不

治，清楚勾勒出老子道治天下的最高化境。因此，本章論述乃取徑於兩條觀察路數：其一是先就薛蕙提出「晉室之亂非本於老子」的說法予以申述。其以爲晉人亡國的成因，不在於清談玄虛抑或放達任誕之故，眞正原因乃出於當時士人種種貪鄙偷薄的行徑。因此，晉室之亂實與老子之學毫無關係；其二則進一步釐清老子「虛無」之說的理蘊，並就薛氏所主張「任虛無以應事」的圓融理境加以闡釋發揮。此中極力強調老子學說「入世」、「應事」的特質，並進一步扣合形上之道——「無」、「有」的雙重性格，揭示其間「即體即用」、「動靜如如」的辯證特質。繼而闡釋如何將此辯證性能，運用、落實到形下現象世界政治人事的理論架構之中。也就是說，如何能透過心性的工夫修養，以效法「道體」的種種特性，並將此思維轉化落實到政治人事之中，擘劃出形上道體的「無」與形下人事的「有」，彼此之間「體無以用有」的深密關係，創構出老子「任虛無以應事」、「內而聖外而王」的理論間架。藉此以發明老子無爲而治、道化天下的理想政治藍圖，絕非離棄人事之實，而獨任虛無而已。進一步也力圖彰顯出老子的政治理念，其實是一種能虛能實、能動能靜，體用不二的圓滿理境，絕非耽溺一邊，離棄人事之實用、實有，而僅僅專向虛體、虛無而已。凡此，經過薛蕙多方推論衍義之後，對於「獨任虛無」一說，確實能加以批駁，而其所力主「老子之學非棄人事而獨任虛無」的觀點，也能得到充分的證成與說明。此是爲第二章的論述重點。

　　第三、四章則擬自宏觀視野，分別討論明人詮解《老子》第三十六章與六十五章的爭議內容。八十一章中，此兩章所引發的誤會最大、誤解最深，因而得到時人最多青睞。事實上，老子是

否爲陰謀捭闔之術，歸根究柢即源自於三十六章不同的詮解向度。針對正反兩面立說，第三章的核心論述採取兩個觀察路徑：其一是以韓非〈喻老〉以及程朱的老學觀點爲代表，係將三十六章解讀爲「權謀機詭」的應事策略；其二則是以明人詮註《老子》的觀點爲代表，彼等係將三十六章解讀爲「物盛則衰」的自然之理，並進一步用力澄清以「狙詐之學」看待《老子》的缺失。其批駁的切入點有二：首先是強調「固」字字詞的疏釋，其次則釐清「固」與「故」、「姑」二字的混淆，說明落入權詐之說的想像空間，乃因緣於「以『固』作『故』」、「認『固』作『姑』」的認知謬誤。因此，明人多主張將「固」字釋作「已然之辭」，代表一種物勢發展的自然之理。接著透過全章前後語意脈絡的分析，重新申述本章旨在揭櫫天道運行「物盛則衰」的律則，點明歸宿於抱柔守弱的人生智慧。以此爲據，故極言「柔弱勝剛強」的人事道理。末則告戒不可以剛強自逞，而復歸於柔弱的自處之道。凡此，明人詮解三十六章的義理取向自可勾勒而出。此是爲第三章的論述重點。

此外，「秦愚黔首是否本於老子？」一議題，亦得到明人頗多關注，激盪出十足討論的力道，實不容忽視。事實上，此乃關涉乎老子推行「愚民」、「反智」的爲政思想，其義理內容究竟應該如何解釋。之所以形成此項論爭，即源自於對《老子》六十五章的不同解讀。明代老學研究者多數認爲老子所言「非以明民，將以愚之」，與秦政的「惑愚黔首」、「役智以愚弄其民」乃是迥異其趣的。首先，他們以爲「愚」字的使用，乃是老子「故用險語」的表述方式。其間大致提出兩個理論重點：其一是「愚」字應該怎麼解釋比較妥貼恰當？彼等不將「愚」字解作

「愚昧」，抑或是「愚弄使之蒙昧」，而將其訓釋爲「使之醇樸」、「若昏悶悶」、「渾樸相忘」之意；其二則是「愚」的指涉對象，究竟是單向地獨有百姓愚，君王聰明；抑或是雙向地君、民同愚？明人多主張「愚」的指涉對象，當是君王先自愚，而後使百姓與之同愚。在理解的整體視域中，首先爲「愚」字解義，係指純眞自然、渾樸醇厚之意；而「智」則是「僞薄之源」，係指巧詐橫生的精明俗智。有了這樣的定義，指稱老子主張「愚民」、「反智」，當是無可疑義的。其次，「愚民」則是指君、民同愚，雙方一併回歸純眞醇厚的本性，故能渾樸相忘、不相侵擾；而「反智」則是反對機心巧詐之智，致意於「歸純反素」的終極理趣。世俗之人的理解不僅望文生義，還加上斷章取義。先以「愚蠢」、「聰明」二元對立的認知，訓釋「愚」與「智」的意思，繼而割裂或無視老子思想體系的整體脈絡，將老子的「愚民」、「反智」列爲權謀詐術的同路人，此則大有斟酌商量的餘地。因此，全面省察明人詮解六十五章的思維理路，說明時人如何演繹老子「愚民」、「反智」之說，並且強力疏通過往造成爭議的癥結所在，特別是對於老子正言若反的思想特徵及其語言特質的深入分析，皆是第四章的論述重點。以上，是爲本書第一部分四個章節的研究進路。

　　本書第二部分則以「儒家學說與老子學說的交融互攝」作爲關注範疇，其下亦輻射出四個章節。研究對象主要以儒者身分的註《老》解《老》爲重心，也就是「以儒釋老派」[9]的多方考

9　李慶：〈明代的《老子》研究〉一文，曾從作者立場和著述方法，將明代老學研究的主要流別大致區分爲「政治權術派」、「以儒釋老派」、「宗教派」、「考證集釋派」、「評點派」等五類。「以儒釋老派」

察。四個章節皆從專家專著之中，精選一個主題作爲論述核心，
藉此以透顯明代老子學中「援儒入《老》」的詮解趨向。擇取的
有薛蕙《老子集解》、王道《老子億》、朱得之《老子通義》與
張位《張洪陽註解道德經》，討論的焦點大抵多著力於發揚儒家
與老子學說交融互攝的情況。對於此一部分的章節安排，或可將
薛蕙與張位，王道與朱得之，各納爲一組，以方便說明。第一章
薛蕙《老子集解》的性命論述與第四章張位《張洪陽註解道德
經》的道德論述，咸將老子學說視爲「道德性命」之學，係屬於
「以儒釋老派」的義理走向。薛蕙、張位雖與陽明心學沒有直接
關係，但兩人皆具儒者之身分，其解《老》中流露出的儒者意識
殆無疑義，故皆歸入「援儒入《老》」的詮解型範。第二、三章
擬欲闡釋的重點，則在於勾勒陽明心學與老子學說交流互動的關
係。根據目前存留完整的明人解《老》著作之中，明確記載與陽
明有師承關係的是王道[10]與朱得之[11]。明代中期心學風行之後，

　　中，包括有薛蕙《老子集解》、王道《老子億》、王樵《老子解》與朱
　　得之《老子通義》等等，頁 341-349。收入陳鼓應主編：《道家文化研
　　究》第十五輯（北京：三聯書店，1999 年 3 月）。本書則擇以王道、朱
　　得之、薛蕙以及張位作為「以儒釋老派」的觀察重點。

[10]　〔清〕黃宗羲：《明儒學案》（北京：中華書局，1985 年 10 月）卷四
　　十二〈甘泉學案六〉述及王道學術淵源時說：「先生初學於陽明，陽明
　　以心學語之，故先生從事心體，遠有端緒。其後因眾說之淆亂，遂疑而
　　不信。」，頁 1038。在王道的學思歷程當中，其曾從王陽明學習心學，
　　雖然其後因為「眾說之淆亂」，於是「疑而不信」。但是曾經受過心學
　　的深刻洗禮，確是不爭的事實，故其解《老》中難免心學影響的印跡。
　　韋東超：《明代老學研究》（華中師範大學歷史文化學院博士學位論
　　文，2004 年 5 月）中即說：「王道之注，的確以大量引儒家先賢思想和
　　儒家經典語錄闡釋《老子》思想為特點，但其所注解，還帶有明顯的心

業已成爲時代思潮的主流，其影響力也潤澤到其他領域之中。在老子學的發展進程中，除了發現批判程朱老學的聲音有愈來愈大的趨勢之外，另外也能明顯觀察到心學與老學哲學概念交流所碰撞出的思想火花。心學所建立起以儒家道德學說、性命哲理爲核心的理論體系，究竟如何依憑《老子》一書作爲思想載體，而以注文的形式示現，並且形成強而有力的詮釋學體系，當是一個值得認眞勾稽的議題。此不僅提供建立明代老子學具體圖象的一個視角，對於陽明心學來說，這些資料的蒐羅匯集，同時也是研究心學的重要輔助視窗。因此，第二、三章主要觀察王道、朱得之老學思想中的心學色彩。兩人皆企圖將心學援入老學之中，藉以達到視域融合的詮釋效果，或可稱之爲老子詮釋史中的「心學論述」。此是心學、老學，一儒、一道，兩個不同學術領域，在歷史機緣的衝擊整合之下，互涵互化的結果。適足以說明有明一代，不同於其他時代的老子學表徵，揭示出時代思潮與傳統經典之間水乳交融的深刻意義。相關內容的鋪設與安排，茲以下文大略說明之：

　　第一章以薛蕙《老子集解》爲關注對象，思考的出發點在於

　　學印迹。」，頁 13。

11　〔清〕黃宗羲：《明儒學案》卷二十五〈南中王門學案一〉「明經朱近齋先生得之」中說：「朱得之字本思，號近齋，直隸靖江人。貢爲江西新城丞，邑人稱之。從學於陽明，所著有《參玄三語》。其學頗近於老氏。蓋學焉而得其性之所近者也。」，頁 586。李慶：〈明代的《老子》研究〉即曾說：「朱得之《老子通義》，則多有從陽明學，或者說心學的角度解老處。」，頁 344。嚴靈峯編著：《周秦漢魏諸子知見書目》（北京：中華書局，1993 年 4 月）中亦認爲《老子通義》一書「大抵明性命之學」，頁 167。

薛氏認爲是書最引以爲傲的，乃在於其能「究性命之極致」。根據他的理解，《老子》是一本性命之書，老子學說的宗趣旨歸即在於揭示性命之理，此即「道」之精髓所在。薛氏特別標舉性命之理的問題意識，使得老子思想的重心轉化成爲性命哲理的抒發，對於性命之理的多向論述，頗有值得深入剖析的價值。因此，本章乃以《老子集解》的性命論述作爲探究主題。力圖從以下幾個角度疏理薛蕙老學思想中的性命哲理：「問題的提出」一部分，主要在豁顯其以《老子》爲性命之書，老子思想的骨幹爲性命之理的問題意識。並進一步闡釋《中庸》、《易傳》、《孟子》言性命之義，藉以說明薛氏如何以《老子》一書合會儒家性命之說，並凸顯其儒道調融的用心。正文部分則著力於闡釋性命思想的理論要義，首先點明「一生死爲性命精微之理」，薛蕙乃以「出生入死」之說作爲構設老子性命哲理的核心，並嘗試以莊子生死觀的理解視域，重新詮註「出生入死」的理論內涵。其間所彰顯出的性命精微之理，就在於「一生死」、「外形骸」，打破世俗悅生惡死的執迷，直指無慮生死、玄同生死爲性命之學的奧義。其次，則以「虛靜爲性命的本然樣貌」申述性命的原始樣態，凸顯出虛靜工夫的重要性，並強調樸質無僞方爲性命之理的存有內涵。薛蕙乃以此建立老子返本復初、歸根復命的理論根基，其間對於世俗之學與性命之學背道而馳的現象，從質、文本末關係的角度，予以認眞省視與探討。最後，則是以「性命之學實即心性之學」爲論述面向，申說薛蕙發明《老子》性命哲理的重點之一，即在於直探人的本心本性，及其應物、接物之時，所引發心性問題的相關延伸，故終必歸宿於避免心之盲動、迷亂，以及養性、復性等心性理論的立說。凡此，是爲薛蕙《老子集

解》性命論述的義理向度，也是本章重點之所在。

　　第二章的核心重點，則在研析王道《老子億》的形上論述，重點鎖定在其詮解《老子》首章與四十二章之上。在老子學的歷史長河裡，以首章與四十二章文本爲思想載體，藉以發揮詮註者對於老子形上學的見解，確實所在多有，而《老子億》就是最明顯的例子。王道針對此兩章形上思想的解讀，充分展現其儒學涵養的知識背景。細觀王道首章注文，包括章末總評，共計千言有餘。對此長篇大論，擬切割爲二分析說明：首先，自「道可道」至「萬物之母」數句，說明王道如何將「體用」觀念置入老學理論框架之中，建構其所謂「道德本體」一說。其次，自「故常無欲」至「衆妙之門」數句，則是探究其如何將「道體」轉化爲「心體」的概念，並將「無欲」、「有欲」扣合到「體用」之中，進而與《易傳》「寂然不動，感而遂通」、《中庸》「未發之中」、「已發之和」交相比附，強調聖人體證「道德之妙」的工夫路徑。末則結穴於理學家所言「體用一原，顯微無間」，闡發「無欲」、「有欲」的緊密關係，圓融分析「同出」、「同玄」以及「體用不二」、「即寂即感」的思路，說明老子「無而妙」、「有而徼」，以及「玄之又玄」的哲學理境。至於章末總評部分，則將首章意旨與理學十六字心傳相合會，綜論本章之宗趣。事實上，這些被徵引的文獻，同時也是《傳習錄》中陽明師生經常對談的論題。此乃得以印證，王道蓋以儒學視野，將《老子》首章的文字符號，轉化成爲明儒道德形上學的思想載體。此外，王道詮解四十二章的義理取徑，亦與其儒學背景有著深密關係。其先以「道生一」建立老子形上道德論的義理規模，繼而以氣化論作爲宇宙生成圖式的中繼環節。將道至萬物之間的發展，

視爲一個連續化的氣變過程，雖然歷代各家立說，或有不盡相同
之處，但大抵將某一階段的發展，解釋爲氣的分離演化與和合融
通，逐步構設出萬物生成的軌跡。細察王道所建立的圖式，其於
「道生一」之後，亦縮合氣化之說，擘劃出宇宙生化的主體結
構，頗能發明個人獨特見解。尤其是以「道生一」作爲老子道德
形上學的理論基礎，更值得關注。「道生一」即是道生德、無生
有，是生化的本體根源與關鍵樞紐，此不僅呼應《老子》又稱
《道德經》的義理面向，同時也發揚老子形上學中，以道德、無
有爲價值核心的重要意義。其間道德論述的思維縝密，將母子、
體用、無有、動靜、虛實等概念置入思想體系之中，皆相當精彩
出色。「道生一」之後的生化歷程，則安排天地設位以持載萬
物，陰陽分化以均調二氣，建立生成的基本要件。此外，復特別
強調「一之德」的重要性地位，分析說明其在各個階段的影響
力，此是天地位、萬物育不可或缺的元素。注文中並援引《莊
子》、《易傳》、《中庸》、《太極圖說》交相印證，其所創建
的宇宙生成結構，頗能獨樹一幟，亦能彰顯理學思潮流行漫衍的
詮解特色及其時代表徵。此是時代思潮與經典詮釋深密交流的結
果，沖創出專屬於明代的老子學特色。凡此，是爲王道《老子
億》形上論述的義理向度，也是本章重點之所在。

　　第三章則以南中王門心學代表朱得之作爲考察對象，揭示其
《老子通義》一書中取徑於心學的義理向度。明代老子學中，薛
蕙、王道、朱得之所處年代接近，所持老學觀點亦多有謀合之
處，此蓋與三人皆係屬儒者身分有著密切的關係。朱得之在《老
子通義》中，屢屢於注文或章後總評中援引薛、王解《老》之作
的大段文字，以作爲扣合自身觀點的理論驗證，充分流露出對於

兩人老學見解的肯定與信服。本書「貳：儒家學說與老子學說交
融互攝」一部分，前面三章之所以先後安排以薛蕙《老子集
解》、王道《老子億》、朱得之《老子通義》作爲論述對象，動
機即緣於此。希望能夠判讀隱藏在字裡行間的個人思想與意見，
並力圖分別勾勒他們具體的老學主張，嘗試檢別其間詮解的共同
模式，以期統整出此一時期儒者詮解《老子》的主要特色與型
範。經過仔細探究，確實發現三人在詮解《老子》的義理思維上
頗具集體共識，一併合觀當可尋得一條鮮明的儒、道交涉的軌
跡，而足以作爲有明一代老子學的重要表徵。因此，本章乃以心
學家朱得之《老子通義》一書爲研究焦點，探究其如何以心學維
度建立老子思想的義理規模，藉此以達到視域融合的詮解效能。
擬由兩個研究進路彰顯其心學意識：首先是「合孔、李門庭之
見」的思想前提，說明朱氏老學思想中儒、道融通的問題意識。
爲了駁斥世儒非議老子「黜仁義」、「不識仁義」的誤解，朱氏
反覆援引薛蕙、王道解《老》之說，並扣合自身的老學主張，試
圖匡正世儒的相關誤解。其以薛蕙「先道德而後仁義」、「道包
於仁義」，推衍孔、老不相違悖的見解，最後則以王道解《老》
之說，推論衍義三人「合孔、李門庭之見」的集體共識。此中乃
揭示出老子之道大於仁義，其非外於仁義，而是包納仁義，以此
證明將孔、老斷爲二橛，是不究老子理蘊的說法；其次則是「有
無不二，體用雙即」的核心觀念，「體」、「用」範疇的討論原
是心學家建構理念的骨幹，朱氏將其運用到老子「無」、「有」
關係的架構之中，且亦以此爲老學思想體系的重要軸心，並以
「體用不二」、「相即相入」的辯證關係，反覆申說「有無不
二」、「體用雙即」的圓融理境。進一步亦將此道體落實爲心體

之說，以彰顯工夫修養的重要性，證明老子之道乃是可行、可悟的。凡此，在在刻畫出《老子通義》中心學與老學交流的義理向度，印證儒家學說與老子學說融通互攝的情況。

　　第四章以《張洪陽註解道德經》爲研究對象，深入發掘其道德論述的思想內涵。研究進路有二：首先是疏理「道德」與「性命」的義理通貫。張位亦以《老子》爲性命之書，針對「性命」一辭在形式架構的理解，蓋可推測乃承《易傳》所言「性命」一路而來。然而，對於「性命」內在理蘊的定位，並不往儒家「性善」作解，而是自道家「性眞」汲取養分。此蓋其儒、道會通的詮解方式，雖然攝取儒家言性命哲理的形式框架，然其義理內容的向度仍隸屬於道家式的。其次，則是分析「道德」與「有無」的義理串聯。其將「道德」、「有無」兩組概念予以繫聯，並提出「有無渾合」的立說，以「無中有」、「有中無」、「無又有」、「有又無」，彰顯「道」、「德」兩者皆兼具「無」、「有」的雙重特性。「道」雖立足於「無」，但也是「有」；「德」雖立足於「有」，但也是「無」。此乃力圖修正以「道」爲「無」、「德」爲「有」，彼此斷爲二橛的看法。除了論證「道」、「德」的深切關係，同時也闡發「道德」與「有無」之間交相連屬的意義。其後，張位復提出「道貴自然」、「德尚無爲」之說。「自然」、「無爲」都是心性體認的修養功夫，而「有」、「無」亦率皆性命玄修之事，遂將「無」、「有」的玄思玄理，落實爲心性鍛鍊的修身之道，總歸爲道德內聖之學。如是，可以發現張氏特別重視老子思想中的工夫義。因此，其乃進一步將老子言說，視爲對人行爲之警戒與教示之語，同時亦專力駁斥將老子學說視爲黑暗伎倆與智慮之術的看法，並以「消盡伎

倆」爲老子學說的重要指標。張位提出「損之又損」的方式，以
「黜聰明，絕智慮」的工夫門徑，杜絕一切伎倆、智慮，如是才
能「沌沌兮與太虛同體」，此即其所稱「德全而道備」、「復歸
於渾沌」的生命理境。凡此，是爲張位《張洪陽註解道德經》中
道德論述的義理向度，也是本章重點之所在。以上，是爲本書第
二部分四個章節的研究進路。

　　〈結論〉處則擬以「研究的回顧與展望」收束全文。除了就
本書所歸結出明代老子學詮解的義理向度，予以綜論式的總結與
回顧之外，另亦剋就其間所引發的相關問題提出一些思考與反
省。最後，則是未來的研究方向與展望，說明在目前所累積的學
術成果之上，如何將個人的研究繼續往前推進與延展。

第三節　研究概況的檢討

　　在臺灣，有關老子學史的相關研究並不多見。魏元珪〈歷代
來釋老解老的重要派別〉[12]與陳鼓應〈歷代老子註書評介〉[13]，
皆僅止於概論式的介紹與評述。對於各個階段老子學的思想特
色，及其詮解型範整體脈絡的全面觀察，並沒能得到太多關注。
在中國大陸，1991 年 7 月出版，由黃釗主編的《道家思想史綱》
（長沙：湖南師範大學出版社），可以說是一個起步，對於歷代
道家思想的流變與發展有了初步介紹。然而，概因同時包含莊學

---

[12] 魏元珪：《老子思想體系探索‧上》第十四章〈歷代來釋老解老的重要
　　派別〉，頁 205-236。

[13] 陳鼓應：《老子今註今譯及評介》（臺北：臺灣商務印書館，2014 年 9
　　月）〈歷代老子註書評介〉，頁 301-349。

史與道教學史之故，老學史的著墨極其有限，內容稍顯粗略一些。第二十九章〈明代注《老》學者的道家思想〉、第三十章〈明末至清末啓蒙思想家與道家〉中，以專家爲主題焦點的方式，討論的明代老學研究者包括薛蕙、焦竑與李贄三人，或許因爲篇幅侷限，多數議題皆只能點到爲止。1995 年 7 月出版，由熊鐵基、馬良懷、劉韶軍共同合寫的《中國老學史》（福州：福建人民出版社），則是屬於老子學史的專門著作。此書針對各個時期重要的老學代表人物和著作，提出一些觀察的角度與看法，儘管難以令人滿意，但是拋磚引玉之功不在話下[14]。第七章〈明清時期的老學〉，對於明代老子學思想發展的概況，以及詮解特色的分析說明，都有更長足的疏理與廓清。其間論及的人物個案，專節討論了儒者薛蕙，還有道士王一清的老學著作。佛家的釋德清雖有涉獵，但論點散見各處，並未安排專節集中論述。就歷代老子學史的基本輪廓及其理論開發而言，此書可謂奪得先聲，觀點亦時有洞見。尤其是檢別、整理各個時期老學文獻的存軼概況，特別製作歷代《老子》研究狀況簡表，爲往後研究者提點各種可能的觀察角度與研究方向，其披荊斬棘之功實無以言表。

　　此外，專就明代老子學的斷代研究，比較重要的研究成果，首先值得注意的是日本金澤大學李慶關於明代老子學的一系列研究，茲將其先後完成的論文臚列如下：

　　1.〈明代的《老子》研究〉，日本：《金澤大学言語文化論

---

[14] 熊鐵基在《中國老學史》〈前言〉中即說：「將這些材料加以系統地研究，是一個不小的工程。我們盡力而爲，對各個時期的老學代表人物和著作都多多少少提出了自己的一孔之見。儘管難以令人滿意，但卻爲老學的研究拋了一塊引玉之磚，盡了一份自己的責任。」，頁 2。

叢》第一期，1997 年。（陳鼓應主編：《道家文化研究》
第十五輯（北京：三聯書店，1999 年 3 月）亦收錄此
文。）

2. 〈論王道及其《老子億》〉：明代的《老子》研究之
二〉，日本：《金澤大學言語文化論叢》第三期，1999
年。

3. 〈焦竑的《老子翼》：明代的《老子》研究之三〉，日
本：《金澤大学言語文化論叢》第四期，2000 年。

4. 〈論沈一貫及其「老子通」：明代的「老子」研究之
四〉，日本：《金澤大学言語文化論叢》第五期，2001
年。

5. 〈林兆恩的《老子釋略》：明代的《老子》研究之五〉，
日本：《金澤大学言語文化論叢》第六期，2002 年。

6. 〈陸西星和他的老子道德経玄覽：明代的《老子》研究之
六〉，日本：《金澤大学言語文化論叢》第七期，2003
年。

7. 〈論薛蕙的《老子集解——明代的《老子》研究之七〉，
《阜陽師範學院學報》總第一〇九期，2006 年 1 月第一
期。

首篇〈明代的《老子》研究〉一文，係採宏觀視野提出幾個重要
的觀察結果，並就其提出論點進行檢視與反省。李先生認爲從明
代《老子》注解著作發展的過程來看，可將明代老子學分爲：前
期（正德以前）、中期（萬曆以前）和後期（萬曆以後）三個階
段，其間亦針對各個階段的主要著作和思想特點做了一些說明與
評斷。此外，另亦根據作者立場和著述方法，將明代老學研究的

主要流別大致區分爲：「政治權術派」、「以儒釋老派」、「宗教派」、「考證集釋派」、「評點派」等五類。對於明代近三百年《老子》的注解著述和現存情況進行調查，查明現存的解《老》著述約七十種[15]。此文將明代老子學的發展分爲前、中、後三個時期，並將注《老》文獻以五個主要流別加以分類，對於相關著作的爬梳衍義，也朝向更細緻的論述與發揮。其後的系列研究，分別探討的老學研究者及其著作計有：王道《老子億》、焦竑《老子翼》、沈一貫《老子通》、林兆恩《老子釋略》、陸西星《老子道德經玄覽》、薛蕙《老子集解》等等，以人物爲梭的書寫方式，嘗試提煉出各個專家學者，其老學思想的整體內容及其詮解的義理趨向，更加清晰說明明代老子學各個發展階段的主要內容與特色，適足以作爲後來開拓者繼續深究探討的參考資糧。

其次，則是 2004 年 5 月韋東超所提出的博士論文《明代老學研究》（華中師範大學歷史文化學院）。此文論述方式以主題與人物爲經緯，對於明代老子學的整體圖象有了更進一步的著力與發揮。論文第一章先就明代《老子》注書及其作者進行探究；第二章則是明代《老子》注書宗趣指歸，主題式的討論「明理身之道」與「明理國之道」兩個重點，前者涉及的專家專著有薛蕙《老子集解》、陸西星《老子道德經玄覽》與釋德清的《道德經解》；後者則有李贄《老子解》與沈一貫的《老子通》；第三章是明代老學的形上道論，其間討論「明代老學的本原之道」與

15　李慶：〈明代的《老子》研究〉，收入《道家文化研究》第十五輯，頁326-356。

「明代老學的性命之道」，前者涉及的有王道、釋德清、張洪陽三人的道論；後者則有薛蕙、陸西星、釋德清三人老學思想中的性命之道。整體而言，此論文篇幅不大，實際上涉及的老學研究者有薛蕙、陸西星、釋德清、李贄、沈一貫、王道、張洪陽等七人。作者具備歷史文獻學的專業訓練，對於明代老子學相關文獻的疏理與檢別更趨周延，然而在文獻分析與義理闡釋方面，仍然有再加強的空間。

　　事實上，檢視陸續完成的眾多研究成果之後，發現有些重要論題雖然已被指出，但是似乎還有再強力探索的餘裕。本書即企圖立足於此，努力掘發闕漏與疏忽之處，期能彌補罅縫，繼續擴大研究視野與深化義理規模，爲明代老子學的圖象建構，略盡一己棉薄之力。整體而言，在考察明代老子學各式各樣的研究成果之後，發現尚有兩個重點要項可以大力著墨。其一是面對明人喜以議論方式，針對前人對於老子思想的種種誤解加以澄清的普遍現象，似乎沒能得到應有的青睞與關注，而有值得再加強論述的必要。此風氣或與陽明心學日漸興盛攸關，心學流行助長時人對於程朱老學的批評，頗有越來越多的趨勢。細觀《老子》八十一章，有幾個章節特別容易引發誤讀與謬詮。明代老學研究者於其注《老》解《老》論《老》之中，面對這些曾經引發義理糾結與思想困惑的篇章，確實特別專力澄清。尤其是章後總評的相關立說，論點頗引人注意。對於這些企圖澄清誤解的評論文字，若能加以統合分析與深入闡述，促使其得以有機會與《老子》文本再度進行雙向溝通，對於老子學說的理論抉發及其思想衡定，當能有更精進的認識與徹底的發明。因此，「澄清前人對於老子思想的誤解」乃作爲本書衍義的第一部分，以目前研究成果的概況而

言，此議題鮮少被集中討論發揮，因而有締造另一種新論述的可能與價值。

其二則是明代老子學中「以儒釋老派」的深度考察。事實上，明代學術思潮正處於儒學當道之際，以儒者身分詮註《老子》的學者，確實也佔最大比例。尤其值得注意的是，明代中期陽明心學風行之後，心學與老學思想交融互攝的詮解模式，蓋爲此期老子詮釋史的主要型範之一。時儒亦喜標榜《老子》爲「道德性命」之書，並以《中庸》、《易傳》等儒家經典文獻比附老子學說，藉此以展現「天道性命相貫通」的思維理路。凡此，蓋與儒學（心學）作爲時代思潮之主音，有著密不可分的關係。在目前的研究成果之中，面對心學蓬勃發展的契機，在老子學史中所形成專屬於明代特有的儒學基調與氛圍，雖然業已博得甚多關注眼神與熱門討論，但是似乎還有多方論述的空間。本書即立足於先行者的研究成果之上，儘量塡補欠缺與空白之處，俾使明代老子學中儒學與老學交流互動的景況，及其思想體系的理論規模，更加縝密完善的構織而出。因此，「儒家學說與老子學說的交融互攝」乃作爲本書第二部分的重點。相關章節中有專家專著的微觀論述，也有專題式的宏觀論述，希望在既有的研究成果與思想洞見之上，將探索的腳步繼續往前邁進，刻劃出明代老子學詮解的多元化面貌。努力搜羅截至目前爲止，相關研究的不足與闕如之處，並以此作爲深入鑽研的重心。凡此，期能對明代老子學整體的歷史圖象，提供更多思考的方向與觀照的角度。

壹：
澄清前人對於老子思想的誤解

第一章　薛蕙《老子集解》
對於程朱老學的評議

第一節　問題的提出

在明代注《老》解《老》專著中，薛蕙（1489-1541）《老子集解》[1]當該是一個值得認真探究的對象。《中國老學史》、《道家思想史綱》對於明代老子學相當有限的篇幅之中，皆首先專節討論薛蕙的老子研究，其重要性可見一般[2]。《續修四庫全書提要》亦曾針對《老子集解》說：「明人注《老子》者，此最

---

[1]　〔明〕薛蕙：《老子集解》，收入《叢書集成簡編》（臺北：臺灣商務印書館，1966 年 3 月，據惜陰軒叢書本排印），以下所引皆依此本，僅於文後標示頁數，不另作註。薛蕙，字君采，號西原，亳州人。明代中期的著名學者、詩人。關於他的生平事蹟，參見〔清〕張廷玉等著：《明史》（臺北：鼎文書局，1975 年 6 月）卷一百九十一〈列傳第七十九〉，頁 5074-5077。

[2]　熊鐵基、馬良懷、劉韶軍：《中國老學史》第七章〈明清時期的老學〉第三節「薛蕙的老子研究」，頁 443-464；黃釗主編：《道家思想史綱》第二十九章〈明代注《老》學者的道家思想〉第一節「薛蕙政治思想的道家傾向」，頁 566-572。此外，章東超：《明代老學研究》第二章〈明代《老子》注書宗趣旨歸〉亦專節討論「薛蕙《老子集解》的注解宗趣」，頁 51-54。

精審者已」³，是給予極高之評價。薛蕙在自序中，曾明言是書
確實「有補於道德之萬分」⁴，此雖為「矜炫之語」⁵，但亦側顯
出其對理解老子思想大義的信心。自序中言：

> 然《老子》之書，學者恆病其難讀，蓋其辭約，其道大。
> 所謂測之而益深，窮之而益遠者也。古註之亡者，其善否
> 則不可知。今之傳於世者，未有明老子之意者也。予為此
> 解，其聞文義之小者，儻有未盡。若夫揚摧（案：此當為
> 「摧」字之誤）本指，發揮大義，明聖人之微言，究性命
> 之極致，竊以為近之矣。有欲求老子之道者必以予解為指
> 南乎！（頁2）

3　王雲五主持：《續修四庫全書提要》（臺北：臺灣商務印書館，1972年
　3月）第十一冊，頁2120。《提要》中又云：「注解亦體玩經文，明白
　曉暢，所引有《管子》、《莊子》、《列子》、《荀子》、《楚辭》、
　《呂覽》、《淮南》、《漢書》文選諸書，依托古誼，極有準繩。」，
　頁2120。《續修四庫全書》收錄明代注《老》者，有明太祖《御注道德
　真經》、危大有《道德真經集義》與薛蕙《老子集解》三家。案：《四
　庫全書》收錄明代注《老》專著，僅有焦竑《老子翼》一書。

4　自序中即說：「嘉靖庚寅，予為《老子集解》，其後屢有修改，丙申之
　冬，復加刪定，自謂有補於道德之萬分，迺自序之。」，頁1。據此，
　亦可得知《老子集解》之成書，當在嘉靖九年至十五年之間，薛蕙卒於
　嘉靖二十年，此當是他晚年定論之作。〔明〕高叔嗣：〈老子集解序〉
　中亦嘗言：「書成嘉靖九年，歲在庚寅之次。」，頁1。案：此兩篇序
　文皆附錄於《老子集解》一書前。

5　《續修四庫全書提要》中說：「是編撰於嘉靖庚寅，其後屢有修改，丙
　申冬，復加刪定，自謂有補於道德之萬分。雖為矜炫之語，而其間確有
　精義。」，頁2120。

序文中明述《老子》辭約、道大，欲測之、窮之道理者，殆非易事。當今傳世之注本，咸未能發明老子深遠之意。薛氏極具信心的是，其認爲自己的解《老》是「揚搉本指，發揮大義」，頗能體貼《老子》一書的微言大義，尤其更能窮究性命極致之理，故言「有欲求老子之道者必以予解爲指南」。這是薛蕙對於《老子集解》一書的自我肯定。

　　實際上，是書在當代就已受到眾多學者的青睞與重視。焦竑《老子翼》中編輯韓非以下歷代注《老》者六十四家，附以焦竑《筆乘》共成六十五家，各採其中精語，裒爲一書。有明一代，除了焦竑《筆乘》之外，只收錄三家，薛蕙《老子集解》即在其列[6]。明人高叔嗣爲薛蕙《老子集解》寫序時曾說：「州人薛考功先生始覃思大道之原，究竟天人之一，折衷群言，合于榘度。老子之道，則粲然大明。」[7]，可見佳評之一斑。此外，今人李慶也說：「《老子集解》是明代自明初朱元璋的《御注》以後，脫出政治性解釋和道教『神仙養身』說的氣氛，第一部由學者所著、有影響的《老子》的考釋之作。在後來的《老子》研究中，多被重視。」[8]。凡此，實可印證薛蕙《老子集解》在老子學史的學術舞臺上，頗佔有一席之地與影響力，而就其詮解《老子》多方多面的省察，當亦是研究明代老子學的重要課題之一。

6　〔明〕焦竑：《老子翼》（臺北：廣文書局，1962 年 7 月）「采摭書目」部分，頁 5-8。此書所錄明代注《老》者，除了焦氏《筆乘》、薛蕙《老子集解》之外，尚有王道《老子億》以及李贄《老子解》。

7　〔明〕高叔嗣：〈老子集解序〉，頁 1。

8　李慶：〈論薛蕙的《老子集解》——明代的《老子》研究之七〉，《阜陽師範學院學報》總第 109 期（2006 年 1 月第 1 期），頁 6。

　　《老子集解》與之前集注型性質的作品略有不同的是，薛蕙
極力在前人研究的基礎點上，進一步批判性地澄清前人對於老子
思想的種種誤解，並嘗試提出一己之見。此類注文確實佔有不少
篇幅。細觀《老子集解》的最大特色，即在於廣泛批評前人對於
老子思想的研究與見解。除了逐字逐句訓詁闡釋之外，薛蕙不時
在各章之後有一大段總結性的評語。這些文字，大多是以澄清或
批判前人對於老子思想的誤解為主，薛蕙當然也自下己意，適時
表達個人的老學觀點。這些論點的提出，似乎更能彰顯薛蕙老學
研究的維度。而《老子》八十一章中普遍遭受爭議的章節不僅能
再次被提出討論，且對於「被評議者」的老學觀點而言，也能有
重新面對的機會。陳鼓應即曾根據此項特點，評價是書曰：

> 《集解》的最大特點是常在一章的後面作評語，澄清前人
> 的誤解。……這些批評和見解，都很得要旨。在古註中，
> 很少見到這類批評性的文字和澄清的工作。薛氏這本《集
> 解》，流行不廣，但很值得一讀。[9]

此類批評性的文字和澄清誤解的論述，大多安排在各章之後的總
評當中。如：十四章總評駁斥世俗之眾以老子之學為「獨任虛無
而已」的說法；三十六章總評反駁程朱以為「老子為竊弄闔闢之
術」的觀點；三十八章總評極力澄清「晉室之亂本於老子之學」
的誤解；五十四章總評提出「楊朱之學不盡合於老子」，並申說

楊朱與老子學說的差異點；五十八章總評論述「申、韓少恩非原
於道德之意」，並闡釋《史記》將老、莊、申、韓四人同傳所引
發的相關問題；八十一章總評則對老子分章問題進行討論，並就
個人支持八十一章的分法，提出一些意見等等。

　　事實上，除了各章之後的總評之外，在逐字逐句的訓解當
中，批判性的文字亦偶有可見。這些言說通常出現在薛蕙徵引前
人注解之時，隨之帶出來的相關評論。仔細觀察其所蒐集、援引
的對象，包含有嚴君平、王弼、司馬光、蘇轍、張載、周敦頤、
程子、朱熹、林希逸、董思靖、吳澄等人的作品。對於薛氏援引
前人的解《老》之作，李慶曾如是說：

> 引用這類文獻，多用於對《老子》思想的探討。如果進一
> 步分析，可以看到，薛蕙對這類文獻，實際抱有不同的態
> 度，有的是引用以申述己見，有的是聊備一說，有的則引
> 作批判的對象。所以，分析這一部分文字，對於理解薛蕙
> 的《老子》研究，對於認識他的思想，有著重要的意義。[10]

李先生指出薛蕙在徵引前人注《老》解《老》之作時，抱持著三
種不同的態度。除了「聊備一說」較無可觀之外，「引用以申述
己見」、「引作批判的對象」這兩種態度之下所援用的文獻資
料，則是理解薛蕙老學思想的重要依據，而有特別值得關注的價
值。薛氏自序中，亦曾就幾個議題提出個人觀點，諸如：「老子

---

[10]　李慶：〈論薛蕙的《老子集解》——明代的《老子》研究之七〉，頁2。

非異端之流」、「老子非神仙長生之術」[11]等等。由此可見，批判反省與澄清衡定是《老子集解》的最大特色所在。因此，本章擬欲檢視的核心重點，即以此類「申述己見」與「批判反省」的總評文字或相關注文為主，著眼點則集中在對於程朱老學的批駁與評議之上。凡此，希望對於薛蕙與程朱老學思想的整體認識，以及其間所引發爭議論題的相關鉤沉，皆能有所辨析與釐清。此是問題形成的思考脈絡與背景。

第二節　澄清程朱對於老子思想的誤解

兩宋時期，理學家對於《老子》一書的相關注解與論述，當是勾勒其時老子學一個至關重要的視域。在薛蕙廣泛的批評當中，首先最引人注目的，就是對於宋儒二程與朱熹老學思想的種種批評與駁正[12]。因此，此處即以「澄清程朱對於老子思想的誤解」為論述核心，針對薛蕙所提出「老子非竊弄闔闢之術」、「楊朱之學不盡合於老子」、「申、韓少恩非原於道德之意」的

---

[11] 自序中即言：「始予蚤歲嗜神仙長生之術，凡神仙家之說無不觀也。晚讀《老子》而好之。當是時，予方斬嚮聖人之道，致思性命之理，蓋久之而若有得，考諸《老子》無異也。迺知昔之所嗜者，第方士之小術，而非性命之學也。復知老子之道，惟導人反其天性，而非異端之流也。夫性命者，道也，天下之一本也。生民同得之，非異物也。聖人同傳之，非異術也。」，頁1。此中即提出《老子》乃「性命之學」，非「方士之小術」，並帶出《老子》「非異端之流」的看法。

[12] 根據李慶的統計，薛蕙引程子之說四次，多為批判認為其說不妥。引朱子之說八次，五處批判，二處存說，一處贊成。見氏著：〈論薛蕙的《老子集解》——明代的《老子》研究之七〉，頁1。

三項論點加以闡釋發揮，並與程朱老學進行充分的對話與討論。

一、老子非竊弄闔闢之術

　　《老子》是否含有陰謀詐術[13]，一向是其思想爭議中的重要論題。之所以形成此說，主要即源自對於《老子》第七章「是以聖人後其而身而身先，外其身而身存。非以其無私邪？故能成其私。」[14]，以及三十六章「將欲歙之，必固張之；將欲弱之，必固強之；將欲廢之，必固興之；將欲奪之，必固與之，是謂微明。」，不同義理向度的詮解方式。《老子》五千言因為是語錄體，言語精練，若忽略整體的思想脈絡，僅作專章、專句片面獨斷的解釋，最易引起誤詮與謬讀。薛蕙《老子集解》在訓解此兩

---

[13]　〔清〕王夫之：《莊子解》（《莊子通‧莊子解》合刊，臺北：里仁書局，1984 年 9 月）卷八中說：「（《莊子》）內篇雖與《老子》相近，而別為一宗，以脫卸其矯激權詐之失。」，頁 76；李零《人往低處走：《老子》天下第一》（北京：三聯書店，2007 年 12 月）解三十六章大義也說：「《老子》講治國之術，非常陰柔。它有一套奇怪的辯證法，越想幹什麼，就越不幹什麼，處處跟『常識』撐著來，裝柔示弱，掩蓋目標，迷禍敵人，有如老練的兵法。」，頁 120；鄧立光《老子新詮——無為之治及其形上理則》（上海：上海古籍出版社，2007 年 6 月）〈自序〉中則說：「自來讀老子書者，類多失其宗旨，知其然而不知其所以然，知老子守柔處下而莫知其極，故而君人南面頓成城府陰沉、權謀詭計，遂使老子人天一貫之道術晦暗二千餘年。」，頁 1。凡此，可見得《老子》一書中是否雜有陰謀詐術，是相當具爭議性的話題。

[14]　〔魏〕王弼注、樓宇烈校釋：《老子周易王弼注校釋》（臺北：華正書局，1983 年 9 月），頁 19。以下所引《老子》五千言皆依此本。案：為利於行文之順暢，援引文本之時，偶有不另作註，或亦不標示頁數的情況出現，特此說明。

章時，即針對前人論點提出相關質疑與叩問，並專力澄清將老子思想作為陰謀詐術的一種誤解。

　　首先，以《老子》第三十六章所引發的誤會最大、誤解最深。誤詮者多以此數句為油滑機巧、權謀詭譎的用世、應事策略。宋儒二程即持此類看法，《河南程氏遺書》[15]中說：

> 與奪翕張，固有此理，老子說著便不是。（卷第七，頁98）

> 老子之言，竊弄闔闢者也。（卷第十一，頁121）

> 問：「《老子》書若何？」曰：「《老子》書，其言自不相入處，如冰炭。其初意欲談道之極玄妙處，後來卻入做權詐者上去。如『將欲取之必固與之』之類。」（卷第十八，頁235）

二程指出「將欲取之必固與之」一類言說，是證實老子之言「入做權詐者上去」的關鍵所在，並由此得出「竊弄闔闢者」的結論。朱子的觀點與程子論調一致，《朱子語類》中亦嘗記載曰：

> 伯豐問：「程子曰『老子之言竊弄闔闢』者，何也？」

15　收入〔宋〕程顥、程頤：《二程集》（臺北：漢京文化事業有限公司，1983 年 9 月）。以下所引皆依此本，僅於文後標示卷數、頁數，不另作註。案：以老子入於權詐之說，大程、小程觀點一致，故行文中不特別標註伊川先生語或明道先生語。

曰：「『將欲取之，必固與之』之類，是它亦窺得些道
理，將來竊弄。如所謂『代大匠斲則傷手』者，謂如人之
惡者，不必自去治它，自有別與它理會。只是占便宜，不
肯自犯手做。」[16]

朱子理解的義理趨向，實與程子並無二致。《朱子語類》中屢屢
可見此類言說，其又載曰：

老子之術，自有退後一著。事也不攙前去做，說也不曾說
將出，但任你做得狼狽了，自家徐出以應之。如人當紛爭
之際，自去僻靜處坐，任其如何。彼之利害長短，一一都
冷看破了，從旁下一著，定是的當。此固是不好底術數，
然較之今者浮躁胡說亂道底人，彼又較勝。（卷第一百二
十，頁2913）

老子之術，須自家占得十分穩便，方肯做；才有一毫於己
不便，便不肯做。（卷第一百二十五，頁2986）

常見畫本老子便是這般氣象，笑嘻嘻地，便是箇退步占便
宜底人。（卷第一百二十五，頁2996）

關機巧便，盡天下之術數者，老氏之失也。故世之用兵算

　　數刑名，多本於老氏之意。（卷第一百二十六，頁 3013）

朱子從用世、處事的謀略、手段來看《老子》。他以為老子之
術，總是冷眼旁觀，洞悉一切利害長短，只是「以靜制動」、
「以退為進」，在僻靜之處伺機而動，待一切確定穩當之後，考
量對自身最有利時才出手，此即是「從旁下一著，定是的當」的
術數。於是，朱子乃判定老子「須自家占得十分穩便，方肯
做」、「是箇退步占便宜底人」，也難怪會有「關機巧便，盡天
下之術數者，老氏之失也」的評價。如此一來，老子之學彷彿機
關算盡、城府深沉的厚黑之學。朱子又評斷說：

　　老氏之學最忍，它閑時似箇虛無卑弱底人，莫教緊要處發
　　出來，更教你枝梧不住。（卷第一百二十五，頁 2987）

　　老子心最毒，其所以不與人爭者，乃所以深爭之也，其設
　　心措意都是如此。閑時他只是如此柔伏，遇著那剛強底
　　人，它便是如此待你。（卷第一百三十七，頁 3266）

所謂「老子之學最忍」，是說他平時似個柔弱卑微、與世無爭的
人，但若逢緊要關頭一旦出手，其殘酷狠心的程度絕對讓你招架
不住。所謂「忍」，即是「反慈」，而「惻隱憐人」謂之「慈」
[17]，故「反慈」即是「惻隱憐人之對反」，亦即無惻隱憐人之

---

[17] 〔漢〕賈誼：《新書》（臺北：臺灣商務印書館，1979 年，四部叢刊
　　本）卷第八〈道術〉中曾言：「惻隱憐人謂之慈，反慈為忍」，頁 61
　　下。此說或可訓解朱子所謂「老子之學最忍」之涵義。

心。朱子認為老子之學殘忍，就是因為沒有不忍人受傷、受害的同情、同理之心。如此理解的視角，顯然與《老子》六十七章以「慈」為三寶之一相牴觸[18]。朱子又說「老子心最毒」，他的「虛無卑弱」、「不與人爭」都是表象，最終還是要「深爭之也」。此是言老子心腸狠毒，表面上好像柔伏順從、不與人爭，但是暗地裡設心措意就是要鬥爭到底，這其實反而是要狠剛強的把戲。朱子特別援例說：「如一箇人叫哮跳躑，我這裏只是不做聲，只管退步。少間叫哮跳躑者自然而屈，而我之柔伏應自有餘。」（卷第一百三十七，頁 3266），終將老子哲學結穴於「以退為進」的策略，幽暗的「陰柔」況味力道十足。此蓋朱子從「術」的層面解析《老子》[19]，大抵承襲韓非〈喻老〉詮解三十六章的思維理路[20]，明顯偏向黃老治術的理論基調。

　　薛蕙極力想修正程朱如是之立說，其於《老子集解》三十六章總評批駁說：

18　《老子》六十七章曰：「我有三寶，持而保之。一曰慈，二曰儉，三曰不敢為天下先。」，〔魏〕王弼注、樓宇烈校釋：《老子周易王弼注校釋》，頁 170。

19　劉固盛：〈論朱熹的老學思想〉（上饒師範學院學報，第 27 卷第 1 期，2007 年 2 月）中即曾說：「但朱熹解《老》還有另外一個重要的特點，那就是他同時注意從『術』的層面解析《老子》。」，頁 26。

20　早在韓非解《老》中，即以歷史事證為例來發揮此章理蘊。其以法家視界閱讀《老子》，將此三十六章理解為講求陰謀機詭的政治謀略，實已岔出老子精神的道途，轉而走向黃老之術的門徑。參見〔周〕韓非著、陳奇猷校注：《韓非子集釋（上）・喻老第二十一》（臺北：華正書局，1977 年 4 月）卷第七，頁 394。關此，本書「壹：澄清前人對於老子思想的誤解」第三章中將有詳論，參見頁 93-128。

> 程子嘗曰:「《老子》書,其言自不相入處如冰炭。其初
> 意欲談道之極玄妙處,後來卻入權詐上去,如『將欲取
> 之,必固與之』之類。」程子之言,豈可謂其不然,然學
> 者務在求是而已。理苟未安,雖大儒之言固未可盡執以為
> 是也。(頁23)

此中表達對於程子以三十六章為權詐之說,實在感到「理有未
安」之意。然而,即便是大儒之言,也不盡然全是對的,故在
「學者務在求是」的原則底下,針對程子說法提出個人疑問與想
法。他接著說:

> 竊謂此章首明物盛則衰之理,次言剛強之不如柔弱,末則
> 因戒人之不可用剛也。豈誠權詐之術而與二篇之言相反
> 哉?夫仁義聖智,老子且猶病之,況權詐乎?按《史記》
> 陳平本治黃帝老子之術,及其封侯,嘗自言曰:「我多陰
> 謀,道家之所禁,吾世即廢亦已矣,終不能復起,以吾多
> 陰禍也。」由是言之,謂老子為權數之學,是親犯其所
> 禁,而復為書以教人,必不然矣!(頁23)

薛蕙舉《史記》為例,指稱陳平曾謂自己多陰謀,是犯了道家禁
忌,其終不能東山再起,乃因其自身多陰謀,故亦多遭陰禍所
致。這就是思慮謀算他人,必然也會招引他人成心來謀算自己,
導致物物競逐、相殘相害的循環鬥爭之中。薛氏以為倡言仁義聖
智,老子尚且憂心流於虛矯之弊,更何況是鼓勵或教人「爾愚我
詐」的詭計心機。薛蕙於是強調「將欲歙之,必固張之」數句,

不過是闡明「物盛則衰」的自然之理,與設心措意的權詐之術根本毫不相干。

　　進一步細觀薛蕙詮解六十五章注文,即能清楚揭示其反對僞薄巧詐的主張,其言:

> 智慧者,僞薄之源也。古之善爲治者,非以明民,開其智慧,固將愚之,使之醇樸耳。民之愚也,質樸之性尚未失,故教化爲易施,誠信之心尚未變,故禁令爲易從。及其智多,則淳樸盡而巧詐滋。欲訓道而整齊之,蓋甚難矣。古人不明民而愚之者,爲此故耳。賊,害也。用智治國,則民化而爲智,造僞飾詐,是國之害也。不用智治國,則民化而爲樸,黎民醇厚,是國之福也。(頁41)

薛氏強調爲政目的在於使民心醇厚眞樸,而非僞薄巧詐。其以「愚」爲「質樸之性尚未失」、「誠信之心尚未變」,人民保有惇厚眞誠的心性,教化容易推行實施,禁令也就容易遵守依從。人民一旦精巧智多,亡喪淳樸之心,就會巧詐滋生。到了眼下這個地步,再想要「訓道而整齊之」,也就相當困難了。因此,不以智巧治理國家,是國家的幸福;而以智巧治國,人民流於「造僞飾詐」,則是國家的災害。此立論重點並非強調反智、愚民[21],而是提倡眞樸、反對奸巧。隨後薛氏援引王弼注《老》證成

---

[21]　《老子》二十章中曾言「我愚人之心也哉!」,〔魏〕王弼注、樓宇烈校釋:《老子周易王弼注校釋》,頁47。「愚人之心」爲善治者自我修養的最高境界,因此不能以「愚」爲貶義。關於「反智」、「愚民」的討論,是本書「壹:澄清前人對於老子思想的誤解」第四章的論述重

此說：

> 王輔嗣曰：民之難治，以其多智，當令無知無欲。而以智
> 術動民邪心，既動復以巧術防民之偽[22]，民知其防，隨而
> 避之。思惟密巧，姦偽益滋，故曰：以智治國國之賊也。
> （頁 41）

薛蕙與王弼觀點一致，咸將「愚」字理解為自然真樸、誠心醇厚
之意[23]，其以為「背醇樸而事智巧」（六十四章注文，頁 41），
是老子所極力反對的。老子學說最終要人「復歸於嬰兒」[24]，此
即主張精神上持守嬰兒、赤子般的純真自然、醇厚惇樸，又怎會
屬意於虛偽巧詐之說呢？這是沒能顧及老子思想架構的整體性與
一貫性，斷章取義之下歪曲誤解的結果。

除了三十六章之外，第七章「是以聖人後其身而身先，外其
身而身存，非以其無私邪？故能成其私。」，亦曾引發相當程度
的誤解。就此章前後語意脈絡而言[25]，老子乃以天地運作之「不

　　點，參見頁 129-158。

22　〔魏〕王弼注、樓宇烈校釋：《老子周易王弼注校釋》此數句句讀作：
　　「而以智術動民，邪心既動，復以巧術防民之偽。」，頁 169。兩種句
　　讀皆不影響文意。

23　王弼注「非以明民，將以愚之」言：「明，謂多智巧詐，蔽其樸也。
　　愚，謂無知守真，順自然也」，〔魏〕王弼注、樓宇烈校釋：《老子周
　　易王弼注校釋》，頁168。

24　二十八章中說：「常德不離，復歸於嬰兒。」，〔魏〕王弼注、樓宇烈
　　校釋：《老子周易王弼注校釋》，頁74。

25　第七章全文如下：「天長地久。天地所以能長且久者，以其不自生，故

自生」，亦即不自貪其生，故能悠遠長久的道理，來曉喻聖人當
效法天地的「不自生」，去貪私、去自我中心，最後才能真正成
就自我。老子的理想治者必須「後其身」、「外其身」，不以一
己爲先，不以私念私欲爲先，以此隱喻一種謙讓，退藏與收斂的
精神[26]。然而，以陰謀角度來理解，則以爲老子「後身而身
先」、「外身而身存」，是「以退爲進」的伎倆，是以「後
身」、「外身」作爲手段，藉以成全個人「身先」、「身存」的
目的。薛蕙反對如是觀看老子的方式，他解釋說：

> 自生者，自私也。不自生者，無私也。……聖人觀天地不
> 自生之道，知凡求生者盡害生者也，故後外其身以法天地
> 之不自生也。卒之身先身存，亦如天地之長久矣。身先身
> 存，是成其私也。原其所以致之，顧由於後外其身之無
> 私，故曰：「非以其無私邪？故能成其私。」夫聖人之無
> 私，初非有欲成其私之心也，然而私以之成，此自然之道
> 耳。如欲成其私，即有私也。未有有私而能成其私者也。
>
> （頁 4-5）

能長生。是以聖人後其身而身先，外其身而身存。非以其無私邪？故能
成其私。」，〔魏〕王弼注、樓宇烈校釋：《老子周易王弼注校釋》，
頁 19。

[26] 王淮：《老子探義》（臺北：臺灣商務印書館，2001 年 6 月）中即說：
「所謂『後其身』與『外其身』即是『忘我』亦即是一種謙讓，退藏與
收斂的精神，聖人用之以全其身而成其德」，頁 32。其間亦以《老子》
八十一章「既以為人，己愈有」為「後其身而身先」；「既以與人，己
愈多」為「外其身而身存」，頁 32。

薛蕙認爲天地的「不自生」，就是「無私」。聖人「後其身」、
「外其身」，皆是效法天地「無私」的精神。隨後其以「聖人之
無私，初非有欲成其私之心也，然而私以之成，此自然之道耳」
的說法，演繹老子「故能成其私」的內涵。這是說聖人一開始根
本「無心爲私」，也就是沒有一點「欲成其私」的念頭或心眼存
在，但最後卻能「私以之成」。所謂「私以之成」，當是得以自
我成就，也就是「全其身而成其德」[27]之意。這樣的發展是自然
而然形成的結果，其間並無一己之私的動機與雜質，以「無私」
作爲第七章的核心要旨，詮解角度明顯與程子視角有別。針對第
七章的詮解，薛蕙最後是這樣結語的，他說：

> 程子有云：「老子之言，竊弄闔闢者也。」予嘗以其言爲
> 然，迨今觀之，殆不然矣。如此章者，苟不深原其意，亦
> 正如程子之所訶矣。然要其歸，迨在於無私。夫無私者，
> 豈竊弄闔闢之謂哉？（頁5）

此中再次申明第七章的主旨在於「無私」[28]，說明程子因爲不能
「深原其意」，才會訶責老子「竊弄闔闢」。

27　語出王淮：《老子探義》，頁32。

28　鄧立光：《老子新詮——無爲之治及其形上理則》闡釋第七章章義說：
「本章由天長地久而喻大公無私。有道之主的『後其身』與『外其
身』，就是無私與不爭。無私與不爭之義上通天道。無私然後公心顯，
無私然後品行純，無私是德性的最高表現。以此，法天以去私爲首，去
私以不爭名逐利爲要。就人事而言，摒絕身念反得身安，不爭名利自有
天助人助而身名顯。無私與成其私，是因果關係而非手段與目的的關
係」，頁57。

　　朱熹的觀點和程子採取同一路徑，也曾表明老子「自私」，
《朱子語類》中說：

> 老氏欲保全其身底意思多。（卷第一百二十六，頁 3012）

> 老氏之失，出於自私之巧。（卷第一百二十六，頁 3013）

> 老子是箇占便宜、不肯擔當做事底人，自守在裏，看你外
> 面天翻地覆，都不管，此豈不是少恩？（卷第一百三十
> 七，頁 3253）

朱子以為老子是個沒有擔當、只顧著自守的人，為了存全個人生
命免於傷害，就算外面鬧得天翻地覆也不管，因此說他「少
恩」、「保全其身底意思多」。朱子與程子論調一致，薛蕙則持
異見加以廓清。實際上，老子學說原是反對自私自利的，觀其云
「少私寡欲」（十章）、「既以為人，己愈有；既以與人，己愈
多。」（八十一章）之類，即可得到驗證。

　　職是之故，薛蕙解四十八章「損之又損，以至於無為」中即
說：

> 損也者，損私心而反無為也。然人之私心甚多，雖日損
> 之，未能遽盡也。故必損之又損，然後私心漸盡，以至於
> 無為也。（頁 21）

可見得「損私心」[29]是薛氏老學思想的重點之一，其《約言》中亦說：「聖人之道，一言以蔽之，無私心而已矣。」、「人能去私意即與天地無異。」[30]，皆是發明此意。《老子》第六十六章「是以聖人欲上民，必以言下之；欲先民，必以身後之。」，薛氏嘗引吳澄注曰：「此聖人謙讓盛德，非有心於上人、先人而爲之。讀者不以辭害意可也。」（頁42）。同章注語又言：「下人後人，是不爭也。」（頁42）。凡此，薛氏乃主張老子學說在提醒統治者當處下謙讓，表現無私、不爭的精神，而非玩弄「以退爲進」、「以靜制動」的伎倆。他反對「竊弄闔闢之術」的觀點，並以爲此說與老子思想的精神方向根本悖逆扦格。事實上，這純粹是程朱「以辭害意」的結果，而「以辭害意」的癥結點，就在於不能眞正認識老子「正言若反」[31]的立說方式。假使無法突破《老子》表層文字的迷障，抉發它的深層含意，根據義理思想的整體性、連貫性、一致性進行各章各句的理解，就很容易產生誤解與爭議。此亦即詮釋學所言：「一切理解和認識的基本原則就是在個別中發現整體精神，和通過整體領悟個別；前者是分析的認識方法，後者是綜合的認識方法。但這兩者只是通過彼此

29　薛蕙詮解第八章「與善仁」中也說：「其施兼愛而無私，善仁也。」，頁5。

30　〔明〕薛蕙：《約言》，收入《叢書集成初編》（北京：中華書局，1985年），頁7。

31　關於「正言若反」，牟宗三：《中國哲學十九講──中國哲學之簡述及其所涵蘊之問題》第七講〈道之「作用的表象」〉中有相當之發揮，頁127-156。

結合和互為依賴而被設立。」[32]，這是以部分建構全體，以全體確定部分的詮釋循環，個別與整體之間總是有機的聯繫關係，必須在理論上彼此互相支撐、互相印證，以達到思想體系的連貫性與一致性。斷章或摘句式的割截取義，草率忽略或無視於老子思想的整體面貌，終究無法達到詮釋的完滿理解。因此，若能正視「正言若反」的思想特徵，不落入以偏蓋全的謬誤，對於老子思想雜權詐、耍私心的說法，或能不攻自破，進而體認到薛蕙的相關澄清，可謂相當切中肯綮。

二、楊朱之學不盡合於老子

　　老子、莊子與楊朱三人之間的關係，是先秦思想史中懸疑未決的公案。朱子曾就此表達個人觀點，而薛蕙亦針對其說，提出一些質問與想法。先看《朱子語類》中的說法，其言：

　　楊朱之學出於老子，蓋是楊朱曾就老子學來，故《莊》《列》之書皆說楊朱。（卷第一百二十五，頁 2987）

　　列莊本楊朱之學，故其書多引其語。（卷第一百二十五，頁 2991）

　　楊朱即老子弟子。（卷第一百二十六，頁 3007）

32　參見〔德〕阿斯特（G. A. F. Ast）著、洪漢鼎譯：《詮釋學經典文選（上）》（臺北：桂冠圖書公司，2005 年 5 月）第一篇〈詮釋學〉，頁7。

言下之意，朱子乃以爲楊朱曾親炙於老聃，兩人是師生關係[33]。
而列、莊又本於楊朱之學，故以老子、楊朱、莊子爲道家系譜，
係屬同一家族。此爲先秦道家思想的發展脈絡提供一條可能的觀
察路徑，揭櫫楊朱乃處於老、莊思想演變過程當中，一個重要的
中介性地位。因爲以三人爲同一系統，同一義理方向，朱子遂視
楊朱之學等同於老、莊之學，《朱子語類》中復言：

> 其學（楊朱之學）也不淺近，自有好處，便是老子之學。
> （卷第一百二十五，頁 2987）

> （莊子之學）然亦止是楊朱之學。（卷第一百二十五，頁
> 2988）

根據朱子思路，老子、楊朱的師徒關係，造就兩人思想「大概氣
象相似」[34]的結論。以此爲準，針對「孟子何以闢楊、墨，而不

---

[33] 日本學者武內義雄亦判斷楊朱是親炙於老聃的弟子，參見劉韶軍：《日
本現代老子研究》（福州：福建人民出版社，2006 年 6 月）第三章〈武
內義雄的老子研究〉，頁 140-142。徐復觀：《中國人性論史‧先秦
篇》（臺北：臺灣商務印書館，1987 年 3 月）第十三章〈道家支派及其
末流的心性思想〉中亦主此說。其云：「《莊子‧應帝王》及〈寓言〉
中的陽子居，當即係楊朱；其爲老子弟子或其後輩，這也是大概可以確
定的。」，頁 418。熊鐵基、馬良懷、劉韶軍：《中國老學史》第二章
〈老學的初興〉中也說：「楊朱是從老子到莊子思想演變過程中的一個
中間人物，講老學的發展，不能不有這樣一個中間人物。」，頁 101。

[34] 〔宋〕黎靖德編：《朱子語類》卷第一百二十五中載：「問：『楊朱似
老子，頃見先生如此說。看來楊朱較放退，老子反要以此治國，以此取
天下。』曰：『大概氣象相似。』」，頁 2987。

關老、莊？」一問題，朱子認為亦可隨之解除困惑。確實，孟子在力闢先秦各家學說之時，對於價值取向與人生態度迥異的老、莊思想，為何竟無隻字片語加以批駁？孟子一心一意捍衛儒學，曾力主「知言」[35]，以「正人心，息邪說，距詖行，放淫辭，以承三聖者。」（卷六〈滕文公下〉，頁 397）為自己的時代使命。他炮火十足對準當時與儒家思想殊異的各種邪說，其間批判的尖銳鋒芒曾指向楊朱、墨翟[36]，也猛烈地攻擊許行[37]、告子[38]、子莫[39]，何以不見其針對老、莊的相關批評呢？朱子是這樣解釋的：

> 孟子闢楊朱，便是闢莊老了。（卷第一百二十五，頁 2987）

---

[35] 〔宋〕朱熹：《四書章句集注・孟子集注》（臺北：大安出版社，2005年 8 月）卷三〈公孫丑上〉中說：「『何謂知言？』曰：『詖辭知其所蔽，淫辭知其所陷，邪辭知其所離，遁辭知其所窮。生於其心，害於其政；發於其政，害於其事。聖人復起，必從吾言矣。』」，頁 319。以下所引皆依此本，僅於引文後標示卷數、頁數，不另作註。

[36] 〔宋〕朱熹：《孟子集注》卷六〈滕文公下〉說：「聖王不作，諸侯放恣，處士橫議，楊朱、墨翟之言盈天下。天下之言，不歸楊，則歸墨。楊氏為我，是無君也；墨氏兼愛，是無父也。無父無君，是禽獸也。」，頁 379。

[37] 〔宋〕朱熹：《孟子集注》卷五〈滕文公上〉說：「今也南蠻鴃舌之人，非先王之道，子倍子之師而學之，亦異於曾子矣。」，頁 361。南蠻鴃舌之人，即指許行。

[38] 〔宋〕朱熹：《孟子集注》卷十一〈告子上〉關於孟、告「人性之辯」部分，頁 455-460。

[39] 〔宋〕朱熹：《孟子集注》卷十三〈盡心上〉說：「子莫執中，執中為近之，執中無權，猶執一也。所惡執一者，為其賊道也，舉一而廢百也。」，頁 500。

人皆言孟子不排老子，老子便是楊氏。（卷第一百二十五，頁 2988）

孟子不闢老莊而闢楊墨，楊墨即老莊也。（卷第一百二十六，頁 3007）

人言孟子不闢老氏，不知但闢楊墨，則老莊在其中矣。（卷第一百二十六，頁 3007）

朱子因為主張老子、楊朱、莊子一脈相承的關係，遂直接將三人學說涵攝為一，故有「闢楊朱，便是闢莊老」、「闢楊墨，則老莊在其中矣」之謂。這是朱子由老子、楊朱、莊子的傳承關係中，嘗試為孟子的「不闢老莊」，提供一個可能的思考方向[40]。在老子與楊朱義理內容的交會方面，朱子所提供的線索則是：

人說孟子只闢楊墨，不闢老氏。卻不知道家修養之說只是為己，獨自一身便了，更不管別人，便是楊氏為我之學。

---

[40] 對於孟子不闢同時期的莊子，《朱子語類》卷第一百二十五中記載如下：「李夢先問：『莊子孟子同時，何不一相遇？又不聞相道及，如何？』曰：『莊子當時也無人宗之，他只在僻處自說，然亦止是楊朱之學。但楊氏說得大了，故孟子力排之。』」，頁 2988；同卷中又載：「或云：『莊子都不說著孟子一句。』曰：『孟子平生足迹只齊魯滕宋大梁之間，不曾過大梁之南。莊子自是楚人，想見聲聞不相接。』」，頁 2988-2989。關於孟子不闢莊子的原因，朱子於此提出幾個可能的思考：一是莊子之學亦只是楊朱之學；二是莊子只在僻處自陳其說，不若楊朱之學流行；三是交通不便，孟子或許不曾聽聞莊子。

（卷第一百二十六，頁 3009）

此中所言「道家修養之說只是為己，獨自一身便了，更不管別人，便是楊氏為我之學」，明確指出老子「為己」的義理傾向便是楊朱「為我」之學，此正與朱子評述「老氏之失，出於自私之巧。」（卷第一百二十六，頁 3013）交相謀合。朱子蓋自「為己」、「為我」的私心設想出發，作為勾勒老子與楊朱師徒二人，在義理思想上的交匯點。

　　針對朱子之說，薛蕙在五十四章總評中提出一些澄清。其間之論述與文前所主張「老子非竊弄闔闢之術」的立意緊緊相扣。「損私心」是薛氏老學思想重點之一，故楊朱「為我」一說，當與其老學思想不同基調。因此，薛蕙駁斥朱子「老子便是楊氏」的觀點，楊朱「為我」講求的是一己之私，而老子反而力求減損一己之私，故提出「楊朱之學不盡合於老子」的論點。此就薛蕙整體老學思路而言，當亦不難理解。五十四章總評中即言：

　　朱子曰：「人皆言孟子不排老子，老子便是楊氏。」愚謂楊氏為我，蓋學老子之道，而得其一偏者也。考諸《老子》之書，如此章所云，豈徒為我而已邪？至於他章所謂「萬物恃之以生而不辭，愛養萬物而不為主。」、「聖人常善救人，故無棄人。」、「既以為人己愈有，既以與人己愈多。」如此類者，不可勝舉。由是觀之，楊氏之學，不盡合於老子，明矣。昔人謂孟子不排老子，其言殆未可非，不然，孟子何以舍其師而攻其弟子哉？學者知孟子不排老子，庶幾知老子之道未可輕議也。（頁 35）

其以爲楊朱「爲我」，是把老子之道學習得偏頗了，其列舉《老子》書中文句，諸如：「萬物恃之以生而不辭，愛養萬物而不爲主。」（三十四章）、「聖人常善救人，故無棄人。」（二十七章）、「既以爲人己愈有，既以與人己愈多。」（八十一章）之類，證明老子並無追求一己之私的義理趨向，相反的，卻是鼓勵不斷爲他人付出與奉獻。且觀本章所言：「故以身觀身，以家觀家，以鄉觀鄉，以國觀國，以天下觀天下。」，實亦彰顯「以身及人」的推愛思想，是以自身察及他身、以自家察及他家、以自鄉察及他鄉，非僅專顧吾之一身、一家、一鄉而已。薛蕙據此申明老子與楊朱思想的不同。至於孟子爲什麼捨棄攻擊身爲老師的老子，而將矛頭指向弟子楊朱呢？薛蕙的解釋是說，孟子其實無法、也無力攻擊老子，一方面是老子思想並無可非議之處，另一方面是他的理論高度也不是一般人可以輕易非難的。這就是孟子不排老子的主要原因。明顯可見，薛蕙此說不僅修正朱子之言，而且也順勢將老子思想的地位提昇了[41]。

　　朱子對於楊朱思想的理解，或許是建立在「爲我」思想的一種認識之上，而此蓋承襲孟子的影響而來。「爲我」被解釋成極端自私的個人主義，乃肇始於孟子言：「楊子取爲我，拔一毛而利天下，不爲也。」（卷十三〈盡心上〉，頁 500）。然而，孟子這樣的評述，亦有學者謂之「失眞」[42]，或當置入孟子存在的

---

[41] 熊鐵基、馬良懷、劉韶軍：《中國老學史》第七章〈明清時期的老學〉中也曾說：「薛蕙批評程朱的權威意見，不是對程朱的思想有什麼反對的意圖，主要目的還是要提高老子思想的地位，為老子思想在學術界、思想界爭取一個合法席位。」，頁 460。

[42] 王邦雄：《老子的哲學》（臺北：東大圖書公司，1990 年 2 月）中即

歷史情境予以了解。除了孟子所言，楊朱學說大方向之所在，仍
可根據他人的零星轉述，略窺一點粗淺輪廓，諸如：

> 今有人于此，義不入危城，不處軍旅，不以天下大利易其
> 脛一毛，世主必從而禮之，貴其智而高其行，以為輕物重
> 生之士也。[43]

> 全性保真，不以物累形，楊子之所立也，而孟子非之。[44]

> 陽生貴己。[45]

根據援引文獻判斷，其間擘畫出楊朱學說的義理方向，似乎與孟
子所言頗有差距。所謂「輕物重生」，是指輕視外物而重視生命
之意。「全性保真，不以物累形」，則是主張保全生命本真，避
免被外物所繫累。事實上，「重生」則能「全性」，「全性」則
能「保真」，「生」、「性」二字互訓，指涉本然的純樸之性。
此實有類於道家自然人性論中力主「性真」的主張。而「貴己」
一詞，雖然無法明確指出其意，但若以前兩則引文推想，「己」

　說：「惟孟子所謂『拔一毛而利天下，不為』的論點，是在其特殊規定
　的儒學觀點說出來的，可能失真而引生誤解。」，頁60。

43　〔周〕韓非著、陳奇猷校注：《韓非子集釋（下）・顯學第五十》卷第
　　十九，頁1090。

44　〔漢〕劉安著、〔漢〕高誘注：《淮南鴻烈解・氾論訓》（臺北：河洛
　　圖書出版社，1976年3月）卷十三，頁12。

45　〔秦〕呂不韋編纂、陳奇猷校釋：《呂氏春秋校釋（下）・不二》（臺
　　北：華正書局，1985年8月）卷十七，頁1124。

亦可能是生命本眞之意。如是，「貴己」即指重視生命本眞，而不在可爲物欲牽累的形軀[46]。據此，則可見楊朱學說與道家思想大方向上是雷同的[47]。事實上，朱子對於楊朱思想的相關評述中，也曾出現一則類似說法，其言：

> 楊氏一向爲我，超然遠舉，視營營於利祿者皆不足道，此其爲說雖甚高，然人亦難學他，未必盡從。（卷第一百二十六，頁 3007）

此中以「超然遠舉，視營營於利祿者皆不足道」，揭示楊朱「爲我」學說的面向之一。「超然遠舉」，似與道家生命境趣的追求爲同一價值方向。而「視營營於利祿者皆不足道」者，也不像是孟子所塑造出來的，只管自私自利的形象[48]。孟子爲了完成捍衛

---

[46] 王邦雄：《老子的哲學》中說：「此楊子所爲之『我』，所貴之『己』，不在可爲物欲牽累的形軀，而在生命的本眞。」，頁 60。

[47] 勞思光：《新編中國哲學史·（一）》（臺北：三民書局，1987 年 10 月）中主張老子思想淵源於楊朱，其是戰國初期的隱士，是老子思想的源頭。他說：「楊朱之說，一度極盛，其衰則應在孟子之後，天下篇時代之前。此一階段正是老莊之說興起之際。孟子生卒僅早莊子數年，而孟子時固無莊子，僅言楊墨，足見其時老莊思想尚未被視爲一獨立學派；何以如此？蓋因老莊思想接近楊朱，故當時爲楊朱所掩，合爲一派。而日後楊朱思想之衰亦正由於老莊思想之興。老莊思想遠較楊朱成熟。道德南華之說大行，楊朱之言遂衰息。此於理甚明者。」，頁 212。王邦雄：《老子的哲學》一書中亦持此說。案：兩位先生雖然都認同楊朱學說與道家思想係屬同一義理方向，但在楊朱年代的定位上，則主張在老子之前，是戰國初期的隱士。

[48] 〔晉〕張湛注：《沖虛至德真經·楊朱第七》（臺北：藝文印書館，

儒學這個特殊的歷史機緣，特別力闢楊、墨，故將兩人學說並列對舉，楊子「拔一毛而利天下，不爲也」，墨子則「摩頂放踵，利天下而爲之」，爲了營造兩個極端的對蹠點，不自覺產生歪曲的現象。孟子的陳述或許也不盡然全錯，只是楊朱的事蹟目前已不可考，亦無著作資料留傳下來，光靠這幾句話頭所呈現出來的楊朱形象，其實是充滿想像空間的。孟子蓋從一個特殊規定的儒家觀點底下加以論說的，爲了捍衛儒學的時代使命，其間所造成的傾斜也是不無可能。此與其他零星資料拼湊而出的楊朱形象，似乎有一些落差，不能不加以注意。

　　然而，針對文前所提出的問題，尚有兩點值得再細細深思：其一，若楊朱學說確如孟子所言係屬個人主義，何以所引韓非之言，卻稱其「世主必從而禮之，貴其智而高其行」；且朱子亦有「此其爲說雖甚高，然人亦難學他」的評述。楊朱若只是個追求自私自利的自我主義者，當無法讓世主「從而禮之」，甚至「貴其智而高其行」。當然也不會有「此其爲說甚高」的相關評價；其二，孟子所建立的楊朱形象，似乎與朱子的認識不全然一致，此當該再細察。朱子雖然也有「超然遠舉」一說，但因爲先以「入於權詐」的定見理解老子學說，然後又歸結老子、楊朱的道家系譜，主張「老子便是楊氏」。如是楊朱「爲我」之學的思想內容，也因爲與老子學說的深密關係而有了轉向。因此，朱子所理解楊朱「爲我」之學的內容，其實夾帶著個人特殊理解老子思

1971 年 1 月）卷第七中說：「古之人損一毫利天下不與也，悉天下奉一身不取也。人人不損一毫，人人不利天下，天下治矣！」，頁 102。此中頗有莊子「物各付物」的況味，而終極處仍要求「天下治」，自然不是孟子所說的「無君」。

想的角度與色彩，並不一定就是孟子理解楊朱的樣子。關於這些林林總總的問題，雖然都不在薛蕙討論此項議題的範圍之內，但似乎也應該有所自覺並加以反省。

綜而言之，薛蕙大抵不能認同朱子所謂「老子便是楊氏」的說法。其間或許因為相關資料匱乏之故，無法針對楊朱思想再度考察與省思。但因為立足於批駁朱子論點的立場之上，因此朱子所理解的楊朱圖象便是薛氏批判的重點。朱子先以「入於權詐」一說，作為老子思想的前理解，然後又指出老子、楊朱的師承關係。於是，楊朱的「為我」之學，便朝向一種精明狡詐的自利方向作解釋，而與老子「竊弄闔闢之術」的義理趨向交相縉合。薛蕙顯然反對朱子如是思維，其根本反對將老子之學視作機關算盡的陰謀詐術，因而與程朱的老學觀點產生嚴重分歧。其次，則是著意於強調老子「損私心」的思想精隨，藉此與楊朱「為我」之說劃清界線，並進一步分析老子與楊朱學說不盡相合之處，故以「楊朱之學不盡合於老子」的主張，駁斥朱子「老子便是楊氏」的立說。

三、申、韓少恩非原於道德之意

在朱子以老子之學為「竊弄闔闢之術」的思想前提之下，對於申、韓與老子學說的關係，以及《史記》將老、莊、申、韓同傳等問題提出一己之見。事實上，司馬遷將此四人同傳的安排，是否恰當合理，向來備受爭議。朱子以為合傳並無不妥之處，原因即在於老子與申、韓係屬同一源流，《朱子語類》中嘗言：

老子說話大抵如此。只是欲得退步占姦，不要與事物接。

如「治人事天莫若嗇」，迫之而後動，不得已而後起，皆
是這樣意思。故為其學者多流於術數，如申、韓之徒皆是
也。（卷第一百二十五，頁 2996）

問「反者，道之動；弱者，道之用。」曰：「老子說話都
是這樣意思。緣他看得天下事變熟了，都於反處做起。且
如人剛強咆哮跳躑之不已，其勢必有時而屈。故他只務為
弱。人纔弱時，卻蓄得那精剛完全；及其發也，自然不可
當。故張文潛說老子惟靜故能知變，然其勢必至於忍心無
情，視天下之人皆如土偶爾。其心都冷冰冰地了，便是殺
人也不恤，故其流多入於變詐刑名。太史公將他與申韓同
傳，非是強安排，其源流實是如此。」（卷第一百二十
五，頁 2997-2998）

言下之意，可以看出朱子乃以權謀變詐的處世態度，闡釋老子
「反者，道之動；弱者，道之用」的意涵。事實上，朱子之所以
認為老子與申、韓同一源流，實與其將老子之學視為「竊弄闔闢
之術」有著深密關係。他指出老子「只是欲得退步占姦，不要與
事物接」的學說特點，意思是說若不是十分緊迫、非不得已的情
況底下，絕不耗損精神應接外務，只要在旁伺機而候，及至最有
利的時機才出手，這是打著「以靜制動」、「以退為進」的如意
算盤。此理論落實到政治層面，就是申、韓「變詐刑名」的政治
術用。是故，其後乃云「故為其學者多流於術數，如申、韓之徒
皆是也」，特別指出申、韓之徒因為習得老子此學，故多流於術
數的特質，據此表明老子與申、韓同一源流的關係。朱子接著發

揮張文潛的說法加強論證，其以爲老子「惟靜故能知變」一說，
日後成爲法家入於變詐刑名之術，發展成「然其勢必至於忍心無
情，視天下之人皆如土偶爾。其心都冷冰冰地了，便是殺人也不
恤」的現象。負評指涉的雖然是刻薄寡恩的法家人物，但是一旦
推算到源頭，老子終究也無法脫離關係。朱子於是主張太史公將
老子與申、韓同傳，並非強作安排，而是係屬同一源流之故[49]。
《朱子語類》中又載：

> 問：「《史記》云：『申子卑卑，施於名實。韓子引繩
> 墨，切事情，明是非，其極慘礉少恩，皆原於道德之
> 意。』」曰：「張文潛之說得之。」道夫曰：「東坡謂商
> 鞅韓非得老子所以輕天下者，是以敢爲殘忍而無疑。」
> 曰：「也是這意。要之，只是孟子所謂『楊氏爲我，是無
> 君也』。老子是箇占便宜、不肯擔當做事底人，自守在
> 裏，看你外面天翻地覆，都不管，此豈不是少恩？」道夫
> 曰：「若柳下惠之不恭，莫亦至然否？」曰：「下惠其流
> 必至於此。」又曰：「老子著書立言，皆有這箇底意
> 思。」（卷第一百三十七，頁 3253）

引文中，朱子更明白點出「申、韓少恩源於老子」的主張。所謂
「少恩」，指的就是占人便宜，不肯擔當做事，只守住一己之私

---

[49] 二程亦持申、韓源自老子的觀點，《河南程氏遺書》卷第十八中說：
「然老子之後有申、韓，看申、韓與老子道甚懸絕，然其原乃自老子
來。」，收在〔宋〕程顥、程頤：《二程集》，頁 235。不過，二程雖
認爲同源，同時也提出了申韓與老子之道甚爲懸絕的看法。

過活，即使外面天翻地覆也不管的行事風格，朱子認爲這也就是
楊朱「爲我」之意。對話中，朱子徵引北宋文人蘇東坡、張文潛
的說法印證一己之見。張氏之言文前已有相關闡述，而蘇東坡亦
持申、韓與老子同一源流之說，其認爲法家之所以「敢爲殘
忍」，即是受到老子「輕天下」的影響[50]。按照朱子理解的思
路，其既以老子「輕天下」附會楊朱「爲我」之說，遂以孟子批
評楊朱「無君」[51]來評斷老子，此殆是可以想見的。

　　薛蕙在五十八章總評中反駁朱子之說，提出「申、韓少恩非
原於道德之意」的見解，並進一步闡釋《史記》將老子與申、韓
同傳所引發的相關問題。他說：

　　　昔司馬遷作〈老莊申韓列傳〉，其言曰：「老子所貴道，
　　　虛無因應，變化於無爲，故著書辭稱微妙難識。莊子散道
　　　德放論，要亦歸之自然。申子卑卑，施之於名實。韓子引
　　　繩墨，切事情，明是非，其極慘礉少恩，皆原於道德之
　　　意」。而老子深遠矣，後之學者，讀遷之書不詳，乃以爲
　　　申韓少恩，皆原於道德之意，其亦誤矣。夫遷所謂皆原於
　　　道德之意者，此統論三子而云爾。其曰慘礉少恩，則專言
　　　韓非之弊，非謂亦原於道德之意也。至宋蘇子瞻又傳會而
　　　爲之說曰：「老聃莊周論君臣父子之間，汎汎乎若萍游於
　　　江湖而適相值也。商鞅韓非求爲其說而不得，得其所以輕

50　參見〔宋〕蘇軾著、孔凡禮點校：《蘇軾文集》（北京：中華書局，
　　1990 年 4 月）卷四〈韓非論〉，頁 102-103。

51　〔宋〕朱熹：《孟子集注》卷六〈滕文公下〉中言：「楊氏爲我，是無
　　君也；墨氏兼愛，是無父也。無父無君，是禽獸也。」，頁 379。

天下齊萬物之術，是以敢為殘忍而無疑。」張文潛亦曰：
「無情之至，至於無親，此刑名之所以用也。」考亭朱子
頗以二子之言為然。且曰：太史公將老子與申韓同傳，不
是強安排，源流實是如此。噫！彼二子文士之言，特言之
成理，則不顧是非之實，蓋無足議。獨朱子此言，苟非一
時未定之論，殆亦考之不審矣。（頁37）

薛蕙以為司馬遷將申、韓與老子同傳，主要是就學說的大方向統
論三子之學的，其間專論申、韓學說中「慘礉少恩」的流弊，但
並沒有將「慘礉少恩」推源於老子的意思，學者以「申、韓少恩，
皆原於道德之意」，是對傳文的誤讀。薛蕙復徵引蘇東坡、張文
潛的說法為批判對象。指出兩人皆附會老、莊和申、韓的關係，
東坡說：「老聃莊周論君臣父子之閒，汎汎乎若萍游於江湖而適
相值也。商鞅韓非求為其說而不得，得其所以輕天下齊萬物之
術，是以敢為殘忍而無疑。」[52]；張耒也直言「無情之至，至於
無親，此刑名之所以用也」[53]，皆將老子與法家的殘忍無情加以
合會並觀。朱子因為認同蘇、張之說，遂以申、韓少恩皆源於老
子。薛蕙不僅強烈批評蘇、張「不顧是非之實」，且亦指出朱子
承襲兩人之說，當是「苟非一時未定之論，殆亦考之不審矣」。

　　其後，薛蕙在五十八章總評中，便極力闡釋申、韓與老子思
想殊異之處：

---

[52] 〔宋〕蘇軾著、孔凡禮點校：《蘇軾文集》卷四〈韓非論〉，頁 102-
　　103。

[53] 〔宋〕張耒：《柯山集》（臺北：新文豐出版公司，1984 年）卷四十四
　　〈書宋齊邱化書〉，頁 510。

> 古者刑名之學，雖有宗於黃老者，然不過假其一二言之近
> 似，若其大體之駁，豈真出於黃老哉？且申韓殺人以行
> 法，而老子有代大匠斲之喻。申韓挾數以御下，而老子有
> 以智治國之戒，安有道不同如是，而謂其源流之同哉？
> （頁37）

> 予觀申韓之術，其責名實，循勢理，雖略放於道家因應之
> 說。迨其實則苛察繳繞，正老子所謂察察之政。以此言
> 之，固不可以為原於道德之意。（頁37）

薛氏先點出申、韓刑名與黃老畢竟不同，僅憑藉相似的一兩句話
頭，便以刑名宗於黃老，殆是有欠妥當的。因此，把老子與申、
韓畫上等號也是危險的。其次，則就義理內容的細部考察，列舉
出申、韓與老子之道的不同所在。申、韓重視法治，乃至於以法
殺人；老子則有「代大匠斲」[54]之喻，反對將人民置於嚴刑峻法
之中；申、韓主張以權術統御臣下，而老子則有「以智治國之
戒」[55]，反對人君使用太多智巧心機去治理國家。據此，還可指
稱他們是同一源流嗎？即便申、韓在「責名實」、「循勢理」方

---

[54] 七十四章說：「常有司殺者殺，夫代司殺者殺，是謂代大匠斲。夫代大
匠斲者，希有不傷其手矣。」，〔魏〕王弼注、樓宇烈校釋：《老子周
易王弼注校釋》，頁184。老子以為人君不能實行清靜之政，而置人民
於嚴刑峻法之中，即是「代大匠斲」。

[55] 六十五章中說：「民之難治，以其智多。故以智治國，國之賊；不以智
治國，國之福。」，〔魏〕王弼注、樓宇烈校釋：《老子周易王弼注校
釋》，頁168。

面的主張，有似於道家「因應之說」，然其論政之實「苛察繳
繞」，正是老子所反對的「察察之政」[56]。因此，薛蕙說：「如
曰皆原於道德之意，斯言亦不能無失。若夫以申韓同傳，則又失
之大者。」（頁 37）。這是說，將申、韓學說中的一切主張皆歸
源於老子，是有欠妥當的。若又據此作爲申、韓與老子同傳的原
因，則又失之更大。實際上，根據薛蕙「老子非竊弄闔闢之術」
的思想前提而言，他反對申、韓的刻薄寡恩源出於老子，蓋是無
庸置疑的。薛蕙最後說：「然則朱子之言，意者以蘇張而誤，若
蘇張之誤，則實遷啓之也。」（頁 37），是以爲朱子的誤解蓋緣
自於蘇、張；而蘇、張的誤解，則不能不說是司馬遷合傳所開啓
的一種誤導。凡此，針對老子與申、韓的關係，及其思想差異進
行詳切闡釋，薛蕙所提出「申、韓少恩非原於道德之意」的立
論，可謂提供一個全新取徑，而有值得再仔細思量的餘地。

結　語

　　薛蕙《老子集解》一書，最深受矚目的，就是對於程朱老學
思想的種種評議與駁正。宛若孟子爲了捍衛儒學而闢楊、墨一
般，程朱亦爲了樹立儒學正統而闢佛、老，各自在強烈的時代使
命之中，以儒學爲核心的特殊要求底下，對於楊朱和老子的學
說，進行觀察與評述。或許因爲護衛之心過於急切，難免在陳述

---

[56]　五十八章中說：「其政悶悶，其民淳淳；其政察察，其民缺缺。」，
　　〔魏〕王弼注、樓宇烈校釋：《老子周易王弼注校釋》，頁 151。老子
　　以爲政令愈嚴苛繁瑣，人民就愈狡猾，以至於機詐滿面，此即「察察之
　　政」。

學說內容時，產生不自覺的偏見，遂導致歪曲、誤解的結果。孟
子之於楊朱，朱子之於老子，都是在如是情況底下產生「失眞」
的現象。薛蕙對於程朱老學思想的評議，當是立足於此的敏銳觀
察與反省。朱子對於老子學說的相關論述，雖然也有歷史脈絡可
尋，但是其心中不可動搖的儒學情結，或許才是他選擇「如何觀
看老子」的癥結所在，而將一切歸結到「竊弄闔闢之術」的認識
面向。這樣的立論觀點確實也投射到朱子對於老子個人形象的感
受，《朱子語類》中即載：「常見畫本老子便是這般氣象，笑嘻
嘻地，便是箇退步占便宜底人。」（卷第一百二十五，頁
2996）。這樣評價老子的角度，殆與其將老子學說置入陰謀捭闔
之術，有著密切關係。然而，將老子畫像解釋成奸笑般的氣象，
很難說沒有情緒化的傾向。尤有甚者，朱子更指稱老子之學最
忍、少恩，老子心最毒等等言說，將老子學說打入陰暗沉重之
中，實非老子思想的原始本色。

　　總而言之，程朱老學的思想特點，就在於認爲老子之學「入
於權詐」的思維理路。因爲主張老子思想要權詐、存私心，在定
位老子與楊朱的理論關係時，遂片面綰合楊朱「爲我」之學與老
子「欲成其私」之說，整體朝向自私自利的個人主義作解釋。而
朱子也以「老子便是楊氏」一說，作爲說明「孟子不排老子」的
原因，因爲老子、楊朱是師生關係，孟子闢楊朱便是闢老子。朱
子同時也認爲申、韓之流的「入於變詐刑名」，即是源於老子的
「惟靜故能知變」，兩者係屬同一源流，此說亦得以合理解釋
《史記》何以將老子與申、韓同傳的安排。凡此，皆在程朱以
「老子爲竊弄闔闢之術」的思想前提底下，鋪設展開一系列論
述。然而，薛蕙並無法認同這些觀點，針對程朱的言論，其多方

提出討論並力圖澄清誤解。

　　因此，本章乃以薛蕙《老子集解》中澄清程朱對於老子思想的相關誤解爲觀察核心，藉由其批駁程朱老學的過程當中，所提出「老子非竊弄闔闢之術」、「楊朱之學不盡合於老子」、「申、韓少恩非原於道德之意」的三項論點，建構薛蕙個人的老學思想，並與程朱老學再次進行交流與對話。事實上，此三項論點乃以「老子非竊弄闔闢之術」爲前提的，因爲其他兩項論點必須先預設此立場方能成立。薛蕙在澄清誤解之餘，同時也根據老子思想的整體性、連貫性與一致性，再次衡定老子精神的義理方向。明顯可見，在闡釋薛氏種種評議內容之後，確實能逐一逼顯出程朱老學與先秦老子思想相距盆遠的情況。如是，當能更完整認識薛蕙以及程朱老學思想的意見與主張，對於建構明代老子學詮釋觀點的多元圖象而言，當該有實質之助益。更重要的是，對於《老子》一書內在底蘊的抉發與衡定，亦能提供更深廣的觀察角度。

第二章　薛蕙《老子集解》對於「獨任虛無」的評議

第一節　問題的提出

唐末陸希聲《道德眞經傳》自序中，曾就其前老子學之概況予以總結性批評，明列出「六子」爲老氏之罪人，序文中言：

> 楊朱宗老氏之體，失於不及，以至於貴身賤物；莊周述老氏之用，失於太過，故務欲絕聖棄智；申韓失老氏之名，而弊於苛繳刻急；王何失老氏之道，而流於虛无放誕，此六子者皆老氏之罪人也。[1]

文中指出楊朱、莊周、申不害、韓非、王弼、何晏等六人各以一偏理解老子學說，以至於造成種種缺失與流弊的現象。此中，玄學家王弼、何晏即以「失老氏之道，而流於虛无放誕」，名入罪人之列。陸氏蓋認爲兩人對於老子形上之「道」的理解有所差失、偏頗，致使其學說走向「虛無放誕」之流。王、何的思想主

---

[1]　〔唐〕陸希聲：《道德真經傳序》，收入嚴靈峯編輯：《無求備齋老子集成・初編》（臺北：藝文印書館，1965 年），頁 1B。

要是在闡發老子學說而建立起來的，彼等立論皆以「道」爲核
心，「道」即是「無」，萬事萬物皆以「無」爲本，因爲重視
「無」、尊貴「無」，故史稱兩人「貴無」[2]。王、何所屬的正
始玄學即是此一潮流，而鎮日談玄說理的風氣，亦順勢臻至高
峰。因此，「貴無」之說再加上「競爲清談，祖尙虛無」[3]的時
代氣息，導致虛浮放蕩的言論充盈朝野，其後所形成獨任虛無而
無以爲治的政治局面殆可想見，且名士行爲舉止的狂誕任性亦多
肇因於此。事實上，類似這樣的負評，早在兩晉時期即已成調。
指稱老子之學「虛無」、「虛浮」，蓋與西晉裴頠〈崇有論〉中
將「貴無」之「無」釋作「虛無」[4]，以及東晉范甯指王、何玄

2　《晉書·王衍傳》載：「魏正始中，何晏、王弼等祖述《老》、《莊》，
　　立論以爲：『天地萬物皆以無爲本。無也者，開物成務，無往不存者
　　也。陰陽恃以化生，萬物恃以成形，賢者恃以成德，不肖恃以免身。故
　　無之爲用，無爵而貴矣。』」，此段記載即概括說明何晏、王弼「以無
　　爲本」的哲學趨向，以及「貴無論」的雛型。參見〔唐〕房玄齡等撰：
　　《新校本晉書并附編六種》（臺北：鼎文書局，1992 年）卷四十三，頁
　　1236。裴頠〈崇有論〉中言：「眾家扇起，各列其說，上及造化，下被
　　萬事，莫不貴無。」，即可見當時「貴無」之流行。參見嚴可均編：
　　《全上古三代秦漢三國六朝文》（臺北：世界書局，1961 年）第四冊
　　〈全晉文〉卷三十三，頁 8A。

3　〔宋〕司馬光：《資治通鑑》中嘗載：「何晏性自喜，粉白不去手，行
　　步顧影。尤好老、莊之書，與夏侯玄、荀粲及山陽王弼之徒，競爲清
　　談，祖尙虛無，謂《六經》爲聖人糟粕。由是天下士大夫爭慕效之，遂
　　成風流，不可復制焉。」此中即指出當時「競爲清談，祖尙虛無」的一
　　種風氣。參見楊家駱編：《新校資治通鑑注》（臺北：世界書局，1961
　　年）第四冊〈魏紀七·邵陵厲公中〉卷七十五，頁 2381。

4　〔晉〕裴頠：〈崇有論〉中說：「無，虛無之謂也。」；「夫至無者無
　　以能生，故始生者自生也。自生而必體有，則有遺而生虧矣。生以有爲

思造成「虛浮相扇」有所關聯。范甯在〈王弼何晏論〉一文中即說：

> 時以虛浮相扇，儒雅日替，甯以為其源始于王弼、何晏，二人之罪，深于桀紂。[5]

除了點出王、何是造成「虛浮相扇，儒雅日替」的罪魁禍首之外，其批評力道極大，甚而指稱「二人之罪，深於桀紂」。范氏更進一步評述說：

> 王何蔑棄典文，不遵禮度，游辭浮說，波盪後生，飾華言以翳實，騁繁文以惑世。搢紳之徒，翻然改轍，洙泗之風，緬焉將墜。遂令仁義幽淪，儒雅蒙塵，禮壞樂崩，中原傾覆。古之所謂言偽而辯，行僻而堅者，其斯人之徒歟？昔夫子斬少正于魯，太公戮華士于齊，豈非曠世而同誅乎？桀紂暴虐，正足以滅身覆國，為後世鑑戒耳。豈能迴百姓之視聽哉！王何叨海內之浮譽，資膏粱之傲誕，畫螭魅以為巧，扇無檢以為俗，鄭聲之亂樂，利口之覆邦，

己分，則虛無是有之所謂遺者也。……濟有者皆有也，虛無奚益于已有之群生哉！」，〈全晉文〉卷三十三，頁 8B。因為王、何主張「貴無」，所以裴頠以「崇有」反擊，〈崇有論〉一文蓋為規正當時虛誕學說而作。然而，裴氏以「無」為「虛無」，也就是什麼都沒有（nothingness）的意思，此對「貴無」一說的理解頗有再商榷的餘地。

[5]　〔晉〕范甯：〈王弼何晏論〉，參見《全上古三代秦漢三國六朝文》第五冊〈全晉文〉卷一百二十五，頁 8B。

　　　　信矣哉！吾固以為一世之禍輕，歷代之罪重，自喪之釁
　　　　少，迷眾之愆大也。[6]

此中清楚揭示「桀紂暴虐，正足以滅身覆國」，而王、何之罪既
深於桀紂，則「玄學（談）誤國」一說自可推論而出。范氏嚴厲
斥責兩人：「遂令仁義幽淪，儒雅蒙塵，禮壞樂崩，中原傾
覆」，此是從一個身兼經學家與儒學者的銳利眼光，面對「儒雅
蒙塵」、「中原傾覆」的混亂時局，在一股憤恨難忍的情緒底
下，所發出來的強烈譴責[7]。正因為王、何的玄思玄想，皆是在
發揮老子學說的基礎底下凝定形成的，於是，「玄學（談）誤
國」終亦等同於「老子之學誤國」的大膽想像。因此，歷來所謂
「晉室之亂本於老子」的批評聲浪也就應運而生。

　　薛蕙《老子集解》中即正視此「晉室之亂本於老子」一說，
除了專力進行反駁之外，更努力澄清其間所衍生而來的相關誤
解。其在《老子集解》三十八章章後總評中，對於晉室之亂的原
因加以闡釋分析，並提出「晉室之亂非本於老子」的見解。事實
上，在面對這個問題時，薛氏發現更根本的提問或許應該是：老

6　〔晉〕范甯：〈王弼何晏論〉，頁 8B-9A。

7　《世說新語・輕詆第二十六》中亦嘗載：「桓公入洛，過淮泗，踐北
　　境，與諸僚屬登平乘樓，眺矚中原，慨然曰：『遂使神州陸沉，百年丘
　　墟，王夷甫諸人，不得不任其責！』」，劉孝標注引《晉陽秋》曰：
　　「夷甫將為石勒所殺，謂人曰：『吾等若不祖尚浮虛，不至於此！』」，
　　參見〔南朝宋〕劉義慶著、余嘉錫編撰：《世說新語箋疏》（臺北：華
　　正書局，1989 年 3 月），頁 834。此中桓溫也感慨中原淪陷，長久變成
　　荒丘廢墟，清談家王衍等人的「祖尚浮虛」不能不承擔亡國的責任。此
　　亦是「玄談誤國」之一說。

子之學果然是一種離棄人事，而專向虛無的學說？此或亦可轉換成如是提問：老子思想是否消沉、厭世或出世[8]？薛蕙是以「老子之學非棄人事而獨任虛無」為思想前提的，其立論的出發點乃從老子言「道」的視域重新談起，老子的「道」絕非僅僅落入「無」的單向道，還有所謂「有」的雙重面相。凡此，都要重新加以討論並釐析清楚，以證明老子學說絕非消沉厭世的哲學。檢視相關論述，薛蕙力圖梳理糾結成團的問題，並且指出只有回歸到「道」的正確理解，才能解開謎團。此誠如陸氏自序中最後指出：

> 病其道則曰獨任清虛，何以為治？於乎！世之迷，其來遠矣。是使老氏受誣於千載，道德不行於當世，良有以也。[9]

其所言「病其道則曰獨任清虛，何以為治？」，即揭櫫問題的癥結點就在「病其道」，對於「道」的理解差失與偏頗，才會導致「虛無放誕」、「何以為治」的風評，此是老子之學「受誣於千載」的原因。薛蕙亦深知問題之關鍵，故其以為若欲澄清誤解，終究得回歸到對老子之「道」的重新體認。「道」僅僅只是「無」而已嗎？「無」是「虛無」，那麼「虛無」又該作何解釋？這些都是最基本的重點。因此，關注視野或可收束為二：其一是，晉朝的亂局與傾覆與老子之學有直接關係嗎？也就是說，

---

[8] 陳鼓應：《老子今註今譯及評介》〈出版序〉中即曾指出兩個對於老子思想比較流行的誤解，其一是老子思想是消沉的、厭世的或出世的；其二則是老子思想含有陰謀詐術，頁 28-30。

[9] 〔唐〕陸希聲：《道德真經傳序》，頁 1B。

玄理玄談果然是造成晉朝亡國的主要原因？其二是，王、何「貴無」所造成「虛無放誕」、「何以爲治」之弊，既在於「失老氏之道」、「病其道」，那麼老子的「道」當該如何理解比較妥當周延？裴頠〈崇有論〉的「虛無」一說，也就是什麼都沒有（nothingness）的意思，果眞能代表「無」的內在理蘊？凡此，當再一一加以釐清並闡述之。

職是之故，本章乃以薛蕙主張「老子之學非棄人事而獨任虛無」的觀點爲核心論述，並就其間所引發的兩個重要論題進行探究與思考。討論的入路有二：首先是就「晉室之亂非本於老子」的內容加以闡釋發揮。薛蕙以爲晉人亡國的成因，不在於名士清談玄虛抑或放達任誕之故，眞正原因殆出於士人自身種種貪鄙偷薄的行徑，晉室所呈現的紛亂局面以及最後的沉淪，皆與老子學說毫無關涉；其次，則是發揚薛蕙所言「任虛無以應事」的圓融理境。此中涉及老子之「道」，「無」、「有」雙重特性的深入分析，說明其間體用、動靜、虛實的辯證關係，並進一步分析如何效法「道」的特性，將此一辯證思維落實到政治人事之中，刻劃出形上道體的「無」與形下人事的「有」，上下之間「體無以用有」的深密關係，創構出老子「任虛無以應事」、「內而聖外而王」的理論間架，藉此以發明老子無爲而治、道化天下的政治理想藍圖，絕非離棄人事之實而獨任虛無而已。據此或亦能同時澄清老子之學消沉、厭世、出世的重大誤解。凡此，是爲本章問題意識之形成及其背景之說明。

第二節　老子之學非棄人事而獨任虛無

一、晉室之亂非本於老子

在《老子集解》三十八章章後總評之中，薛蕙即針對「晉室之亂是否本於老子？」一議題，展開細部討論並提出個人意見。在論述此議題之前，他先就「失道而後德，失德而後仁，失仁而後義，失義而後禮」數句，申說「道」與「德」、「仁」、「義」、「禮」四者之間的關係，其曰：

> 程子曰：「失道而後德，失德而後仁，失仁而後義，失義而後禮，則道德仁義禮分而為五也。」竊謂老子此言所以究道德之終始而著其厚薄之漸也。語其始，則一本而已，及其終也，去本寖遠而為德寖異矣，豈誠分而為五而判然不相合哉！且老子之言，本為易見，其曰：「禮者忠信之薄」，謂之薄矣，不曰非忠信也；「前識者，道之華」，謂之華矣，不曰非道也。是則老子之言，不為不明，豈程子偶未之思乎！（頁26）

薛蕙舉程子之說為批判對象，其反對程子將「道、德、仁、義、禮分而為五」的說法，因為從「道」的角度來觀察「德」、「仁」、「義」、「禮」四者，雖然它們遞相差次，進入每況愈下的情形，但卻是相繼而生的[10]。也就是說，當「道」開始淪喪

10　高明：《帛書老子校注》（北京：中華書局，1996年）中即曰：「從經文分析，此章主要講論老子以道觀察德、仁、義、禮四者之不同層次，

之際，才要去提倡「德」；而「德」一旦淡薄了，才要去提倡
「仁」；「仁」快要消弱了，才要去提倡「義」；「義」快要滅
失了，才要去提倡「禮」。從「道」至「禮」的層層下墮中，
「道」居於頂端的本始源頭，其下四者代表離「道」漸行漸遠，
雖然與「道」產生離異現象，但並非與「道」處於截然斷裂的關
係。薛氏以為此一下墮過程，乃表明「道」的成分「由厚至
薄」。因此，「道」與「德」、「仁」、「義」、「禮」四者並
非斷為二橛的狀況。從「道」的立場而言，「德」、「仁」、
「義」、「禮」都包含在源始的「道」之中，沒有與「道」不
合，故曰「語其始，則一本而已」。而從「德」、「仁」、
「義」、「禮」的立場而言，則因為離「道」愈來愈遠之故，
「道」的成分顯然逐漸相形不足，但也不能說完全脫離「道」的
籠罩。薛蕙進一步指證，老子之所以言「禮者，忠信之薄」、
「前識者，道之華」，而不直接言「禮者，非忠信也」、「前識
者，非道也」，就是想表明「禮」仍有忠信的成分，只是澆薄
了；而「前識者」，也仍有「道」的潤澤，只不過已流於「道」
的虛華矯飾而已。總之，薛蕙企圖彰顯的是，老子的「道」高於
儒家的仁義道德[11]，且其中亦蘊含有「德」、「仁」、「義」、

而以德為上，其次為仁，再次為義，最次為禮。德仁義禮不僅遞相差
次，每況愈下，而且相繼而生。」，頁3。

[11] 此有似於唐君毅所稱，孔子代表中國人文思想的自覺性了解，並抒發其
意義與價值者；墨子思想是「次人文的」，因為他忽略禮樂之重要，儒
家所重孝弟之重要；而莊子則是「以天為宗」，尚自然而薄人文的超人
文思想。案：此處雖以莊子為說，但亦適用於老子思想。參見氏著：
《中國人文精神之發展》（臺北：臺灣學生書局，1988 年 8 月）第一部
「壹、中國人文精神之發展」，頁 16-19。

「禮」的成分存在，只是在「道」的層級中，這些原都是渾淪和諧，融而爲一的整體，「道」與「德」、「仁」、「義」、「禮」原本爲一，沒有分別割裂，當然也就不需要特別去提倡和重視它們的存在。因爲它們原本就是與「道」合而爲一，並非「分而爲五而判然不相合」的狀態。此即薛蕙所勾勒出「道」的義理內蘊，而老子所謂「道治天下」的政治理念，即是根據於此。

薛蕙其實想努力論證的是，老子的思維理路中並沒有絕仁義、棄禮法的意圖，並隨之帶引出晉室之亂與老子之學毫無關涉的見解。他針對議者評斷老子「棄仁義、絕禮法」一說進行反駁，其言：

> 又議者咸曰：仁義禮法，聖人治天下之具也。老子之學，迺欲棄仁義、絕禮法，使其說行，天下惡得不亂乎？至於後世，士果有尚清談而廢實行，嗜放達而遺名教，天下化之，遂以大亂，如晉人者是已，其禍出於祖述老子之道故也。議者之云，既不足以知老子之指，亦未能盡知晉人之弊也。（頁 26）

仁義禮法是聖人治理天下的工具，薛蕙指出議者之所以批評老子之學無以爲治，就在於一致認爲老子之道主張棄仁義、絕禮法，就像程子的認知一般，將老子之「道」與「德」、「仁」、「義」、「禮」分而爲五。因此，設若以老子之道施行教化於天下，天下豈得治乎？後老子時期，直至魏晉玄風大盛的時代，老莊之學一時風行草偃，名士尙清談、嗜放達蔚爲風氣。世風日

下，果然產生種種滅棄禮法、虛無放誕的行誼。議者推其禍源，
率皆指向「祖述老子之道」之故。據此，晉室大亂乃至於亡國，
遂與崇尙老子之道劃上等號，老子就此背負亡國罪名。薛蕙以爲
議者之論斷不僅不瞭解《老子》三十八章的思想旨歸，對於晉人
之弊亦未能全然盡知。因此，其乃就晉室之亂發表一己之見，其
曰：

> 嘗謂晉人本非老子之學，其亂天下，蓋有故矣。夫老子之
> 學，所以棄仁義、絕禮學者，而豈徒哉？其棄仁義，將以
> 宗道德也。其絕禮學，將以反忠信也。如晉人者，吾見其
> 棄仁義矣，未見其宗道德也。吾見其絕禮學矣，未見其反
> 忠信也。自太康之後，訖於江左之亡，士大抵務名高、溺
> 宴安、急權利、好聲伎，其貪鄙偷薄極矣！若夫尚清談、
> 嗜放達，猶其小者耳。晉室之亂，凡以此也。（頁 26）

注文首先揭示「晉人本非老子之學」，將晉室之亂與老子之學先
行劃清界線。其次，則進一步申述晉室之亂的主要原因。薛氏表
明老子言「棄仁義」，事實是爲了「宗道德」，而「絕禮學」則
是爲了「返忠信」。誠如文前所述，老子的「棄仁義」、「絕禮
學」實際上都是爲了要保住眞正自然的道德忠信，力圖從下墮的
狀態中，一層一層回歸至「道」的層級。而「絕」、「棄」的表
述方式，當是老子正言若反的思想特徵，同時也含有警惕、告誡
世人的深刻作用。因此，其非實有層、本質上的否定仁義禮法，
而是作用層的否定字眼。依道家的講法，「棄仁義，絕禮法」都
是正言若反，也是作用層上的話語，其所涵的意義就是詭辭，是

辯證的詭辭[12]。也就是說，老子並非否定仁義禮學本身，而是否定或化掉人對仁義禮學形式上的有爲執著，這是力圖消除在實踐當下所產生的副作用，以保存仁義禮法治理天下時所能發揮的真實自然的作用。因此，在「棄」、「絕」的過程中，反而更能保全或持守住仁義禮學的功用，以避免流於虛矯造作的僵弊現象[13]。否定反而保住，也是另一種肯定，這就是悖論，是詭辭的方式。此亦即薛蕙何以言老子：「其棄仁義，將以宗道德」、「其絕禮學，將以反忠信」之故。而晉人與老子不同，只是徒然「棄仁義，絕禮學」，從實有層否定仁義禮學、拋棄仁義禮學。他們顯然沒有從正言若反的智慧來理解老子的「棄仁義，絕禮學」，當然更談不上「宗道德」、「返忠信」的思想訴求，才會導致種種狂妄放誕的敗德貪腐行爲。薛氏以爲自太康之後，及至江左亡國，士人大抵「務名高、溺宴安、急權利、好聲伎」，種種貪鄙偷薄之事層出不窮，此卑劣行徑與名士「尚清談、嗜放達」相較，名士的罪過根本不算什麼。薛蕙最後提出結論，其認爲晉室之所以紛亂，禍源就出自於這些林林總總的無恥行爲，和老子之學根本沒有一點關係。

　　因此，薛蕙乃主張晉室之亂即源自此等士人貪鄙偷薄的行爲

---

[12]　關此，參見牟宗三：《中國哲學十九講——中國哲學之簡述及其所涵蘊之問題》第七講〈道之「作用的表象」〉，頁140。

[13]　此即王弼〈老子指略〉所云：「故古人有歎曰：甚矣，何物之難悟也！既知不聖爲不聖，未知聖之不聖也；既知不仁爲不仁，未知仁之爲不仁也。故絕聖而後聖功全，棄仁而後仁德厚。夫惡強非欲不強也，爲強則失強也；絕仁非欲不仁也，爲仁則僞成也。」，〔魏〕王弼注、樓宇烈校釋：《老子周易王弼注校釋》，頁199。

表現與處世態度。他企圖釐清兩點：首先是名士的清談玄理抑或
放達任誕的行誼，都不是造成晉室之亂的主因；其次則點出有晉
一朝士人種種貪鄙偷薄的作風，才是禍亂的源頭，也是造成亡國
的罪魁禍首，而這些其實都與老子學說無關涉。薛蕙繼續推論衍
義說：

> 彼老子之書，初曷嘗有是哉？老子之言曰：大白若辱，務
> 高名乎？強行有志，溺宴安乎？少私寡欲，急權利乎？不
> 見可欲，好聲伎乎？若畏四鄰，嗜放達乎？多言數窮，尚
> 清談乎？以此觀之，則晉人之行，其與老子之言，不啻若
> 方圓黑白之相反矣。安在其祖述老子之道哉！嗚呼！老子
> 之微言，未易言也。若其大較，則可得而知矣！故曰：大
> 丈夫處其厚不處其薄，故去彼去此。今晉人者，不惟不能
> 庶幾道德之義，跡其行事，蓋禮法之士所不屑為者，豈不
> 悖哉？是故去薄而取厚者，老子之指也；去薄而取其至薄
> 者，晉人之行也。（頁26）

此中逐一節錄各章文句，說明老子思想與晉人之行的殊別，薛蕙
言：「大白若辱，務高名乎？」、「強行有志，溺宴安乎？」、
「少私寡欲，急權利乎？」、「不見可欲，好聲伎乎？」、「若
畏四鄰，嗜放達乎？」、「多言數窮，尚清談乎？」，分明刻畫
出老子學說與晉人務高名、溺宴安、急權利、好聲伎、嗜放達、
尚清談等行徑，有著天差地別的巨大鴻溝。薛蕙最後總結說：
「以此觀之，則晉人之行，其與老子之言，不啻若方圓黑白之相
反矣。安在其祖述老子之道哉！」，兩者既已有著「方圓黑白」

之不同，又如何說晉人是「祖述老子之道」呢！薛蕙以為老子旨
歸是「去薄而取厚」，主張消除人的貪鄙之心，力圖歸「道」、
復「道」；而晉人行徑則是「去薄而取其至薄」，可謂偏離
「道」愈來愈遠。老子之道與晉人行徑不僅方向不同，甚且相去
甚遠，實在不可以道里計。因此，議者所言「晉室之亂本於老
子」一說，實在有商榷的餘地。

二、任虛無以應事的圓融理境

　　薛蕙提出「晉室之亂非本於老子」的主張，其間相關內容的
闡釋發揮，實與其思索「老子之學是否獨任虛無？」密切攸關。
因為一旦視老子之道只是虛浮無為，必然會導出無以為治的結
果，而亡國之論亦將可推衍而出。因此，更根本的提問或許是：
如何理解老子形上之道的內蘊？它只是懸虛蹈無、離棄人事之實
的虛無之理嗎？「道」的雙重特性——「無」、「有」當該如何
詮解，其間關係又如何鋪設安排？尤有進者，此一思維理路如何
成功轉化到「無為」、「有為」之間的安頓，而能有效實現老子
所謂「為無為，則無不治」的政治理念？薛蕙的詮解思路顯然傾
向一種圓融理境的呈現，俾使形上道體的虛無之理，不僅僅只是
掛空無用的玄理玄思而已，而能落實到形器世界之中，與政治人
事緊密連繫，以發揮其無限神妙的作用。

　　對於「道」的表述，薛蕙確實有其獨特看法，此主要表現在
其詮解《老子》首章之中。針對此章，其句讀方式雖依王弼以
「無名」、「有名」為讀，但在詮解的義理方向上，則與王弼不

盡相同¹⁴。其言：

> 無名有名，並指道而言。無名者，道之體也；有名者，道
> 之用也。道體虛無，未始有物，無得而名矣。神化變動，
> 自無而有，乃名於有矣。虛無之理，先天地生，此所以為
> 天地之始也；及其有也，則萬物自此而生，此所以為萬物
> 之母也。或疑道常無名，顧又謂之有名，此何以異於可名
> 邪？夫有名者，非真有形也，特對無名言之，而以為有名
> 耳。且謂之萬物之母，非指萬物而言也。夫豈可名之比
> 哉！（頁1）

言下之意，乃主張「無名」、「有名」俱是描繪「道」的特性，
並以體用、靜動兩組概念架構其間關係。就「道之體」而言，其
乃是「先天地生」的「虛無之理」，是天地的本始根源，其無
形、無象、無以名狀，故謂之「無名」，是為「道」──「無」

14　王弼注「無名天地之始，有名萬物之母」曰：「凡有皆始於無，故未形
　　無名之時，則為萬物之始。及其有形有名之時，則長之、育之、亭之、
　　毒之，為其母也。言道以無形無名始成萬物，萬物以始以成而不知其所
　　以然，玄之又玄也。」，〔魏〕王弼注、樓宇烈校釋：《老子周易王弼
　　注校釋》，頁 1。王弼以「無」為形上之「道」的內容，是為「無」的
　　本體論。而「有」則是指形器世界可識可見，有形象而可以名狀的具體
　　事物。「無」、「有」分屬形上之道與形下萬物之意。「道」是天地之
　　始，也是萬物之母。「有名萬物之母」王弼解釋較為曲折，其以為當
　　「道」創生萬物，而萬物儼然成為有形、有名的具體事物之後，又得到
　　「道」的生長、養育，所以「道」是萬物之母。此與薛蕙直接以「無
　　名」、「有名」並指「道」而言，詮解路數確實有所不同。

的特性。然就「道之用」而言，其神妙變化的作用一旦萌動，表現道體由無形質即將落向有形質之際，也就是「自無而有」的活動歷程，則此生化動力即是「有」，故稱之爲萬物之母。必須注意的是，此「有」尚屬形上之「有」，是生發萬物的母親，萬物乃自此「有」而生。以「有名」稱之，並非意味此形上之「有」眞有形體，畢竟此「有」尚未開始分化萬物。薛蕙特別說明，因爲相對於道體「無名」，故以「有名」稱之，代表「道」——「有」的特性，一切有形、有狀、有名的形下事物皆源自於此形上之「有」的作用力所生發。因此，「無」是「無名」是「靜」，是「道之體」；「有」是「有名」是「動」，是「道之用」，故言「無名有名，並指道而言」。「道」雖本於「靜」、本於「無」，但不能只是「靜」、只是「無」，它必須產生生化的基本動力，這是「道」生成萬物所發揮的作用，是係屬形上之道中「有」與「動」的面相。從本始根源而言，具有「無」與「靜」的本體義；從得以生發萬物而言，則具有「有」與「動」的作用義。具備如是理論基礎之後，薛蕙遂將此體用、靜動觀念推衍到政治人事之上，其言：

> 上言有無二者，迺道之本體也，故人當從事於此，得此二者，天下之能事畢矣！……一動一靜，循天之理，迺其常也。若一涉於私意，是則有我之妄心而非真常之謂矣。故無爲而順其常者，至人所以全其天也。有爲而益以妄者，眾人所以流於人也。易曰：時止則止，時行則行，亦若老子之言是也。（頁1）

所謂「故人當從事於此，得此二者，天下之能事畢矣」，即在說
明人當效法此形上之道的體用、靜動關係，若能將此思維運用到
政治社會實踐之上，則一切人事皆能盡畢盡善。薛蕙以爲至人無
我，無有私意，其能順任天道之常，亦即「一動一靜，循天之
理」，故能「全其天」；而眾人則有我，落入私意妄心，故違逆
天道之常，所以「流於人」。復援引《周易》艮卦象傳「時止則
止，時行則行」[15]與老子學說相證解，藉以闡明動靜不失其時的
道理[16]。可以看出，此乃薛氏將形上之道——體用、靜動之間的
理論模式，落實到人事實踐的義理方向，俾使「道」的虛無之理
不至於懸虛蹈無，而能與世間人事一面緊緊綰合。

　　透過體用、靜動的理論鋪設，薛蕙於是特別強調「道之用」
一層面，藉以發揚「道之體」絕非僅僅只是虛無之理而已，實有
其發揮作用的一面。且在現象世界中，確實可以發現道體所產生
的作用無所不在。第四章「道沖而用之，或不盈」，其詮解說：

> 道之體本虛，及夫用之，則亦猶或不盈。跡若有事而實則
> 無物，何盈之有？或靜或動，一而不變，蓋沖虛者其常
> 也。（頁3）

創生萬物的道體，其所生發的作用之所以能夠無窮無盡、永不衰

15　〔魏〕王弼注、〔晉〕韓康伯注、〔唐〕孔穎達疏：《周易正義》（十
　　三經注疏本，臺北：藝文印書館，1989年1月）卷第五，頁116。
16　第十章「天門開闔，能為雌乎？」，薛蕙亦注說：「天門一開一闔，言
　　聖人之道，時止則止，時行則行也。雌，靜也，猶夫闔也。聖人之道，
　　雖曰一動一靜，然當以靜者為本。」，頁6。

竭，蓋因其道體是虛狀的，沖虛的道體才能發揮無窮的作用，「虛」亦即「無」，故亦時而以「虛無」稱之。注文中言「跡若有事而實則無物」，以及「或靜或動，一而不變，蓋沖虛者其常也」之謂，乃是指陳在萬物萬事之跡中，皆能觀察到虛狀道體作用其間。因此，「虛」亦代表含有無窮無盡的創造活力，而將此道體之「虛無」應用到人生層面，則是「沖虛爲用」的工夫修養與境界。人要有無窮的創造活力，就得要有虛無之心。意指若能本著「心虛」[17]的心境以對應人事攪擾，便能深藏若虛，時時「一而不變」，以達至全體大用的化境，這就是「體無以用有」。據此，可以明顯感受到，所謂道體的虛無之理，在薛蕙的理論系統中，已經轉化成爲一種「沖虛爲用」的心性體認與生命境界[18]。第六章「谷神不死」，薛蕙即詮解說：「谷神者，虛而無形，感物而應者也。」（頁4），「谷神」原爲道體之譬喻，薛氏言其「虛而無形」，但具有「感物而應」的特質，此即彰顯其入世、應事的性能。準此，第六章總評中遂云：

　　《史記》曰：老子所貴道，虛無因應，變化於無爲，至哉

---

[17] 薛蕙詮解第三章中即言及「心之虛」，其云：「聖人之治天下，塞富貴之塗，屛紛華之物，使民消其貪鄙之心，守其素樸之行，恬淡而所無思，心之虛也。」，頁3。

[18] 牟宗三：《中國哲學十九講——中國哲學之簡述及其所涵蘊之問題》第七講〈道之「作用的表象」〉中即以「境界型態形上學」指稱老子之道。牟先生認爲道的「無」，就主觀方面講是一個境界型態的「無」，它是一個作用層上的字眼，是主觀心境上的一個作用。主觀上的心境修養到什麼程度，所看到的一切東西都往上昇，就達到什麼程度，這就是境界。因此，「無」是境界，也是工夫，頁127-131。

言乎！蓋即谷神之說也。嘗為之說曰：謂之谷，則非有
也；謂之神，則非無也。又曰：谷神之可見者，特其因應
焉耳。雖曰可見，而不可見者存焉。是何也？蓋可見者，
皆彼萬物之跡，而非其本體也。顯其因應之妙用，藏其虛
無之實體。此谷神之所以為神也，非通神明之德者，孰能
識之。（頁4）

我們可以視而得見的，是形下的萬事萬物之跡，形上的虛無之理
雖然實存，卻無法以感官探求。然而，面對紛紜人事何以能夠因
應無窮，就因為其間蘊藏著道體虛無之理之故。因此，當人心效
法道體之「虛無」，在生命中把握「沖虛為用」的工夫修養，以
之對事、應跡，只要本之於靜、無，一切人事中的動、有，率皆
能順任自然而無所妄為，此即《史記》所言「虛無因應，變化於
無為」[19]之謂。因為特別強調「因應」的妙用觀念，薛蕙遂在詮
解第十四章時，強力駁斥將老子之學貶絀為「獨任虛無而已」的
說法，並且認為這是對《老子》一書「考其文，而不通其意」
（頁9）的結果。其如是言：

世俗絀老子之學者，其說雖多，然大抵以謂棄人事之實，
獨任虛無而已。斯言也，眾皆以為信然，而未知其大不然
也。老子曰：「執古之道，以御今之有」是蓋任虛無以應
事，曷嘗棄事而獨守其虛無哉？然則老子之學，非不應事

19　〔漢〕司馬遷：《史記》（臺北：鼎文書局，1977 年 10 月）卷一百三
　　十〈太史公自序第七十〉，頁 1367-1368。

也，第其所以御之者，在不悖其虛無之本耳。（頁9）

眾人信以爲眞的，就在於指稱老子「棄人事之實，獨任虛無而已」，薛蕙以爲此乃「大不然也」。故以「執古之道，以御今之有」，闡釋其「任無以應事」的觀點。值得注意的是，此章所言之「有」，乃是專指現象界具體人事之「有」，「無」是形上道體的「無」，「有」則是現象世界的「有」。薛蕙此處乃企圖轉化老子形上之道的體用、動靜觀，藉以申述形上道體之「無」與形下人事之「有」的辯證關係，再次論證其「體無以用有」之意。薛蕙提出世俗之人以老子之學「獨任虛無」，是不了解老子深遠之意的膚淺之論。十四章原是描述形上道體[20]，就本體而言，此道體無色、無聲、無形、無名、無物、無狀、無象，因爲無法以感官探求，故以「無」稱呼它。其雖然「無物」（指不具任何形象，是沒有形體可見的實存體），不可得而見之。但就現象界而言，其所產生的作用卻又是歷歷分明、昭然若揭的，則它又是眞實的存在，故亦曰「有」，此即是道體「其上不皦，其下不昧」之意。換言之，從形上本體而言，道體是「無」；但從現象界的觀察而言，道體則是「有」。道體的眞實存在，是可以從它在現象界所發揮的作用觀察得到的。薛蕙即以此形上道體一方

20　十四章全文如下：「視之不見名曰夷，聽之不聞名曰希，搏之不得名曰微。此三者不可致詰，故混而爲一。其上不皦，其下不昧，繩繩不可名，復歸於無物，是爲無狀之狀，無物之象。是謂惚恍。迎之不見其首，隨之不見其後。執古之道，以御今之有，能知古始，是謂道紀。」，〔魏〕王弼注、樓宇烈校釋：《老子周易王弼注校釋》，頁31-32。

面是「無」、是「不皦」，另一方面卻又是「有」、是「不昧」
的雙重特性，來推衍老子絕非虛無之學。因爲它的虛無之理，並
非玄虛掛空的形上之理，而是落實到現象世界發揮無限妙用的道
理。在萬事萬物當中，它是無往而不存，無處而不在的。

　　薛蕙大抵資藉注解十四章「執古之道，以御今之有。能知古
始，是謂道紀。」，反駁將老子之學視爲虛無的看法，他首先解
釋「古之道」與「今之有」說：

> 古之道即無也。觀其對今之有而言，意可見矣。曰古者，
> 非在今始有也。今之有，謂今天下之事。古始，即古之道
> 也。人之應物也，不知本原之無物，而惑於外物以自累，
> 此世之通患也。（頁8）

其以「無」爲「古之道」，而以「今天下之事」爲「今之有」，
此處已是形上之「無」與形下之「有」的關係。當人們在對應紛
紜繁雜的世事之時，終必要持守「古之道」，也就是「復歸於無
物」。所謂「復歸於無物」，是回到本體「無物」的狀態，即是
回歸「虛無」的境界。也就是在對應人事之時，時時持守「沖虛
爲用」的心境，亦即復返道體本始虛靜、無爲的狀態，這就是
「體無以用有」。老子的復歸哲學與其工夫實踐的心性體認有著
深密關係，而體證道體的工夫乃取徑於「沖虛爲用」的入路。這
是主張以「沖虛爲用」的入世態度來對應外物，避免爲外物所繫
所累。此處點出世人通病，即在於應物之時，常因「不知本原之
無物」，也就是不能「體無」的結果，導致盲目蠢動，遂爲外物
所困縛，形成種種桎梏與枷鎖。依此，薛蕙接著闡釋「執古之

道,以御今之有」說:

> 惟執古以御今者,以無事為真宅,以有事為應跡,事雖萬
> 變,而在我之不變者常一也。……老子曰:「執古之道,
> 以御今之有。」,是蓋任虛無以應事,曷嘗棄事而獨守其
> 虛無哉!然則老子之學,非不應事也。第其所以御之者,
> 在不悖其虛無之本耳。(頁 8-9)[21]

其以為老子深遠之意,乃在於將形上道體的「虛無」,落實到形
下世界的「有」中。故道體絕非懸虛蹈無的形上存在而已,它必
須深植世間,在應事之中發揮它的作用,此即「任虛無以應
事」,也就是「執古之道,以御今之有」。因此,「任虛無」實
是一種「沖虛為用」的心境,要駕御現象界的一切事物,也就是
要成就有為、有事之跡,就必須不悖此「虛無之本」,也就是顯
現此「沖虛為用」的態度,如此才能發揮無限妙用的創造力,而
能臻至無為無事、從容自在的生命理境。此是效法「道體」——
「不著萬物,不礙萬物」的生化作用,亦即其「虛無」之特性。
[22]老子終究是要人去因應外物的,也就是要有事有為。然而,此

---

[21] 二十一章注文亦有類似說法,其云:「予觀老子之言道如此,蓋極言道
體之實有也。則其所謂虛無者,豈真斷滅而無物邪?蓋不難知矣。論者
徒譏老子為虛無之學,不亦異乎?」,頁 1。

[22] 〔明〕朱得之:《老子通義》(臺北:中國子學名著集成編印基金會印
行,1978 年,明嘉靖四十四年朱氏浩然齋刊本)卷上〈孔德之容〉章,
章後總評中即曰:「此言道體之實有,皆從天機上流出。其所謂虛無
者,亦惟不著萬物、不礙萬物而為言爾。豈若務為譏謗者,真歸斷滅之
指哉!」,頁 83。

有事有爲之跡，乃必須以心境的無爲無事爲本的，如此方能「體無用有」、「動靜自如」。薛蕙所謂「以無事爲眞宅，以有事爲應跡，事雖萬變，而在我之不變者常一也」，大抵即是此理境之發揮。因此，老子「無爲」並非萬事不做，離棄人事之實，當個逃世隱遁者，而是一種很深的心性修養工夫。也就是說，「任虛無」即是強調「沖虛爲用」的修身之道，以不著不礙、虛無靜定的心境，面對擾攘不安的世界，使人在精神上與道體契合爲一，懷抱「體道」、「體無」[23]的生活態度，以安頓現實人生。此即薛蕙所謂「事以無爲爲事，教以不言爲教」（頁 2）之意，是一種道化天下的境界。凡此，是爲薛蕙所提出「曷嘗棄事而獨守其虛無」的相關論說，此是嘗試以老子之道的「體」、「用」特性，來論說老子全體大用的理蘊，並力圖澄清世人偏執形上道體的本體義，而忽略其作用義的嚴重誤解。

　　事實上，對於世俗之人指稱老子「虛無」，殆與「無爲」一辭的解讀有著連帶關係[24]。剋就文前所述，薛蕙所言「任虛無以

23　《世說新語‧文學第四》中嘗載：「王輔嗣弱冠詣裴徽，徽問曰：『夫無者，誠萬物之所資，聖人莫肯致言，而老子申之無已，何邪？』弼曰：『聖人體無，無又不可以訓，故言必及有；老、莊未免於有，恆訓其所不足。』」，頁 199。「聖人體無」是一種生命最高境界的描述，「體無」是體證「無」，是生命經過力行實踐之後，將「無」的智慧落實在日常生活中的一種表現，是造道後的逍遙境界，此可見「本體論」的「無」，最終是爲人的精神安頓提供一種境界。據此，「無」便從一個存有論的概念，轉而爲實踐、生活上的觀念，此即是牟宗三所謂「境界型態形上學」的義理趨向。

24　朱得之：《老子通義》卷上亦嘗言：「晉人借無爲之言，以文其放誕之弊。而世儒不究其端，不訊其末，竟歸其咎於老子。」，頁 65。朱氏認爲晉人假借老子「無爲」一說，以文過飾非。而世儒不探究晉人放誕

應事」，亦可將道體「虛無」等同「無爲」，而「應事」則等同
「有爲」（無不爲）。老子的「無爲」一定要連著「無不爲」
講，如果忽略「無不爲」，以爲老子所主張的「無爲」，就是無
所作爲、不管世事，當然就會專向「虛無」一邊傾斜，墮入「獨
守虛無」的偏見當中。朱子就是傾向這樣的看法，《朱子語類》
中即說：

老子所謂無為，便是全不事事。（卷第二十三，頁 537）

其將老子「無爲」，片面解釋成「全不事事」，當然顯虛欠之
象。朱子亦曾言：「老子說話大抵如此。只是欲得退步占姦，不
要與事物接。」（卷第一百二十五，頁 2996），之所以「不要與
事物接」，朱子的解釋是「欲得退步占姦」，則老子「無爲」，
遂復轉化成一種智巧詐術的「有爲」。薛蕙前述的批評，雖然
沒有指明批判對象是誰，但也極有可能是針對朱子而發的。對
於老子學說所引發的眾多誤解當中，將「無爲」理解成不動、什
麼都不做，也是相當普遍的一種看法，故《老子集解》中亦進行
一些必要的廓清。細觀薛蕙所理解的「無爲」，乃依循王弼以
「自然」爲抒發「無爲」的狀辭，其言：「大道虛無清靜而常無
爲，因自然也。」（頁 16），即是以「無爲」爲「順任自然」之
謂[25]。

之弊，反而一味歸咎於老子「無爲」之說，這是對老子思想的一種誣
衊。

[25] 第六十三章薛蕙亦詮解說：「夫無爲則非爲也，而曰爲無爲者何哉？原
夫老子以後，世之好有爲而反喪其自然也。於是教之以無爲，其曰爲

　　而針對「無為」、「有為」關係的思考，則以三十七章「道常無為而無不為」來闡發議論，並進行理論規模之架構。老子「無為」，除了本章指稱道體之外，其餘皆落入政治層面立說。薛蕙先將「道之體」的「無」轉化成「無為」，「道之用」的「有」轉化成「有為」，針對「無為」、「有為」，同樣也以動靜、體用的間架加以安頓，創構出老子道治天下的政治思維。其言：

> 道常無為，然天下之物，莫非道之所為也。《列子》曰：「無知也，無能也，而無不知也，無不能也。」，即此意也。昔程子曰：「老子曰『無為』，又曰『無不為』。當有為而以無為為之，是乃有為為也。聖人作《易》，未嘗言無為，惟『無思也，無為也』，此戒夫作為也；然下即曰『寂然不動，感而遂通天下之故』，是動靜之理，未嘗為一偏之說矣。」予觀老子之言，正與《易》合。而程子與一不與一，其論近於不平矣。其曰當有為而以無為為之，此用其私心，未免有為者之弊。老子之意，本不如此，不知程子何據而言也。夫至人靜而無為，有不待言。至於動而應物，則又順物自然而無容私焉，是亦未始有為也。故曰：「在己無居，形物自著。其動若水，其靜若

者，政所以為夫無為耳，既為無為，豈復有一毫之作為哉！然則從事於道者，固不可執乎為而背乎無為也。夫心愈為則心愈亂，國愈為則國愈擾，德愈為則德愈不真，道愈為則道愈不大，為之之害，蓋無往而可。惟易之以無為，則夫數者之理，各反於自然，斯可以坐而得之矣！」，頁40。

鏡，其應若響」，此至人之心已。世之私意小智之人，固
有如程子之所訶，以之議老子之道而語至人之心，殊不然
矣！（頁23）

薛蕙以為「道」的主要特性雖是「無為」，然而天下萬物的生成
發展，卻又是「道」之所為，故「有為」亦是其特性。「道」是
無為，又是無不為，此悖論式的表述特徵，實有類於《列子‧天
瑞》中言「無知也，無能也，而無不知也，無不能也。」[26]。其
下，薛蕙則以程子所理解的「無為而無不為」為批判對象，進而
發明一己之見。程子將《易》、《老》合觀，並凸顯出兩者對待
「無為」（靜）、「有為」（動）的不同。其以為〈繫辭傳〉言
「無思也，無為也」，含有警戒世人謹慎，不可強作妄為之意。
然而，它並非主張全然不思、不為，觀其後所言「寂然不動，感
而遂通天下之故」[27]，即是申說動靜之間圓融的辯證理境，故
《易》之言未嘗落入「一偏之說」。程子繼而評斷老子之言則與
《易》不同，其以「當有為而以無為為之，是乃有為為也。」詮
解老子「無為」、「有為」的關係。程子的批評是說：老子當該
「有為」之時，卻以「無為為之」，此是以表面「無為」，內裡
「有為」的虛矯來表現。「無為」成為實現一己之私的手段技
倆，「無為而無不為」則理解成表面什麼都不做，暗地裏什麼都

26　〔晉〕張湛注：《沖虛至德真經》卷第一〈天瑞第一〉，頁8。
27　語出〔魏〕王弼注、〔晉〕韓康伯注、〔唐〕孔穎達疏：《周易正義》
　　卷第七〈繫辭上傳〉，頁154。薛蕙乃以《易》之「寂感」言「靜
　　動」，並與《老子》之「無有」相連結，四十章注云：「夫大易之寂
　　感，與老子之有無，其實未始不同也。」，頁27。

來的機心巧詐。「無爲」成爲表面虛假的「無爲」，「無爲」反
而更加「有爲」，甚且被解釋成包藏心機的「有爲爲也」，故程
子乃以爲老子之言是偏向「有爲」的「一偏之說」。此與前述朱
子的看法並無二致。在程朱以老子「入於權詐」[28]的思想前提之
下，如是理解並不會讓人感到太詫異。薛蕙反對程子之說，其以
爲《易》、《老》相合，兩者動靜觀並無不同，「無爲」更無私
心私意參雜其中。其後援引《莊子・天下》中關尹所言「其動若
水，其靜若鏡，其應若響」[29]，說明至人之心動靜如如的生命理
境。而其間言「夫至人靜而無爲，有不待言。至於動而應物，則
又順物自然而無容私焉，是未始有爲也。」[30]，則是駁斥程子說
法的主要理據。因此，薛蕙乃以爲程子的訶責《老》不如
《易》，以爲老子處心積慮在「有爲」一面，「無爲」則是一種
表面權術，實是「私意小智之人」的議論，是不能眞正理解老子
之道的深微奧義。薛蕙四十八章注文中即嘗言：

> 損也者，損私心而反無爲也。然人之私心甚多，雖曰損
> 之，未能遽盡也。故必損之又損，然後私心漸盡，以至於
> 無爲也。至於無爲，則同乎道矣。內而聖，外而王，天下

28　關此，參見本書「壹：澄清前人對於老子思想的誤解」第一章〈薛蕙
　　《老子集解》對於程朱老學的評議〉，頁33-45。

29　〔清〕郭慶藩編、王孝魚整理：《莊子集釋》（臺北：木鐸出版社，
　　1988年）卷十下〈天下第三十三〉中載：「關尹曰：『在己无居，形物
　　自著。其動若水，其靜若鏡，其應若響。惚乎若亡，寂乎若清。同焉者
　　和，得焉者失。未嘗先人而常隨人。』」，頁1094。

30　「順物自然而無容私焉」語出〈應帝王〉，〔清〕郭慶藩編、王孝魚整
　　理：《莊子集釋》卷三下〈應帝王第七〉，頁294。

之事，皆其度內耳。（頁 31）

世人私心甚多，必須減損再減損，一直到私心漸盡的工夫做到
底，才能達至「無為」之境。故「無為」絕非程朱所言是一種私
心用盡的機詐之術，而是「沖虛為用」、「為道日損」的內聖實
踐。其言「內而聖，外而王，天下之事，皆其度內耳」，就是說
明以內聖的虛靜工夫，圓滿成就人間繁動的外王事業，如此即能
實現「任虛無以應事」、「體無以用有」、「內而聖外而王」的
圓融理境。凡此，是為薛蕙主張「老子之學非棄人事而獨任虛
無」的相關論述。

結　語

　　老子思想蓋因其用語的特殊性，因而產生許多誤解。假使對
於老子思想中的重要觀念與專用術語，忽略其義理脈絡的整體
性、連貫性與一致性，而一徑採取隨意割截、望文生義的方式理
解，確實很容易產生歪曲誤解。一般人對於「虛無」、「無為」
所產生的誤詮，泰半也是如此。「虛無」在《老子》文本中，原
只有分開使用的「虛」、「無」二字，把兩個字合在一起是後來
的解釋。其實，「虛」就是「無」，也是「虛無」，三者是互訓
的關係。「虛」、「無」原都是形容道體，道體之所以能發揮無
窮無盡的作用，就在於道體的沖虛、虛無之狀。誠如老子所言
「道沖而用之或不盈」（四章）、「虛而不屈，動而愈出」（五
章），這種沖虛為用、虛靜無心的特性，就是萬物蓬勃發展的原
因。而「無為」亦非無所作為，乃是順其自然、不強作妄為之

意,「無爲而無不爲」則是強調以順任自然的方式去爲,俾使種
種作爲臻至最好的效果。因此,老子畢竟還是要人去爲。所謂
「無爲而治」,也是要以「無爲」的方式去治,把天下治理到最
好才是終極目標。既然主張去爲、去治,則老子之學絕非消極出
世、離棄人事。朱子將老子「無爲」解作「全不事事」、「不要
與事物接」,說穿了就是「欲得退步占奸」的智巧與方便,此仍
是檯面下以退爲進、以靜制動,玩弄機巧的心思伎倆。而程子雖
然注意到「無爲」、「有爲」之間的密切關係,然其以「當有爲
而以無爲爲之」釋之,則又落入用其私心的奸巧,不僅使「無
爲」成爲表面虛假的「無爲」,甚且被解釋成包藏心機的「有爲
爲也」,「無爲」反而更加「有爲」,故程子以老子之言爲偏向
「有爲」的「一偏之說」。凡此,在在顯現程朱對於老子學說的
誤解。

　　薛蕙對於老子之道的表述,除了「道體」的「無」之外,還
包含著「道用」的「有」而立論,其間體用、動靜、虛實之間的
圓融關係,更值得注意。根據他的說法,「虛」、「無」都是描
述道體的情狀,不僅沒有消極傾向,反而蘊含著一股培蓄待發的
精神[31]。其將「道體」的「虛」、「無」轉化爲心性體認的修
養,強調一種「沖虛爲用」的工夫入路。《老子》三章所言:
「爲無爲,則無不治」,即是立意於人當效法道體虛無之理,以
沖虛爲用、虛靜無爲的方式去應世對跡,順任萬物的自然情狀去
發展,以著無所執、無所累的心境去治理萬事萬機,如此當能無

---

[31]　關此,亦可參見陳鼓應:《老子今註今譯及評介》〈初版序〉,頁 28-
　　29。

所不爲、無所不治，清楚勾勒出老子道治天下的最高化境。因此，本章即以「老子之學非棄人事而獨任虛無」爲思考核心。論述過程取徑於兩條觀察路數：其一是先就薛蕙提出「晉室之亂非本於老子」的說法予以申述。其以爲晉人亡國的成因，不在於清談玄虛抑或放達任誕之故，眞正原因乃出於當時士人種種貪鄙偷薄的行徑。因此，晉室之亂實與老子之學毫無關係；其二則進一步釐清老子「虛無」之說的理蘊，並就薛氏所主張「任虛無以應事」的圓融理境加以闡釋發揮。此中極力強調老子學說「入世」、「應事」的特質，並進一步扣合形上之道——「無」、「有」的雙重性格，揭示其間「即體即用」、「動靜如如」的辯證特質。繼而闡釋如何將此辯證性能，運用、落實到形下現象世界政治人事的理論架構之中。也就是說，如何能透過心性的工夫修養，以效法「道體」的種種特性，並將此思維轉化落實到政治人事之中，擘劃出形上道體的「無」與形下人事的「有」，彼此之間「體無以用有」的深密關係，創構出老子「任虛無以應事」、「內而聖外而王」的理論間架。藉此以發明老子無爲而治、道化天下的理想政治藍圖，絕非離棄人事之實，而獨任虛無而已。進一步也力圖彰顯出老子的政治理念，其實是一種能虛能實、能動能靜，體用不二的圓滿理境，絕非耽溺一邊，離棄人事之實用、實有，而僅僅專向虛體、虛無而已。凡此，經過薛蕙多方推論衍義之後，對於「獨任虛無」一說的誤解，確實多所澄清，而其所力主「老子之學非棄人事而獨任虛無」的觀點，也能得到充分的證成與說明。

第三章 明人詮解三十六章： 老子非陰謀捭闔之術

第一節 問題的提出

明代老學研究者喜發議論，對於前人老學觀點多方多面的批判反省，蓋爲其時老子學重要特徵之一。薛蕙《老子集解》、張洪陽《道德經註解》、釋德清《老子道德經解》、朱得之《老子通義》、王道《老子億》、陸長庚《老子道德經玄覽》、沈一貫《老子通》、林兆恩《道德經釋略》、徐學謨《老子解》、龔修默《老子或問》、洪應紹《道德經測》、趙統《老子斷註》、王一清《道德經釋辭》等等[1]，皆曾在其注文、章後總評或序文的相關論述中，針對前人對老子思想的誤解或是引發爭議性的論題，進一步提出個人看法，並嘗試澄清誤解以衡定老子思想。薛蕙《老子集解》一書即是彰顯此特徵的主要代表。除了按照章節順序，逐字逐句訓詁解釋《老子》文本之外，薛蕙時而在各章之後有一大段總結性的評語。這些文字，大半以澄清或批判前人對於老子思想的誤解爲主，而其間相關論點的提出，當亦能折射出

---

[1] 以上提及之注《老》解《老》專著，爲顧及論述之方便，本章及其後第四章中所徵引上列各家注說，皆取材自嚴靈峯編輯：《無求備齋老子集成·初編》，僅於文後標示卷數、頁數，不另作註。

明代老學研究者普遍關注的議題。對於「被評議者」的老學觀點而言，也能有再次被充分討論與發揮的機會。本書「壹：澄清前人對於老子思想的誤解」第一、二章即以薛蕙《老子集解》爲一封閉系統的研究範疇，主要探究其對於程朱老學思想的種種評議。在這個基礎點上，擬再擴大考察範圍，宏觀地以明代老學研究者的專著、專論爲爬梳對象，縝密構織時人在批判反省的聲浪當中，如何能更貼近老子思想的底蘊，此乃力圖同時從微觀和宏觀方面呈現出一個時代老子學詮解的重要表徵。

　　曾被提出討論的重要議題相當多，而老子之學是否爲「陰謀捭闔之術」，一向是最具爭論性的亮點話題，也得到明人最大、最多的回響與反應。之所以形成此說，主要即源自於對《老子》三十六章不同義理向度的解釋。茲將此章全文列出如下：

> 將欲歙之，必固張之；將欲弱之，必固強之；將欲廢之，必固興之；將欲奪之，必固與之，是謂微明。
> 柔弱勝剛強。魚不可脫於淵，國之利器不可以示人。[2]

因爲《老子》言簡意賅的語言特質，以及正言若反的思想特徵，形成表面文字的模糊性，導致在詮釋空間極大之下，充滿著彈性十足的發揮餘地，無可避免的也就產生一些誤解，而三十六章則可謂箇中被誤解最早、最深、最多的代表。因此，關於此章頗具爭議性的內容闡釋，也就得到明人最多關注與著墨。此是繼前兩章的相關探究之後，將論述焦點重新聚於三十六章的原因。

2　〔魏〕王弼注、樓宇烈校釋：《老子周易王弼注校釋》，頁89。

　　《老子》三十六章在詮解的義理向度上，大抵有兩條不同的詮解進路，其一是將此章理解爲權謀機詭的應事策略；其二則是力主此章與權詐之術完全無涉，僅在彰明物勢發展中「物盛則衰」的自然之理，並據此理，示人以「柔弱勝剛強」的自處之道。前者以韓非〈喻老〉以及程朱的老學觀點作爲代表，他們的思路係將三十六章詮解爲政治上的陰謀權詐之術；後者則以明代老學研究者的觀點爲主，他們以爲此章並無任何機詭之意，大多站在批駁先儒之說的基礎點上，用力澄清以狙詐之學看待《老子》的謬誤。其中論說的切入點有二：一是強調「固」字字義的重要性，企圖釐清「固」與「故」、「姑」二字的混淆，說明先儒以爲老子雜權術、耍心機，歸根究底就在於「以『固』作『故』」、「認『固』作『姑』」的缺失。其間申述以「故」、「姑」二字訓釋「固」字，是導致落入陰謀權詐之說的主因。而「固」字作爲「已然之辭」，代表一種物勢發展的自然之理，才是恰當正解；二是透過義理內蘊的深入解析，重新表述三十六章的意旨：首在闡明天道運行「物盛則衰」之理，其次則以此理爲據，極言「柔弱勝剛強」的人生智慧，末則戒人不可以剛強自逞，而歸諸於柔弱的自處之道。明代學者的這些說法，很值得作一個全面性的研析與整理，如此對於先秦原創時期老子思想的衡定以及明代老子學具體圖象的建構，皆能有實質性的助益。結語部分，則擬就老子整體思想的精神方向以及正言若反的思想特徵，進一步評議將老子之學視爲權謀詐術，乃是一種相當嚴重的歪曲與誤解。

第二節　以三十六章為權謀機詭的應事策略

　　在老子思想的各種誤解之中，以三十六章「將欲歙之，必固張之」一段文字所引發的誤會最大，劉笑敢就曾說：「本章是《老子》中受人誤解、詬病最早最多的一部分。」[3]。此中所謂受人誤解、詬病者，即是將此章詮解為權謀機詭的用世、應事策略，最早可以韓非的解讀作為代表。《韓非子・喻老》中言：

> 越王入宦於吳，而觀之伐齊以弊吳。吳兵既勝齊人於艾陵，張之於江、濟，強之於黃池，故可制於五湖。故曰：「將欲歙之，必固張之；將欲弱之，必固強之。」晉獻公將欲襲虞，遺之以璧馬；知伯將襲仇由，遺之以廣車。故曰：「將欲取之，必固與之。」起事於無形，而要大功於天下，是謂「微明」。處小弱而重自卑謂損弱勝強也。[4]

〈喻老〉以春秋晚期「越王句踐復國」的歷史事證為例，發揮三十六章前半段的義理內蘊。吳王夫差攻戰越國，越王句踐在已被圍困的情況底下，只好忍辱求和臣事夫差。句踐一進入吳國，即示意夫差攻打齊國，心裏盤算藉著發動戰事，以慢慢削弱、耗損

---

[3]　劉笑敢：《老子古今：五種對勘與析評引論》（北京：中國社會科學出版社，2006 年 5 月）上卷第三十六章「析評引論」，頁 379；陳鼓應：《老子今註今譯及評介》〈初版序〉中也說：「在各種誤說中，以三十六章『將欲歙之，必固張之』一段文字所引起的誤解最大。」，頁 31。

[4]　〔周〕韓非著、陳奇猷校注：《韓非子集釋（上）》卷第七〈喻老第二十一〉，頁 394。

吳國國力。吳國果然打敗齊國，聲勢日漸壯大於長江、濟水一帶。正當吳王於黃池北會諸侯之時，句踐即趁機進入吳國虜奪太子，吳王回國後只好與越國講和。其後幾年，吳、越決戰於太湖，但吳國已因連年戰事，導致國力蕭條疲困，終至潰敗亡國。〈喻老〉中即以此具體歷史情境，應合《老子》三十六章「將要收斂他，姑且先使他擴張；將要削弱他，姑且先使他強大。」[5]。其後，又以晉獻公將要襲擊虞國，先送上白璧駿馬；智伯將要襲擊仇由，先送上大車的事例，說明「將要奪取他，姑且先給予他」的道理。據此以演繹老子的應事策略，乃在於將要發動一件事情之前，必須嚴守不露心思、不著痕跡的原則，先是冷眼旁觀、以靜制動，忍屈守辱到對自己最有利時才出手，這就是靜候時機、以退為進，如此才能立功於天下。此即韓非所謂「起事於無形，而要大功於天下」，道理雖然隱微，實際上卻又明白易見，是為「微明」。總體而言，亦即「柔弱勝剛強」的道理。〈喻老〉[6]中以歷史故事附會《老子》，固然讓人更易於理解並活用老子思想，但是其以法家視界閱讀《老子》，將老子思想理

5　將「固」字解作「姑且」之意，文後將有詳細論述。

6　〈喻老〉、〈解老〉向來被視為一體。但是，〈解老〉還值得一讀，〈喻老〉則頗多誤說，大半以歷史故事來附會《老子》。王力：《老子研究》（天津：天津市古籍書店，1989 年 11 月）中即說：「〈解老〉多精到語，〈喻老〉則粗淺而失玄旨，疑出二人手筆。」，頁 66；此外，胡適：《中國古代哲學史》（臺北：臺灣商務印書館，1986 年 3 月）中，則以學說內容為根據提出：「大概〈解老〉、〈喻老〉諸篇，另是一人所作」，頁 82。容肇祖：《韓非子考證》（臺北：臺聯國風出版社，1972 年 3 月）亦持相同觀點，懷疑〈喻老〉、〈解老〉皆非韓非所作，頁 39A-42B。關於作者之爭議，此處限於篇幅，暫不贅述。

解爲講求陰謀機詭的政治謀略，老子的謹愼頓時變成狐狸式的狡猾多疑，蒙上了權謀法術的色彩。此實已岔出老子精神的道途，而轉向黃老道術的歧徑，開啓以權謀詐術詮解《老子》的先河。

宋儒二程、朱熹亦有以三十六章爲權謀詐術的說法，《河南程氏遺書》中即言：

> 問：「《老子》書若何？」曰：「《老子》書，其言自不相入處，如冰炭。其初意欲談道之極玄妙處，後來却入做權詐者上去。如『將欲取之必固與之』之類。」[7]

> 老氏之學，更挾些權詐，若言與之乃意在取之，張之乃意在翕之，又大意在愚其民而自智，然則秦之愚黔首，其術蓋亦出於此。[8]

二程指出「將欲取之，必固與之」之類，是老子學說之所以「入做權詐者上去」、「更挾些權詐」的關鍵所在。其大意在以術愚民而自顯其智，細觀歷史上秦政的愚惑人民，蓋亦以此權詐之術爲用的結果。明道亦曾評述說：「老子之言，竊弄闔闢者也」[9]，

---

[7]　收入〔宋〕程顥、程頤：《二程集》卷第十八，頁 235。案：此卷爲伊川先生語。以老子入於權詐之說，大程、小程觀點一致，故以下行文不特別加以分殊。

[8]　〔宋〕程顥、程頤：《河南程氏遺書》卷第十五，頁152。

[9]　〔宋〕程顥、程頤：《河南程氏遺書》卷第十一，頁 121。《河南程氏遺書》卷第七中也說：「與奪翕張，固有此理，老子說著便不是。」，頁98。

兄弟二人的看法相當一致。朱熹也在學生的提問當中，表明贊成
這樣的觀點，《朱子語類》中載：

> 伯豐問：「程子曰『老子之言竊弄闔闢』者，何也？」
> 曰：「如『將欲取之，必固與之』之類，是它亦窺得些道
> 理，將來竊弄。如所謂『代大匠斲則傷手』者，謂如人之
> 惡者，不必自去治它，自有別與它理會。只是占便宜，不
> 肯自犯手做。」瑩曰：「此正推惡離己。」曰：「固是。
> 如子房為韓報秦，攛掇高祖入關，及項羽殺韓王成，又使
> 高祖平項羽，兩次報仇皆不自做。後來定太子事，它亦自
> 處閑地，又只教四老人出來定之。」[10]

朱子指出「將欲取之，必固與之」一類話頭，極易落入一種暗地
裏來的闔闢術用當中。引文中以秦末漢初的軍事謀略專家張良為
例，申說老子道術的運用，是獲取事功的無上策略。子房原是韓
國的功勳世家，無奈韓國為秦國所滅，其因深明黃老之術，日後
的「報秦仇」、「殺項羽」[11]，兩次報仇皆假他人之手而無須自
做，這就是謀略。「只是占便宜，不肯自犯手做。」、「推惡離
己」以及「自處閑地」的行事作風，皆是朱子從「將欲取之，必
固與之」的言說中體會而來的。朱子又說：

10　〔宋〕黎靖德編：《朱子語類》卷第一百二十五，頁 2986-2987。

11　此歷史事證的詳細內容，參見〔漢〕司馬遷：《史記》卷五十五〈留侯
　　世家第二十五〉，頁 2033-2049；以及〔漢〕班固：《漢書》（臺北：
　　鼎文書局，1977 年 12 月）卷四十〈張陳王周傳第十〉中有關張良部
　　分，頁 2023-2038。

> 老氏之學最忍，它閒時似箇虛無卑弱底人，莫教緊要處發
> 出來，更教你枝梧不住，如張子房是也。子房皆老氏之
> 學。如嶢關之戰，與秦將連和了，忽乘其懈擊之；鴻溝之
> 約，與項羽講和了，忽回軍殺之，這箇便是他柔弱之發
> 處。可畏！可畏！它計策不須多，只消兩三次如此，高祖
> 之業成矣。[12]

所謂「老氏之學最忍」，當是批評老子學說殘忍無情，也就是沒
有慈心、惻隱之心[13]。朱子以為老子平時似個柔弱卑微、與世無
爭的人，但若逢緊要關頭一旦出手，其殘酷狠心的程度絕對讓你
招架不住。文後復以張良為例，演繹他如何充分運用老子權術以
為高明的軍事策略，最後不費吹灰之力幫助漢高祖劉邦完成建國
大業[14]。其結語說：「可畏！可畏！它計策不須多，只消兩三次
如此，高祖之業成矣」，一語道盡子房可謂老子權術的最佳體現
者[15]，而老子亦彷若成了歷史上奸偽機巧的典型。這樣的理解視

12　〔宋〕黎靖德編：《朱子語類》卷第一百二十五，頁 2987。

13　〔漢〕賈誼：《新書》卷第八〈道術〉中曾說：「惻隱憐人謂之慈，反
　　慈為忍」，頁 61 下。

14　關於「嶢關之戰」、「鴻溝之約」，參見《漢書》卷一上〈高帝紀第一
　　上〉，頁 1-48；以及卷一下〈高帝紀第一下〉，頁 49-84。

15　〔宋〕黎靖德編：《朱子語類》卷第一百二十五，朱子即說：「老子不
　　犯手，張子房其學也。」，頁 2987；卷第一百三十七中又說：「老子心
　　最毒，其所以不與人爭者，乃所以深爭之也，其設心措意都是如此。閒
　　時他只是如此柔伏，遇著那剛強底人，它便是如此待你。張子房亦是如
　　此。如云『推天下之至柔，馳騁天下之至堅』，又云『以無為取天
　　下』，這裏便是它無狀處。據此，便是它柔之發用功效處。」，頁
　　3266。

角，也難怪朱子會說：「『將欲取之，必固與之』，此老子之體用也。」[16]，言下之意即以應世、處事的謀略作爲三十六章意旨的軸心，而「關機巧便，盡天下之術數者，老氏之失也。」[17]，也就成爲朱子對老子思想的整體評價。此大抵由「術用」層面解讀《老子》[18]，是以三十六章作爲政治人事上的一種謀略。

職是之故，因爲以陰謀詐術作爲三十六章的意趣旨歸，對於此章後半段的解讀亦隨之而有不同的理解向度。「魚不可脫於淵，國之利器不可以示人」當作何解？〈喻老〉中說：

> 勢重者，人君之淵也。君人者勢重於人臣之間，失則不可復得也。簡公失之於田成，晉公失之於六卿，而邦亡身死。故曰：「魚不可脫於深淵。」賞罰者，邦之利器也，在君則制臣，在臣則勝君。君見賞，臣則損之以爲德；君見罰，臣則益之以爲威。人君見賞而人臣用其勢，人君見罰而人臣乘其威。故曰：「邦之利器不可以示人。」[19]

16　〔宋〕黎靖德編：《朱子語類》卷第一百二十五，頁 2986。

17　〔宋〕黎靖德編：《朱子語類》卷第一百二十六，頁 3013。

18　劉固盛：〈論朱熹的老學思想〉中曾說：「但朱熹解《老》還有另外一個重要的特點，那就是他同時注意從『術』的層面解析《老子》。」，頁 26。

19　〔周〕韓非著、陳奇猷校注：《韓非子集釋（上）》卷第七，頁 392；〈內儲說下──六微第三十一〉中亦有同理之發揮，其云：「勢重者，人君之淵也；臣者，勢重之魚也。魚失於淵而不可復得也，人主失其勢重於臣而不可復收也。古之人難正言，故託之於魚。賞罰者，利器也。君操之以制臣，臣得之以擁主。故君先見所賞則臣鬻之以爲德；君先見

引文中首先點明「權勢」的重要性，並以「權勢」比喻君主所賴
以生存的「深淵」。就君臣的相處而言，君王必須建立權勢在人
臣之間，一旦失去便無法再得。〈喻老〉中以齊簡公與晉國的君
王為例，說明他們都是因為失落權勢之故而導致國敗身亡，藉此
以申明「魚不可脫於淵」的道理。其次，則以「賞罰」為「邦之
利器」[20]，說明賞罰必須掌握在君王手中，以便營造出強大的權
勢力量，如此才得以制裁臣子。若賞罰大權旁落，被臣下所掌控
運用，那麼他就可以反過來克制、蒙蔽君王了。因此，治國的賞
罰利器，千萬不可以輕易拿來對人顯示。文中說：「君見賞，臣
則損之以為德；君見罰，臣則益之以為威。人君見賞，而人臣用
其勢；人君見罰，而人臣乘其威。」，即是說明賞罰大權旁落人
臣之後的種種弊端，因此「邦之利器不可以示人」，便是戒惕君
王藉著賞罰不測的運用以保有權勢的警語。

　　綜而言之，此是曉喻人君掌握權勢、擴大權勢，主張權勢的
運用，主要就是靠賞罰，賞罰為治國最有利的器具，君王只要一
心一意操持賞罰大權，便不會被臣子所壅蔽，甚至為臣子所制。
因此，賞罰權勢的運用絕對不可輕易炫示於臣下，也就是不能夠

　　所罰則臣嚮之以為威。故曰：『國之利器，不可以示人。』」，《韓非
　　子集釋（上）》卷第十，頁 577。案：文中「臣者，勢重之魚也」，此
　　「臣」字當作「君」方是。參見〔日〕太田方：《韓非子翼毳》卷第十
　　〈內儲說下第二十九〉，頁 6。收入《漢文大系（八）》（臺北：新文
　　豐出版公司，1978 年 10 月）。
[20]　「邦之利器」今本作「國之利器」。帛書甲本作「邦」，乙本則作
　　「國」。國，即「邦」字，一說是為了避劉邦諱而改。參見孫以楷注
　　釋：《「老子」注釋三種》（合肥：安徽人民出版社，2003 年 7 月），
　　頁 120-121。

外顯、外露，要表現出賞罰不測、喜怒不形於色的樣子，讓臣子
無法捉摸心意，如此方能暗中控制群臣[21]。這就是君王的術用，
人主若不操持術用，就無法壯大自己的權勢[22]。韓非思想中即以
賞罰為君王用來控制臣子的兩種權柄，君王若能妥善運用這兩種
權柄，臣子也就很難造反了，此在其〈二柄〉中有詳盡的發揮
[23]。由此可見，〈喻老〉的解讀《老子》，明顯是法家與道家視
域融合之下的特殊產物。《淮南子‧道應》中亦曾以具體史例，
論證「國之利器不可以示人」對君王治國的重要性，其云：

> 昔者司城子罕相宋，謂宋君曰：「夫國家之危安，百姓之
> 治亂，在君行賞罰。夫爵賞賜予，民之所好也；君自行
> 之。殺戮刑罰，民之所怨也；臣請當之。」宋君曰：
> 「善！寡人當其美，子受其怨。寡人自知不為諸侯笑
> 矣。」國人皆知殺戮之制專在子罕也，大臣親之，百姓畏

---

[21] 韓非以為君王的用術最好不要顯露。〔周〕韓非著、陳奇猷校注：《韓非子集釋（下）》卷第十五〈難三第三十八〉中說：「術者，藏之於胸中，以偶眾端而潛御群臣者也。故法莫如顯，而術不欲見。是以明主言法，則境內卑賤莫不聞知也，不獨滿於堂。用術，則親愛近習莫之得聞也，不得滿室。」，頁868。

[22] 〔周〕韓非著、陳奇猷校注：《韓非子集釋（下）》卷第十四〈外儲說右下第三十五〉中說：「人主者不操術，則威勢輕而臣擅名。」，頁783-784；卷第十七〈說疑第四十四〉中也說：「凡術也者，主之所以執也。」，頁914。

[23] 〔周〕韓非著、陳奇猷校注：《韓非子集釋（上）》卷第二〈二柄第七〉中說：「明主之所導制其臣者，二柄而已矣。二柄者，刑、德也。何謂刑德？曰：殺戮之謂刑，慶賞之謂德。為人臣者畏誅罰而利慶賞，故人主自用其刑德，則群臣畏其威而歸其利矣。」，頁111。

　　之。居不至朞年，子罕遂刼宋君而專其政。故老子曰：
　　「魚不可脫于淵，國之利器不可以示人。」 [24]

　　此以「子罕相宋」的史事為證，說明宋君就是輕率地將賞罰大權
交付給大臣子罕，其後不到一年時間，子罕便刼取宋君權勢而專
制其政、擅用其名了，此即申說「國之利器不可以示人」的重要
性。總之，就是彰顯君王控御臣子的道術，目的在維護並壯大君
王權勢。凡此種種論說，實已脫逸出老子文理脈絡之外，而成為
法家化的道家。可見得道家自然無為的政治理念，在法家學說中
轉化成為一種御下之術，而道家的簡單智慧，也演變成陰謀機
詐、繁複心思的運用。法家思想皆為統治者發聲立言，道家之說
雖為其所利用，但是其間基本精神的不能相容，卻是顯而易見
的。

　　事實上，此是將老子思想落入政治層面的術用當中。「術」
是方法，它原是幫助把理論主張、思想見解付諸實踐的具體步
驟。然而，當抽象的理論見解一旦落實到具體的施用層面之後，
並不能必然保證不會在應用的過程當中遭受到質變的現象。相反
的，在現實境域的操作之中，它反而經常悖離原始精神，走向另
一條截然不同的道途。這就像是儒家思想轉化為漢代的「儒術」
之後，演變成為董仲舒三綱五常、天人交感的政治學說；而道家

---

[24]　〔漢〕劉安著、〔漢〕高誘注：《淮南鴻烈解·道應訓》卷十二，頁
　　　13。〔漢〕韓嬰：《韓詩外傳》卷七以及〔漢〕劉向編：《說苑》卷一
　　　〈君道〉中亦皆有此說，文略同。二書皆收入《四部叢刊正編》（臺
　　　北：臺灣商務印書館，1965 年），分見第三冊，頁 61-62、第十七冊，
　　　頁 14-15。

思想轉化爲漢代的「道術」之後，演變成爲漢初道、法結合的黃老道家，也就是帝王學道家的政治謀略[25]。無可諱言，他們的發展終究違離原始儒家、道家的義理方向，在思想維度上也顯得扞格不入。黃老學說是漢初七十年的主流思想[26]，在學術舞臺上佔盡風頭，其義理走向就是〈喻老〉中道、法結合的路數。當時人喜歡的是改頭換面之後的老子，以政治事功爲理想所推衍出來的一套帝王統治之術，這是在政治人事方面特有的一種領悟與發揮。二程與朱子所理解的《老子》三十六章，就是將原創時期的老子思想與後老子時期所分流衍化出的黃老道家混爲一談的結果。

第三節　以三十六章爲物盛則衰的自然之理

　　針對以陰謀捭闔之術詮解《老子》三十六章的觀點，明代老學研究者普遍採取批判駁斥的態度，茲先臚列出幾則評議，以觀

---

[25] 陳德和：《道家思想的哲學詮釋》（臺北：里仁書局，2005 年 1 月）〈自序〉中說：「在以往的歷史中道家至少曾出現過五個面貌，它們依序是薩滿道家（傳統古道家）、黃老道家（帝王學道家）、人間道家（生活道家）、清談道家（玄學道家）和道教道家（宗教道家），時至今日，則復有根據新的解讀、新的對話而開闢不同風貌之『當代新道家』的逐漸成型。」，頁2。

[26] 此可由《史記》、《漢書》中所論及的學者專家或達官顯要，絕大多數都好黃老、學黃老可知。任繼愈主編：《中國哲學發展史（秦漢）》（北京：人民出版社，1983 年 10 月）〈漢初黃老學派〉「四、黃老之學在漢代的流傳和演變」中，曾表列出《史記》、《漢書》中所載的黃老學者有十七家，其中不乏帝王將相之流，可見一時之盛，頁 125。

察其間討論的主要趨向：

> 按先儒因此章之言，遂以權詐陰謀議老子者甚多。蓋由於
> 不究「將欲必固」之言為自然之理，而以為老子作用之
> 術，故云此也。（王道《老子億（一）》卷上，頁70B）

> 先儒多因此章，疑老子以權詐陰謀為作用，不知其言天機
> 也。（朱得之《老子通義》卷上，頁34A）[27]

> 此章之旨，說者多借其言以為陰謀捭闔之術自老氏始。蓋
> 不得於言，而敢於誣聖者，今為正之。（陸長庚《老子道
> 德經玄覽（一）》上篇，頁68A）

> 世之詭譎者，即謂其得老子之術，豈非妄執「必固張之」
> 之數言而詆訛之邪！（林兆恩《道德經釋略（二）》卷
> 四，頁6B）

統合以上各家之說，可以析理出一個被駁斥的主要觀點，此即以
此章為陰謀捭闔之術的說法。其間點出先儒之所以評斷老子為權
詐者，乃在於以三十六章為作用之術的緣故。論說中分別指出
「先儒因此章之言，遂以權詐陰謀議老子者甚多」、「先儒多因
此章，疑老子以權詐陰謀為作用」、「說者多借其言以為陰謀捭

27　〔明〕朱得之將《老子》分為六十四章，今本三十六章在其《老子通
　　義》中為第二十九章。

闔之術自老氏始」等等，顯示出明代以前確實有一些儒者，率皆主張老子學說含有陰謀詐術。林兆恩提出此誤謬多是妄執「必固張之」數句，方才造成詬訕老子的現象發生，其認爲世間最奇詭的事，就是「謂其得老子之術」，此是「不得於言，而敢於誣聖者」，陸長庚所謂「今爲正之」，即是面對先儒之誤說，提出一些糾謬的看法。

薛蕙《老子集解》[28]三十六章總評中，即曾針對程子言《老子》「入做權詐者上去」提出強烈批評，他說：

> 程子嘗曰：「《老子》書，其言自不相入處，如冰炭。其初意欲談道之極玄妙處，後來卻入權詐上去，如『將欲取之，必固與之』之類。」程子之言，豈可謂其不然，然學者務在求是而已。理苟未安，雖大儒之言固未可盡執以爲是也。……夫仁義聖智，老子且猶病之，況權詐乎！按《史記》陳平本治黃帝老子之術，及其封侯，嘗自言曰：「我多陰謀，道家之所禁，吾世即廢亦已矣，終不能復起，以吾多陰禍也。」由是言之，謂老子爲權數之學，是親犯其所禁，而復爲書以教人，必不然矣！（上卷，頁25A）

薛蕙對於二程以三十六章「入於權詐」之說，深覺「理有未安」。他以爲「大儒之言固未可盡執以爲是也」，在「學者務在

28　《無求備齋老子集成・初編》中，輯有〔明〕薛蕙《老子集解》兩個刊本，本文引用的是惜陰軒叢書刊本。

求是」的原則之下，進一步提出自己的意見。薛蕙舉《史記·陳
丞相世家》[29]為例，指稱陳平曾謂自己多陰謀，是犯了道家禁
忌，其終不能東山再起，乃因其自身多陰謀，故亦多遭陰禍所
致。這就是一心思慮謀算他人，必然也會招引他人成心來算計自
己，墮入物物相殘的循環鬥爭之中。薛蕙以為倡言仁義聖智，老
子尚且憂心流於矯揉造作之弊，更何況是「爾虞我詐」的心機
呢？薛蕙於是強調「謂老子為權數之學，是親犯其所禁，而復為
書以教人，必不然矣！」，其立足點即主張《老子》三十六章與
設心措意於權詐陰謀是毫不相干的。

　　薛蕙的見解其實代表當時多數老學研究者的共識。就明代注
《老》解《老》專家而言，他們在注解三十六章時，或多或少涉
及此議題的相關討論與發揮。在批判聲浪中，徐學謨注意到
「固」、「故」二字的混淆，是造成誤詮的原因之一，他說：

> 按此章解者紛紛，宋儒以「固」作「故」，既不得其字
> 義，而乃指之為權謀，誣矣！即蘇子由亦謂其「幾於用
> 智，與管仲孫武無異。」，彼豈聞道而大笑之乎！（徐學
> 謨《老子解（一）》上篇，頁78A）

徐氏指出宋儒「以『固』作『故』」，不得「固」字字義，遂將
老子學說視為權謀，這當然不合事實。其後，則援引蘇轍《老子
解》為例，批評其謂老子與管仲、孫武的兵法謀略無異[30]，此般

29　參見〔漢〕司馬遷：《史記·陳丞相世家第二十六》，頁2062。
30　〔宋〕蘇轍：《老子解》（《無求備齋老子集成·初編》）卷二〈微明
　　第三十六〉中說：「未嘗與之而遽奪，則勢有所不極，理有所不足。勢

理解就像「聞道而大笑」的膚淺下士[31]。因此，徐學謨乃以為「『固』字之義，諸家俱置之不講」（上篇，頁 78B），才會造成「解者紛紛」的現象，且多有以愚意揣摩《老子》者，是故引發諸多誤解。林兆恩亦持相類觀點，他說：

> 「固」字訓義，與「故」不同。若「固」作「故」，則老子不能無心於其間，謂之老子之術，可也。……由是觀之，則世之非老子者，非惟心不達老子之意，亦且目不涉老子之文，以「固」作「故」，不亦重可笑乎！（《道德經釋略（二）》卷四，頁 6B-7A）

林氏也表明前人之所以非議三十六章為權術之說的關鍵所在，就在於「以『固』作『故』」。若以「故」字訓義，謂老子有心於奸巧，是可以理解的。然而，其亦批評以「故」字訓義者，「非惟心不達老子之意，亦且目不涉老子之文」，此亦即王道所說「不得於言，無求於心」（《老子億（一）》，卷上，頁 70B）[32]。對於語言文字尚且不能通達，又不求心去理解，才會以為《老子》雜權術、耍心機，這樣的解讀林兆恩以為是相當可笑

不極則取之難，理不足則物不服。然此幾於用智也，與管仲、孫武何異。」，頁 25A。

31　《老子》四十一章說：「上士聞道，勤而行之；中士聞道，若存若亡；下士聞道，大笑之，不笑不足以為道。」，〔魏〕王弼注、樓宇烈校釋：《老子周易王弼注校釋》，頁 111。

32　「不得於言，無求於心」語出《孟子》。參見〔宋〕朱熹：《四書章句集注・孟子集注》卷三〈公孫丑上〉，頁 318。

的。徐、林兩人咸認為問題出在「固」、「故」二字的混淆。但是，細察他們的論說，並未特別申明此二字分別意指為何？根據文意脈絡推測，蓋認定宋儒以「固」作「故」才會造成誤詮，此「故」字當訓解為「故意」、「特地」的意思[33]。若是循此詮解三十六章為：「將要收縮它，故意擴張它；將要削弱它，故意強大它……」，便極易落入人為機詭的解讀趨向之中，因而使得此章淪為一種權術運用的指導方針。此外，復值得注意的是，早在《韓非子・說林上》中即曾援引《周書》說：「將欲敗之，必姑輔之，將欲取之，必姑予之。」[34]，可見得今本《老子》的「固」字，早期亦有作「姑」字之例。此「姑」字當訓義為「姑且」、「暫時」之意，若依此詮解三十六章為「將要收縮它，姑且擴開它；將要削弱它，姑且強大它……」，適與韓非〈喻老〉詮解意圖中的政治權宜之義交相吻合[35]，亦與「故」字訓義為

---

[33] 〔周〕韓非著、陳奇猷校注：《韓非子集釋（上）》卷第七〈喻老第二十一〉解「將欲翕之，必固張之」一段，陳奇猷在註五中說：「楊樹達曰：按固當為姑。或云固讀為故，故、猶今云故意，亦通。奇猷案：當以讀姑為是。〈說林上〉：『《周書》曰：「將欲敗之，必姑輔之；將欲取之，必姑與之。」』用姑字可證。」，頁395。

[34] 〔周〕韓非著、陳奇猷校注：《韓非子集釋（上）》卷第七〈說林上第二十二〉，頁422。

[35] 馬敘倫：《老子覈詁》中即引此為證，主張：「『固』，讀為姑且之姑。」，頁48B。收入《無求備齋老子集成・續編》（臺北：藝文印書館，1970年）；任繼愈：《老子繹讀》（北京：北京圖書館出版社，2007年2月）中亦將「固」作「暫且」解，並以為此章啟發後人「以退為進」的政治權術，頁80-81；李零：《人往低處走：《老子》天下第一》解第三十六章亦以韓非之說為本，其「大義」中說：「這是講以道治國。《老子》講治國之術，非常陰柔。它有一套奇怪的辯證法，越想

「故意」一般，同樣走向權謀理解的道途。明代老學者當然也注意到這個問題，沈一貫在詮解三十六章時，即曾針對認「固」作「姑」的現象進行批評，他說：

> 陰謀者讀之，必曰將欲取之，必姑與之也。「姑」與「固」，相去懸甚。（《老子通（一）》卷之上，頁67B）

所謂「『姑』與『固』，相去懸甚。」，即點出以「姑」字訓釋的欠妥之處，而喜以陰謀之說閱讀《老子》者，則多以「姑」字作解。凡此，闡明以「故」、「姑」二字訓釋「固」字，造成與權詐之說糾纏不清的現象，故特別加以檢視析別。

　　事實上，除了「固」與「故」、「姑」二字的混淆之外。「固」字的多重涵義，也是造成誤解的原因之一。例如：若將「固」字解釋為「一定」、「必定」，文意則是「將要收縮它，

幹什麼，就越不幹什麼，處處跟『常識』擰著來，裝柔示弱，掩蓋目標，迷惑敵人，有如老練的兵法。」，頁 120-121；吳林伯校注：《老子新解──《道德經》釋義與串講》（北京：京華出版社，1997 年 8月）亦循韓非理路，他在「釋義」中即說：「固，應讀姑。《韓非子‧說林》：『《周書》曰：「將欲敗之，必姑輔之，將欲取之，必姑予之」。』老子引而伸之，并易『姑』為『固』。本章為四十章『反者，道之動』確詁，儒、法皆崇『權術』，而此乃『權術』正義。」，見〔周〕韓非著、陳奇猷校注：《韓非子集釋》，頁 84。凡此，皆以「姑」字訓解，而走向權謀詐術的思路。案：觀帛書《老子》甲、乙本，皆作「古」字。「古」，「姑」之同聲假借。此可推論〈喻老〉所用《老子》之本子與帛書甲、乙本，或皆屬於法家傳本。參見孫以楷注釋：《「老子」注釋三種》，頁 121。

必定擴張它；將要削弱它，必定強大它……」，此解要說它是權
謀，似乎也可說得通。然而，明人似乎亦無意將問題擰得這麼複
雜，徐、林二人僅簡單指出先儒以「固」作「故」的缺失，而沈
一貫也只是點出「固」與「姑」，「相去懸甚」而已。引文中所
透露出來的訊息是，設若以「故」、「姑」二字訓義，則老子之
學便落入有心、有為的權謀操縱之術中。仔細推敲，將「故」字
解作「故意」、「特地」，「姑」字解作「姑且」、「暫且」，
就比較偏向後天故意、暫時性的人為狀態，是強調有心、有為的
運作施為，如此將三十六章視作陰謀捭闔之術，似乎亦不難理
解。而「固」字字義，究竟當該如何疏釋？細觀明代老學研究者
的解釋，則傾向將此「固」字解作「已然如此」之意，諸如：

> 將欲云者，將然之辭也；必固云者，已然之辭也。（王道
> 《老子億（一）》卷上，頁 69B）[36]

> 將欲云者，且然之詞；必固云者，已然之詞。言物之翕
> 張、強弱、廢興、予奪互相倚伏，皆理之一定而不可易
> 者。其今之將欲如彼者，必昔之已然如此者也。（陸長庚
> 《老子道德經玄覽（一）》，頁 68A）

「固」是「已然之辭」，當指原來、本來已經如此的自然態勢，
這是說「將要收縮它，當是原來已至擴張之極的情勢；將要削弱

---

[36] 〔明〕朱得之：《老子通義》卷上中說：「愚按順渠『未然』、『已
　　然』之說，優於諸家多矣。」，頁 34A。可見得朱氏當特別認同王道之
　　說。

它，當是原來已至強大之極的情勢……」，這裏強調的是原來已經如此的本然情勢，而非後天有心、有爲的人爲運作。如此將三十六章視作天道運行「物盛則衰」的自然之理，進而申說物勢發展過程中正反互動、相依相存的關係，在解釋上也就相當順暢了。此是學者以「固」字爲「已然之辭」，釐析其與「故」、「姑」二字的分別，進而澄清其間所造成理解上的謬誤。重點在提醒讀者注意「固」字疏釋的重要性，並重新對老子思想予以裁決衡定。[37]

職是之故，此乃揭櫫明人詮解三十六章的思維理路，亦即以此章闡明天道造化之理，而與應事之策略無涉，龔修默即言：

---

[37] 劉笑敢：《老子古今：五種對勘與析評引論·上卷》在第三十六章「對勘舉要」中，即曾就此眾說紛紜的現象，提出一些整理與觀察的結果，他說：「愚意以爲作『故』不當，作『姑』，文義雖通，卻強調『暫時』之義，沒有《老子》中事物本來正反相依、正反互轉之義。作『固』爲上，『固』有原來、本來的意思，正合事物本來就正反互動的思想。《韓非子·說林上》引作『姑』正合其引用所需之權宜之義，未必合於《老子》古義。」，見〔周〕韓非著、陳奇猷校注：《韓非子集釋》，頁 376。此中觀點與明代老學研究者的見解正相謀合。今人周悟坦重校明人張洪陽《道德經註解》時，在三十六章注文最後，加上一段己意，他說：「後儒詆老者多指出『將欲噏之』一節，謂爲啟陰謀之門，開刑名法術之漸。噫！此千古之大惑也。讀者須注意『必固張之』四句中之『固』字。『固』者，『已』也，非『姑』也。……後儒認『固』作『姑』，意謂欲噏姑張，欲取姑與，則成權詐之術。所謂陰謀家也，與本經之意，大相逕庭。不自認誤解聖經，反藉口以爲門戶爭抵之據，豈不謬歟！」，〔明〕張位：《張洪陽註解道德經》卷之上，頁 33。此段文字亦頗能應合明代老學者的觀點，是書收入《道藏精華》（臺北：自由出版社，1989 年）第八集之三。

> 問：老子將噏必張，似縱橫捭押（案：此當為「捭」之誤）
> 闔之術，安所稱道耶？曰：此就人我上說，便不勝其私
> 意。若就造化上說，道理自是如此。張弛廢興之說，雖天
> 地不能違，而況于人乎？……老子明天地之道，闡造化之
> 機以示人，而歸之於柔弱焉。（《老子或問（一）》卷
> 上，頁50A-50B）

龔氏反對以此章為「縱橫捭闔之術」，此是「就人我上說」，難
免墮入「私意」。他以為若是「就造化上說」，則是道理自然如
此，故力陳此章旨在「明天地之道，闡造化之機以示人」。根據
多方考察，明人多脫逸出權謀機詭的思路，將此章前半段定調在
物勢自然之理，亦即說明天道運行「物盛則衰」的道理，後半段
則將理論關懷歸諸於「柔弱勝剛強」的人生智慧之上，教人不可
以剛強自逞，而當以柔弱自處。茲列出幾個代表的說法如下：

> 竊謂此章首明物盛則衰之理，次言剛強之不如柔弱，末則
> 因戒人之不可用剛也。（薛蕙《老子集解》上卷，頁
> 25A）

> 此推原事物自然之理，示為道者當知退晦示弱，不可以取
> 強於天下也。（趙統《老子斷註（一）》卷之二，頁
> 65B）

> 此言物勢之自然，而人不能察。教人當以柔弱自處也。

（釋德清《老子道德經解（一）》上編，頁 50B）³⁸

言下之意，乃以此章爲推原物勢自然之理，要人觀察天理、造化之妙，領悟到物勢發展必然向對立面轉化的作用。爲了防止過於快速轉化，乃進一步出示爲道者不可妄居剛強，當以「退晦示弱」的方式爲自處之道。朱得之《老子通義》中，即明白指出若能在章首加上「天之道」三字，便不致於造成誤解，而其旨亦能不辯自明。他說：

> 先儒多因此章，疑老子以權詐陰謀爲作用，不知其言天機也。……今於章首加「天之道」三字，則其旨不辯而自明矣。（卷上，頁 34A）

朱氏以爲若能明白此章立意在「言天機」，便不會有懷疑老子「以權詐陰謀爲作用」的想法。他又說：「章首八句，言造化乘除之機如此，非言人立心也。」（卷上，頁 34A），亦著重申明此章不在「言人立心」，而在闡述「造化乘除之機如此」，此與文前龔修默所言「非就人我上說」，而是「就造化上說」同調。王道也曾指出誤解的原因在：「蓋由於不究『將欲必固』之言爲自然之理」（《老子億（一）》卷上，頁 70B）；釋德清也說：「世之觀此章，皆謂老子用機智，大非本指。蓋老子所以觀天之道，執天之行是已，殆非機智之端也。」（《老子道德經解

38　嚴靈峯編輯：《無求備齋老子集成・初編》中，輯有〔明〕釋德清：《老子道德經解》兩個刊本，本文引用的是金陵刻經處刊本。

（一）》上編，頁 51A），皆持相同觀點。總之，咸主張以此章前八句，重點在論說「天道」、「天機」、「天行」、「天理」，而非「言人立心」、「就人我上說」、「機智之端」，此蓋為時人集體共識。

　　我們將學者闡釋內容大略擇要列出幾則，或能更清晰疏理時人所持論點的理蘊，諸如：

　　　　天下之物，勢極則反。譬夫日之將昃，必盛赫；月之將缺，必極盈；燈之將滅，必熾明。斯皆物勢之自然也。故固張者，翕之象也；固強者，弱之萌也；固興者，廢之機也；固與者，奪之兆也。天時人事，物理自然，第人所遇而不測識，故曰微明。斯蓋柔弱勝剛強之義耳。（釋德清《老子道德經解（一）》上編，頁 50B-51A）

　　　　翕，聚也、斂退之意。張，開大也。造化有消息盈虛，與時偕行之運。人事有吉凶禍福，相為倚伏之理。故物之將欲如彼者，必其已嘗如此者也。將然者，雖未形而難測；已然者，則有實而可徵。人能據其已然而逆探其將然，則雖若幽隱而實為至明白矣，故曰：「是謂微明」。（王道《老子億（一）》卷上，頁 69B-70A）

　　　　且盈而必缺，中而必昃，寒往而暑，晝往而夜，天道之常也。吾嘗執天道而倣老子之詞曰：「將欲缺之，必固盈之；將欲昃之，必固中之；將欲暑之，必固寒之；將欲夜之，必固晝之。」謂天之有術可乎？萬物之生而死，榮而

悴，成而毀，亦天道也。天何心哉！（林兆恩《道德經釋
略（二）》卷四，頁6B-7A）

細觀以上三家注文，皆以此章為闡明物勢發展的自然之理，亦即
造化消息盈虛之理，而其間動態發展的規律，則析之為對立面相
依相須的關係。釋德清以日、月為喻，就像太陽即將偏西，必是
原來已經處在最顯赫盛大的狀態；而月亮的即將虧缺，也是原來
已經處在最豐盈圓滿的狀態。此說明自然界的流衍變化，當它發
展到極限時，便會朝著它的相反方向運行，這就是「勢極則
反」。因此，就日、月的變化而言，昃與赫、缺與盈彼此對立的
情勢，恆存在著一種既對立而又相依相存的辯證關係。同樣的，
林兆恩也強調天道運行的恆常規律就是物極必反。他說：「盈而
必缺，中而必昃，寒往而暑，晝往而夜」，自然界的變化，當它
達到巔峯強盛之時，也同時宣告著即將向下衰落的事實。故林氏
曾執此天道運行之理，倣老子之詞說：「將欲缺之，必固盈之；
將欲昃之，必固中之；將欲暑之，必固寒之；將欲夜之，必固晝
之」，誠如萬物的「生而死，榮而悴，成而毀」，亦同樣循此理
序。林氏於是接著提問說：「謂之天有術可乎？」、「天何心
哉！」，明顯駁斥先儒以此章為私心用術的說法。因此，老子乃
以為「張開是閉合的徵兆」、「強盛是衰弱的徵兆」、「興舉是
廢棄的徵兆」、「給與是取去的徵兆」，表明物勢發展的規律乃
是正反相依相須的關係，必須注意的是，只要對立的其中一端發
展到極處時，就必然會產生「對立轉化」的現象。這其實就是

《老子》四十章所說的：「反者，道之動」[39]。事物的歙張、弱強、廢興、奪與都是相反對立的關係，他們必然互相倚伏、相依相存，此幾先之徵兆雖然幽隱而不易為人所知，但是卻又可從天道運行的規律與日常人生經驗中不斷被證實，因此又是相當清楚明白的。此即是引文中王道所言：「故物之將欲如彼者，必其已嘗如此者也。將然者，雖未形而難測；已然者，則有實而可徵。人能據其已然而逆探其將然，則雖若幽隱而實為至明白矣。」，是所謂「微明之理」。

尤有進者，亦有舉《周易》發明此「微明之理」者，諸如：

> 《易》曰：「尺蠖之屈，以求信也。龍蛇之蟄，以存身也。」與老聖之言，正互相發。蓋循環往復，天之道，物之理，人之事，無不皆然。惟早知之士，于其固然，知其將然，在張知歙，在強知弱，在興知廢，在與知奪。（洪應紹《道德經測（一）》卷上，頁61A-61B）

> 《易》有之曰：「无平不陂，无往不復。」象曰：「无往不復，天地際也。」聖人知其如此，固嘗持之以謙虛，守之以濡弱，後其身而不敢為天下先者。非固居是以為取勝之地也。（陸長庚《老子道德經玄覽（一）》，頁68A-68B）

「尺蠖之屈，以求信也。龍蛇之蟄，以存身也」，語出《周易·

39　〔魏〕王弼注、樓宇烈校釋：《老子周易王弼注校釋》，頁109。

繫辭下》[40]。「尺蠖」這種蟲類，牠屈曲身體是爲了「求信」，「信」字作「伸」，是說如果不屈曲身體的話，尺蠖就無法伸展前進，此當是引申「屈信相須」的道理；而龍蛇沉靜地蟄伏多眠，也是爲了保全自身的生存，以待來日種種活動。若不如此，必然會被嚴冬凍斃，此當是引申「動靜相須」的道理。洪應紹以爲天道、物理、人事，一切皆在對立面相依相須的動態發展之中，一再地循環往復，故先知者當能「于其固然，知其將然」，以預防物極必反的狀況發生。陸長庚立意也是如此，其舉《易經》泰卦九三爻辭與象辭[41]，申說物勢發展中對立面交相倚伏的道理。針對人的自處之道，也就在理解天道運行「勢極則反」的理序之後，體認到存全自身的理想狀態當是「持之以謙虛，守之以濡弱，後其身而不敢爲天下先者」，此是教人強而能忍，不與物競，謙卑遜順的意思。陸氏言「非固居是以爲取勝之地」，即是強調此非「以退爲進」的奸巧心機，而是眞實理解物勢發展的自然之理之後，以著一種虛心謙退、處下不爭、含藏內斂的人生態度爲準則，避免以剛強自逞而導致加速衰敗的現象發生。事實上，此章後半段也確實結穴到「貴柔弱」的行事原則。蓋已見造化消息盈虛之運如此，當得以知常勝之道，乃在於守柔抱弱，此即是回應七十六章所言：「故堅強者死之徒，柔弱者生之徒」[42]

---

[40]　〔魏〕王弼注、〔晉〕韓康伯注、〔唐〕孔穎達疏：《周易正義》卷第八〈周易繫辭下第八〉，頁169。

[41]　〔魏〕王弼注、〔晉〕韓康伯注、〔唐〕孔穎達疏：《周易正義》卷第二，頁42。

[42]　〔魏〕王弼注、樓宇烈校釋：《老子周易王弼注校釋》，頁185。〔明〕張洪陽：《道德經註解》卷之下，詮解七十六章頗能發明此意，

之意，亦與四十章「反者，道之動；弱者，道之用。」[43]可互相發明。

　　危大有《道德眞經集義》[44]三十六章中雖無自下己意之處，然而細審其所集宋代學者專家之注義，皆是反對以此章作爲權謀操縱之術的注家之言，此處大致節錄如下：

　　　將欲如此，必先如彼。借人事以明天理不過盈虛消息之自然耳，天何容心哉！聖人何容心哉！後世不知此道，遂認爲權謀操縱之用，此乃有機事必有機心，去聖遠矣。此章大義豈可以有心有爲觀之哉！（何心山《老子注》，《道德真經集義》卷五第二十-二十一，頁661）

　　　張則必歙，強則必弱，興則必廢，與則必奪，物理之自然也，是謂微明。微明謂精微明著，昭然可考。或以權術解其義，天之道利而不害，若是乎？（劉師立《道德經節解》，《道德真經集義》卷五第二十一，頁661）

　　　消息盈虛相因之理，其機雖甚微隱而理明著，惟清靜柔弱

他說：「剛強必氣銳，銳則必耗折而無餘蓄。柔弱必氣歙，歙則必收縮而有餘藏。自古修身處世，統人群，興大業，幾見剛狠之人，能善終者乎？故柔非懦怯之謂也，乃強而能忍，與物無競，而謙卑遜順之謂也。」，頁19A-19B。

43　〔魏〕王弼注、樓宇烈校釋：《老子周易王弼注校釋》，頁109-110。

44　〔明〕危大有：《道德真經集義》，收入《正統道藏》第二十二冊（臺北：新文豐出版公司，1988年）。

自處者，不入其機。（董思靖《道德經集解》，《道德真經集義》卷五第二十一，頁 661）

學道之士，存其無象，守其至柔，與物無競，則自然知幾。苟用剛暴，尚權謀智術求之勝物，非道也哉。比如魚乃水中物，求異群魚，欲脫於淵，可乎？既不可，則人亦不可尚權，尚權者，反常也。如魚離淵，必死。（李道純《道德會元》，《道德真經集義》卷五第二十一-二十二，頁 661-662）

危氏所集義，蓋可揭櫫其駁斥權術之說的意圖。諸如：宋元之際學者何心山說：「後世不知此道，遂認為權謀操縱之用，此乃有機事必有機心，去聖遠矣。」[45]；南宋劉師立說：「或以權術解其義，天之道利而不害，若是乎？」；宋末元初著名道士李道純則說：「苟用剛暴，尚權謀智術求之勝物，非道也哉。」。凡此，透顯出宋人詮解三十六章實以董思靖言「消息盈虛相因之理」，以及劉師立所言「物理之自然」為主要義理方向。危大有所集解各家注說，蓋亦能符應明代多數老學者的意見。雖然危氏並無自下己意，但由其所集錄之文獻資料，蓋亦能見其個人主張之端倪。值得注意的是，此中或亦能側顯出朱子議論老子之說一

---

[45] 「有機事必有機心」語出《莊子・天地》。參見〔清〕郭慶藩編、王孝魚整理：《莊子集釋》卷五上〈天地第十二〉，頁 433-434。此則寓言顯現莊子哲學追求純真坦白的一面，其以為人類之所以有糾紛，乃由於缺乏真實坦誠，因此巧詐機變的事情層出不窮。此當是老莊哲學「反機心」、「反巧智」的主要基調。

出，隨即逐開啟相關討論之風潮[46]，至明代更激盪出熱烈的回響與反應。

　　針對三十六章後半段「國之利器不可以示人」的詮解，明代老學專家與〈喻老〉的思維理路，也存在著相當大的分歧。道士王一清《道德經釋辭》中，雖然將三十六章前半段解作「兵法虛實之理，權謀狙詐之術」[47]，但其以為章旨並非在鼓勵狙詐之術的運用。相反的，卻是要人極力避免運用此術以求取勝於人，關鍵點就在於他對「國之利器不可以示人」的特殊解釋，他說：

> 夫魚不可脫於淵，出於陸則死。利器不可以示人，墮其機則敗。利器者，謂權謀智力之術以勝人也。懷勝人之心者，則人亦懷勝心以應之，其必敗。故曰：利器不可以示人也。此言人以智謀求勝，而天下之智謀者眾矣，其或測其機以應之，則有必敗之患也。是故任智謀而背道，如魚之脫水則死。利器示人則敗也。若以道而示人，人亦以道而應之我。以柔弱而不爭，雖有剛強亦不能加之於我。如魚之不離水，不以利器示人也。先儒謂權謀狙詐之學皆原於此，蘇、張、申、韓皆其流，此言誤矣。豈不知老子之

46　根據危氏所徵引的注家而言，劉師立是宋光宗紹熙時期人，董思靖是宋理宗淳祐時期人，何心山、李道純則係屬宋元之際人。四人皆處於朱學興盛時期，故彼等之評議似亦有可能是針對朱子的老學思想而發。

47　〔明〕王一清：《道德上經釋辭》中即說：「見其固張，便知將歛；見其示強，便知其弱；見其固興，便知將廢；見其固與，便知將奪。此兵法虛實之理，權謀狙（案：此當為「狙」字方是）詐之術也。」，頁35A。嚴靈峯編輯：《無求備齋老子集成・初編》中王一清《道德經釋辭》有兩個刊本，本文據蔣元庭刊本。

道，以仁義聖智而猶病之，權詐肯為乎？其不待辯亦已明矣。如言柔弱勝剛強，利器不可以示人者，極言不可用之之意。然此經辭義含蓄，多喻譬之言，學者切不可以辭害意，而作真實之語，則有堅白異同之差矣。（《道德上經釋辭》，頁 35A-36A）

王氏以「利器」為「權謀智力之術」的譬喻，而所謂「國之利器不可以示人」，即是要人避免墮入權謀的運用，因為有心於狙詐之術者，則必有敗亡之患。其間表述人我之間的心機互鬥，是一種惡性循環的危機，誠如其所言「懷勝人之心者，則人亦懷勝心以應之，其必敗」、「以智謀求勝，而天下之智謀者眾矣，其或測其機以應之，則有必敗之患也」。結論則提出「先儒謂權謀狙詐之學皆原於此，蘇、張、申、韓皆其流，此言誤矣」，而「利器不可以示人」者，則是極言權謀狙詐之術，切不可用之意。此揭示老子思想必不肯為權詐，先儒之說乃是「以辭害意」，不解老子多「譬喻之言」，而誤作「真實之語」，遂產生謬詮的結果。薛蕙解「國之利器不可以示人」則說：

利器者，喻國之威武權勢之屬。示，觀也，猶《春秋傳》所云觀兵黷武也。剛強者，危亡之道也；柔弱者，安存之道也。有國家者豈可以強大而自恃乎？今夫魚能深潛則常活，不可躁動而脫於淵，不爾則為人所制，而菹害及之矣。譬國能守柔則常安，不可矜其威力以觀示於天下，不爾則勢窮力屈，而國家不可保矣。（《老子集解》上卷，頁 25A）

其將「利器」解作「威武權勢之屬」。「國之利器不可以示人」則是告戒人君「不可矜其威力以觀示於天下」，其立意乃在明示治國者切忌「以強大而自恃」，而當以守柔抱弱爲國家安存之道。濫用兵、嗜打仗，一心一意欲以剛強自逞，終將使國家步入衰敗危亡的道途，企圖發揚「國能守柔則常安」的道理。此與〈喻老〉中將「利器」解作賞罰二柄，而「國之利器不可以示人」便是戒惕君王藉著賞罰權柄的操作之術，以保有並壯大自己的聲威權勢，是有著相當不同的解讀路向[48]。可見得明人詮解三十六章後半段，多數不採取陰謀權詐的理解視域，蓋與〈喻老〉思路迥異。因此，三十六章章旨到底說的是效法天道運行「物盛則衰」的律則，點明歸宿於抱柔守弱的人生智慧？抑或是政治人事方面，充滿機詭策略的陰謀捭闔之術？也就全憑注解者的詮註角度與理解視域。誠如王道所言：「蓋微明之理，在聖人用之則爲大道，而奸雄竊之則爲縱橫捭闔之術。」（《老子億（一）》卷上，頁 70B），可謂切中肯綮點出了「人病」，而非「法病」的問題所在。

結　語

　　細察韓非〈喻老〉與程朱一路的老學觀點，畢竟忽略先秦原創時期老學精神的義理方向，以及後老子時期所衍化的老子學史

---

[48]　〔宋〕范應元：《老子道德經古本集註（一）》（《無求備齋老子集成・初編》）中即說：「河上公以權道爲利器；韓非以勢爲淵，以賞罰爲利器；子由以柔弱爲利器；王雱以剛強爲利器。遂使後世疑此章爲權謀之術，皆不得老氏之意也。」，頁 73A。

相關問題。彼等片面將三十六章設限在陰謀捭闔、權謀狙詐的思想框架底下，理解路數偏向老學分流之後的黃老道家，在道、法結合的視域中，已然與老子精神漸行漸遠。此外，造成誤解更根本的原因，當是明人所言「以辭害意」的結果，癥結點就在於不能真正認識老子正言若反的立說方式。假使無法突破《老子》表層文字的迷障，發抉文本內在的深層涵義，根據義理思想的整體性、連貫性、一致性進行各章各句的理解，就很容易產生誤解與爭議。這也就是說，斷章、摘句式的割截取義，草率忽略老子整體思想的精神方向，終究無法實現詮釋上完滿理解的可能。因此，正視老子正言若反的思想特徵以及總體思想的精神方向，不落入以偏蓋全、斷章取義的謬誤，兼顧到部分與全體之間的循環論證，是達到完滿理解的必要前提[49]。若能有此自覺性的檢視與反省，對於老子思想雜權詐、耍心機的說法，或許便能不攻自破[50]。

　　針對正言若反，袁保新在〈老子語言哲學試探〉中曾有精闢發揮，他說：

---

[49] 此有類於西方詮釋學所一再強調的：「一切理解和認識的基本原則就是在個別中發現整體精神，和通過整體領悟個別；前者是分析的認識方法後者是綜合的認識方法。但這兩者只是通過彼此結合和互為依賴而被設立。」，此之謂以部分建構全體，以全體確定部分的循環論證。參見〔德〕阿斯特（G. A. F. Ast）著、洪漢鼎譯：《詮釋學經典文選（上）》第一篇〈詮釋學〉，頁7。

[50] 關此，顏國明：〈朱子闢老子平議——以「老子即楊墨」與「老子是權謀法術」為例〉（《國立臺北師範學院學報》第14期，2001年9月）一文中，對於老子「正言若反」的語言特質，以及朱子評論老子為權謀法術的謬說，皆有詳盡的闡釋，頁384-397。

如果我們換一個角度來看，從「道」與「名言」的關係來
理解老子「正言若反」的言說方式，則我們可以確定：詭
辭正是老子忠於其批判名言一貫立場的運用。……老子道
德經中類此的語句頗多，但陰謀家卻每每從這些語句中汲
取其經營時勢的靈感，考其原委，主要是因為陰謀家根本
不將其視為詭辭，反而從其人生經驗的觀察中合理化了這
些語句。……他們將這些詭辭視為具有確定經驗意義的
「斷言」，一個從經驗中歸納出來的通則。……其以個人
經驗湊泊，曲加解釋，實只是逞其個人的私智，對於老子
思想的精神，不但是曲解，也是有害的。[51]

細觀《老子》三十六章亦正是詭辭為用的典型。此章言及物勢發
展中的對立兩面，以歙張、弱強、廢興、奪與四事設譬，老子所
欲強調的是在對立情勢的發展過程之中，運行的理序至終既是
「對立轉化」，因此，當一個人想要追求某個「目的面向」時，
為了避免「物極必反」的狀況發生，便要時時關注其所追求「目
的面向」的反面，甚至通過採取反面的姿態有效預防事物向對立
面轉化的危機，此即所謂「以反保正」的辯證思維。然而，此詭
辭之立說畢竟與一般人平時所見所思不同，實在不易領會。若以
個人經驗加以湊泊，從人生經驗的觀察中合理化了這些語句，逞
其個人私智以曲加解釋，誤會也就隨之產生了。劉笑敢《老子古
今》中即說：

51　袁保新：《老子哲學之詮釋與重建》（臺北：文津出版社，1997 年 12
月），頁 178-179。

> 老子哲學無非是順著事物正反互轉的自然規律促進和等待
> 事物從不利的狀態轉變到有利的狀態，即以反求正，或者
> 通過預先採取反面的姿態或因素防止事物向反面轉化，即
> 以反保正，或以反彰正。[52]

此亦是老子何以言「柔弱勝剛強」的內在意涵，剛與強都是一般人想極力追求的目標，但是至剛、至強之後所存在「對立轉化」的現象危機，卻是經常被忽略的。因此，必須通過採取反面的柔弱姿態，預先防止至剛至強最終向對立面轉化，而處於衰敗的窘境，如此才有可能保有更長久的剛強，也才是真正的剛強，此即「以弱保正」、「以弱彰強」，由反面來保住正面的思維理路。或許就是不諳「以反保正」、「以反彰正」的思想特徵，無法正視詭辭為用的立說方式，才會將三十六章與現實經驗相應合，進一步逞其個己之私，在具體經驗的觀察中合理化、真實化了這些語句，因而斷言老子為陰謀捭闔之術。此無疑是最大、最深的誤解。

　　究竟是深邃的人生智慧，還是入於權詐的陰謀術用呢？從老子思想的總體精神來看，或能有較穩當的判斷。老子一向主張追求柔和荏弱、謙虛卑下的人生態度，切忌自恃己強、鋒芒太露。因為一個人光芒太過耀眼，不僅會刺傷別人，也會灼傷自己。然而，鋒芒一旦過於顯露，很快就會盡罄，無可避免的就是隨之而來的黯淡，此即「勢極則反」的道理。因此，守柔抱弱其實象徵

52　劉笑敢：《老子古今：五種對勘與析評引論》上卷第三十六章「析評引論」，頁380。

著一種含藏內斂、謙退不爭的人生態度，只有如此才得以綿綿若存、歷久不衰，積澱並儲存最大、最強的生命能量。而過度逞剛恃強的生命，只是加速朝向衰頹敗亡而已，此即老子「柔弱勝剛強」的奧義，也是三十章所強調「物壯則老，是謂不道，不道早已」[53]的道理。此外，老子學說最終要人「常德不離，復歸於嬰兒」（二十八章）、「含德之厚，比於赤子。」（五十五章）[54]，此是在精神上恆處於嬰兒赤子般的純真素樸、無為惇厚，要人時時聽任本性自然，以達到內心完滿的自足與和諧。如此，則何來虛偽奸巧之說呢？以老子為陰謀捭闔之術，是沒有深究《老子》一書的整體思想，斷章取義之下所造成的嚴重歪曲與誤解。據此，明人詮解三十六章以「老子非陰謀捭闔之術」，實較能契合貼近老子思想的精神方向，此當是無庸置疑的。

---

[53] 〔魏〕王弼注、樓宇烈校釋：《老子周易王弼注校釋》，頁 79。

[54] 〔魏〕王弼注、樓宇烈校釋：《老子周易王弼注校釋》，分見頁 74、145。

第四章　明人詮解六十五章： 秦愚黔首非本於老子

第一節　問題的提出

　　經過前面三個章節的討論之後，對於老子學說在明代所引發相關爭議性的論題，蓋能多所發明與清理。最後，擬欲處理的主題，則是針對「愚民」、「反智」之說的老學爭議，企圖提出一些全面觀察的結果，並進一步構織明人針對此項論題的看法。細觀此爭議的形成，主要即源自於對《老子》六十五章不同義理向度的解讀與發揮，茲先列出此章全文如下：

> 古之善為道者，非以明民，將以愚之。民之難治，以其智
> 多。故以智治國，國之賊；不以智治國，國之福。知此兩
> 者，亦稽式。常知稽式，是謂「玄德」。玄德深矣，遠
> 矣，與物反矣，然後乃至大順。[1]

明代老學研究者的詮解維度，大體多針對先儒謂「秦愚黔首本於老子」的觀點，進行理論上的廓清與駁斥。剋就文字表象而言，

---

[1]　〔魏〕王弼注、樓宇烈校釋：《老子周易王弼注校釋》，頁 168。

此章確實極易引發誤解，其中「古之善爲道者，非以明民，將以愚之。民之難治，以其智多」數句，經常被視作統治者的「愚民」與「反智」政策，因而遭受強烈的攻擊與批評。余英時即曾舉六十五章爲例說：

> 老子在此是公開地主張「愚民」，因爲他深切地瞭解，人民一旦有了充分的知識就沒有辦法控制了。[2]

言下之意，乃認爲老子政治思想係屬「反智」一陣營。余先生指出老子爲道家「反智」言論的始作俑者，其所以提倡「反智」是直接針對政治領域發聲的，其間表達了在上位者爲圖謀統治管理的方便，不許人民有自由意識，也不要人民有知識的「愚民」主張[3]。此與其師錢穆聲稱老子心中之聖人，乃一「愚民之聖」基本上同調，錢先生說：

> 故老子書中之聖人，乃獨擅其智，默運其智，而不使人知者。故老子曰：「古之善爲道者，非以明民，將以愚之。民之難治，以其智之多。」……蓋彼所意想之聖人，實欲

---

[2]　余英時：〈反智論與中國政治傳統——論儒、道、法三家政治思想的分野與匯流〉，《歷史與思想》（臺北：聯經出版事業公司，1977 年 7 月），頁 11。

[3]　余英時：〈唐、宋、明三帝老子注中之治術發微〉一文中也說：「我曾指出『老子』書中的政治思想基本上是屬於反智的陣營；而這種反智成分的具體表現便是權謀化。這一點在現存帝王注釋『老子』諸本中可以得到說明。」，參見《歷史與思想》，頁 77。

> 玩弄天下人皆如小孩，使天下人心皆渾沌，而彼聖者自
> 己，則微妙玄通，深不可識，一些也不渾沌。此實一愚民
> 之聖也。[4]

此中明言老子所意想之聖人乃是「愚民之聖」，其「獨擅其智，默運其智」，自身「微妙玄通，深不可識，一些也不渾沌」，但卻愚弄天下之人，使其皆如小孩般蒙昧，此即「使天下人心皆渾沌」的「尚愚」思想。任繼愈也持這樣的閱讀角度，《老子繹讀》中即言：

> 這一章表述了老子的愚民主張，認為人民的知識多了，就不易統治，老百姓越無知越好。[5]

正因爲如是理解，任先生對於此章的部分解釋就會變成這樣：

---

[4] 錢穆：《莊老通辨》（臺北：東大圖書公司，1991 年 12 月）中卷之上〈道家政治思想〉，頁 127。此外，郭沫若：《十批判書》（臺北：古楓出版社，1986 年）〈稷下黃老學派的批判〉中亦舉三十六章爲證，說明老子講的全是詐術，並以六十五章爲例說：「現存《道德經》裏面已經很露骨地在主張著愚民政策。」，頁 181。

[5] 任繼愈：《老子繹讀》，頁 145。大陸學者李零理解此章大義亦主「愚民」之說，其言：「古昔賢哲，都主張愚民，令人遺憾，不能不批判。《老子》也主張愚民。它說，統治者以道治國，不是爲了讓老百姓明白，而是讓他們糊塗。老百姓難治，主要麻煩，就是他們還有頭腦，太有頭腦。以智治國，對國家是大害，以不智治國，對國家才是大利。統治者只有明白這兩條，才有標準可依。有標準可依，才叫達到「玄德」。「玄德」的道理又深又遠，道理反著講，才就叫大順。」，參見氏著：《人往低處走：《老子》天下第一》，頁 201。

「古時有『道』的人，不是用『道』教人聰明，而是用『道』教
人愚昧。百姓所以難統治，由於他們知識多。所以用智治國，是
國家的災害；不用智治國，是國家的福氣」[6]。職是之故，老百
姓越是愚昧無知，越是容易管理的說法，便造就老子政治思想中
所謂「反智」、「愚民」的策略。這樣的閱讀路徑，其實是以文
字的表象意義來進行一種可能的解釋。

　　事實上，此一理解脈絡在《老子》詮釋史的歷史長河裏也是
有跡可尋的。宋儒二程、朱熹的老學思想，即主張「愚民」一
說，而明代學者的相關批評與駁斥，恐亦多是針對程朱觀點而
來。以伊川之說爲代表，如其曾云：

> 老氏之學，更挾些權詐，若言與之乃意在取之，張之乃意
> 在翕之。又大意在愚其民而自智，然則秦之愚黔首，其術
> 蓋亦出於此。[7]

除了指稱三十六章「將欲取之，必固與之」之類，是老子學說
「更挾些權詐」的關鍵所在之外，復揭示其大意在於「愚其民而
自智」，而秦政的愚弄百姓，蓋即源自此術。小程將秦始皇的惑
愚百姓之術，歸根於老子「愚民」思想，豁顯出宋儒以老子思想
入於權詐的義理向度，蓋爲其時理解角度之一。而所謂「愚其民
而自智」，是說用詐術愚弄百姓使之蒙昧，但卻自顯君王個人的
聰明巧智。此是將「秦之愚黔首」的政治策略，連結到運用老氏

6　任繼愈：《老子繹讀》，頁 145-146。
7　〔宋〕程顥、程頤：《河南程氏遺書》卷第十五，頁 152。

之學權詐之術的結果，人民愚笨、蒙昧而統治者聰明、慧黠，如此在上位者才能夠操控、玩弄人民於股掌之間，以達到有效統治與管理的目的。這種將老子思想視為智術使用的見解，在朱熹老學思想中更達到極致的發揮，甚至嚴重到攻擊老子學說的動機及其人格的形象[8]。然而，以這樣的觀察通孔與《老子》進行深密對話，是否真能如實理解老子學說？並且契應老子思想的精神方向？當有再仔細斟酌與商量的空間。劉笑敢《老子古今》中曾言：

> 老子絕非如程頤所說是「愚其民而自智」，……把一個提倡自然、無為的哲學家當成耍權術、玩詭計的陰謀家，老子在宋儒那裏所蒙受的不白之冤可謂久矣、深矣。[9]

誠如劉先生所言，將一個力主自然無為、渾樸純真，首出觀念在對峙、否定虛偽造作的思想家[10]，說成是一個大搞心機謀略的政

8　陳榮捷：《朱學論集》（臺北：臺灣學生書局，1988 年）〈朱子評老子與論其與「生生」觀念之關係〉一文中即認為朱子之屢屢攻擊老子為愚民、權詐之教，蓋從程子見解而來。其間對於朱子老學觀點多所發揮，頁 101-106。

9　劉笑敢：《老子古今：五種對勘與評析引論・上卷》第六十五章〈析評引論〉，頁 635。

10　牟宗三《中國哲學十九講——中國哲學之簡述及其所涵蘊之問題》第五講〈道家玄理之性格〉中即說：「無首先當動詞看，它所否定的就是有依待、虛偽、造作、外在、形式的東西，而往上反顯出一個無為的境界來，這當然就要高一層。……因為在春秋戰國時代文化出了問題，道家一眼看到把我們的生命落在虛偽造作上是個最大的不自在，人天天疲於奔命，疲於虛偽形式的空架子中，非常的痛苦。……道家首出的觀念，

治陰謀家，合理說服人的力道實在太薄弱。因此，首先要思考的是，老子所謂「愚民」的內在理蘊，到底是耍權術、玩詭計的詐術，抑或另有別解？望文生義將「愚」字解作愚弄使之蒙昧，是否恰當？且「愚」的指涉對象，究竟是指單方的民愚而已，抑或指君、民雙方同愚？其次，必須再細想的是，指稱老子主張「反智」之說，此一「智」字關涉的內涵是什麼？凡此，在在都得重新認真思考。明代注《老》解《老》者，於詮解六十五章的相關論述中，大抵同意老子確實主張「愚民」、「反智」之說，但是對於「愚」與「智」的內容意義，則力陳必須回歸到老子思想的整體脈絡中進行解釋，故絕非一般人所認為「愚笨」與「聰明」的對待關係。當然，明人對於程朱觀點多持反對意見，特別是駁斥「秦愚黔首本於老子」的舊說，更是不遺餘力。以下即根據明人詮解《老子》六十五章的種種立說，進行相關理論的建構與鋪排。

第二節　對於「秦愚黔首本於老子」的駁斥

一、「愚」是「故用險語」，非「役智以愚弄其民」

　　明代學者對於「秦愚黔首本於老子」一說之駁斥，主要表現在詮解六十五章之注文，或是針對此章的總評文字當中。因此，若能進行全面省察，當能清楚釐析過去之爭議，並建立明人所持

不必講得那麼遠，只講眼前就可以，它首出的觀念就是『造作』。虛偽造作最使得人不自由自在，道家對此有真切的感受，所謂存在的感受（existential susceptibility）」，頁91。

論點的基本輪廓及其理論內涵。首先，徐學謨《老子解》中點出
「愚」字之使用，乃是老子「故用險語」的修辭方式，其云：

> 此老子故用險語，即芻狗萬物之類，面盲者以為實然，後
> 世謂秦愚黔首，悉本於此，而不知秦政之弊，正在將以明
> 民，非愚之也。（《老子解·下篇》，頁 58B-59A）

徐氏反對「秦愚黔首本於老子」的說法，而其所提出反駁的理論
依據，乃以為「愚民」與第五章言「芻狗萬物」[11]相類，皆是老
子「故用險語」的表述技巧。此一方面凸顯出老子個人對於語言
文字的使用，有著高度自覺性的認知與反省；另一方面，則企圖
透過如是的論述方式，提供讀者一種警醒、深思的功能與作用。
事實上，「故用險語」亦正是「正言若反」[12]的表述方式之一。
若僅就文字表層進行粗略膚淺的解讀，很容易墮入誤詮的危險當
中，故稱此類言說為「險語」。其以為不能明白「險語」，便一
如「面盲者」，缺乏辨識能力，僅能憑依表象以為實然的理解。
然而，執持表象文字進行意義的對話，並不能精確掌握到老子學
說隱含的微言大義，此亦是世人不斷產生誤解之故。因此，若不

11　《老子》第五章言：「天地不仁，以萬物為芻狗；聖人不仁，以百姓為
　　芻狗。」，〔魏〕王弼注、樓宇烈校釋：《老子周易王弼注校釋》，頁
　　13-14。

12　「正言若反」語出《老子》七十八章，〔魏〕王弼注、樓宇烈校釋：
　　《老子周易王弼注校釋》，頁 188。須知「若反」之言，乃為彰顯「正
　　言」而立。關於「正言若反」，牟宗三《中國哲學十九講——中國哲學
　　之簡述及其所涵蘊之問題》第七講〈道之「作用的表象」〉中有精闢發
　　揮，頁 127-156。

仔細析別出老子「故用險語」之處,見其直指天地「不仁」、聖
人「不仁」,便照字面解釋經義,一逕將「不仁」視爲「仁」的
對立與否定。天地、聖人「不仁」,就是天地、聖人沒有仁愛之
心,將萬物、百姓視爲芻狗對待,這幾句話頭遂變成負面指涉的
語句。實際上,老子本意並非如此,而徐學謨也不是這麼看的。
徐氏《老子解》中針對「天地不仁」、「聖人不仁」即言:

> 天地不仁以萬物爲芻狗,聖人不仁以百姓爲芻狗,不仁者
> 非不欲仁之也,又非不自以爲仁也。蓋言天地聖人渾渾而
> 已、噩噩而已,無所謂仁也。其於民於物,適然而爲之,
> 已然而去之,猶祭之有芻狗也。生之、畜之、長之、育
> 之、成之、熟之、養之、覆之,一任其自然而已。(《老
> 子解・上篇》,頁 11B-12A)

言下之意,乃將天地、聖人的「不仁」解釋爲:「非不欲仁之
也,又非不自以爲仁也」,只是「一任其自然而已」。他認爲天
地、聖人皆以渾渾、噩噩[13]的態度面對萬物、百姓,以著無所偏
愛、無有恩意的方式,只是讓開一步——不干涉、不操控、不把
持,隨順本然天性發展便好。因此,「不仁」不是「不欲仁」,
也不是「不自以爲仁」,根本無所謂「仁」的概念,這是「故用
險語」的表述,想要傳達的是任其自然、無所偏私的理境。因

13　天地、聖人渾渾、噩噩的理境,與《老子》二十章所謂「昏昏」、「悶
　　悶」同意。二十章中說:「俗人昭昭,我獨昏昏;俗人察察,我獨悶
　　悶。」,〔魏〕王弼注、樓宇烈校釋:《老子周易王弼注校釋》,頁
　　48。

此，「不仁」是正話反說，它不是沒有仁、否定仁的意思，反而
是要警戒讀者進一步思考，如何才是「仁」的最佳表現方式？如
何在愛民、愛物的過程之中，無所分別、無所偏私，一任溥愛之
心自然流露，而無有虛矯、偏溺的情態發生。此當是主張不拘於
「一向之仁」，不溺於「一偏之仁」的仁心展現，從而彰顯天
地、聖人的「大仁」。故以「不仁」的「險語」來提點「仁」在
表露、流洩之時，無執、無私的理境。此當即莊子所謂「大仁不
仁」[14]之意，喻示著以更開闊豁達的大愛胸襟，去面對一切人物
的深意。

　　因此，「將以愚之」既與「不仁」、「芻狗萬物」相類，皆
屬老子的「故用險語」，蓋有其深刻指涉之意，似乎不能僅按文
字表面加以解釋。一般人思考的慣性，多半流於偏執正面價值，
故老子從反面立說，以「不仁」即是「大仁」，以「愚之」即是
「大智」構詮其思想，藉此以戳破世俗成見，並解構流於媚俗的
普世觀點。此類言說亦可謂之「悖論式」的語言修辭[15]，既不符
合一般邏輯，亦顯現矛盾之相，故易造成世人誤解。然而，此正
是《老子》一書中最引人入勝之處，企圖採取此一言說方式，逼
使讀者提高注意力，並停下來沉思其內容。否則，很可能攸攸忽

14　〔清〕郭慶藩編、王孝魚整理：《莊子集釋》卷一下〈齊物論第二〉中
　　即言：「夫大道不稱，大辯不言，大仁不仁，大廉不嗛，大勇不
　　忮。」，頁83。

15　所謂悖論式的語言修辭，參見〔英〕W. T. Stace著、楊儒賓譯：《冥契
　　主義與哲學》（臺北：正中書局，1998年7月）第五章〈冥契主義與邏
　　輯〉，頁341-380。

忽、似懂非懂，一下子就溜過去了[16]。針對這些難解章節，一般讀者或者執持表象文字不放，然後錯解其意並批評一番；要不就是焦慮困惑，陷入理解的膠著狀態。事實上，關鍵就在釐清這些「正言若反」的「險語」，檢視出「悖論式」的修辭方法。掌握此項重點，便能輕而易舉突破各式隱喻。諸如：「曲則全」、「枉則直」、「窪則盈」、「敝則新」[17]、「大成若缺」、「大盈若沖」、「大直若屈」、「大巧若拙」、「大辯若訥」[18]之類，皆展現「悖論式」的辯證理境。而老子哲學中的辯證語句，既是一種生命理境，則非屬思辯式的理解，而是與精神修養緊密相扣，係屬於實踐式的智慧語句。細察《老子》一書中雖無「大智若愚」一辭，但由此類言說，蓋得以推衍出「將以愚之」，實即「大智若愚」的表現，故此「愚」字乃代表著理想人格的形象，是心性修養的圓融理境，並非指愚蠢蒙昧之意。因此，徐學謨不僅反對「秦愚黔首本於老子」一說，更進一步指出秦政之弊，非但不是「愚民」之故，反而是「明民」之下的結果。

尤有進者，趙統《老子斷註》乃以為六十五章重點在衍義「示人以玄德之治，以成乎大順之化」之旨，絕無「役智以愚弄

---

[16] 〈冥契主義與邏輯〉「修辭悖論理論」一節中即言：「悖論是種重要的修辭技巧，作者為了表達某事，想以戲劇化的方式引人入勝時，他往往會採用這種技巧，逼使讀者注意並沉思其內容。否則，讀者很可能攸攸忽忽，似懂非懂，一下子就溜過去了。因此，作者在任何主題上，都有權利使用這種悖論的手法。」，《冥契主義與哲學》，頁346。

[17] 語出《老子》二十二章，〔魏〕王弼注、樓宇烈校釋：《老子周易王弼注校釋》，頁55-56。

[18] 語出《老子》四十五章，〔魏〕王弼注、樓宇烈校釋：《老子周易王弼注校釋》，頁122-123。

其民」之意，茲將其論點節錄如下：

> 此示人以玄德之治，以成乎大順之化也。大順即太和混沌
> 之初，樸記言無所不順之備，又此其衍義也。古之善為道
> 者，即玄德之聖人也。將以愚民，是與民相忘於玄德之
> 中，如春登臺，不識不知之愚也。是知智愚之楷式，治之
> 以不智，先自愚而與之同愚者也，非役智以愚弄其民，如
> 秦愚黔首之謂也。（《老子斷註‧二》卷之四，頁 41B-
> 42A）

引文重點有三：其一，提出「將以愚民」之「愚」，乃是「與民
相忘於玄德之中，如春登臺，不識不知之愚也」，明顯不將
「愚」字解作愚蠢蒙昧的負面意義，而是「與民相忘」、「不識
不知」的人格修養；其次，說明「愚之楷式」，即是「不以智治
國」，並揭櫫此楷式絕非秦愚黔首——「役智以愚弄其民」之
謂；其三，則點出「愚之楷式」的指涉對象，當是雙向地君、民
同愚。且在先後次序上，乃是君王先自愚，而後使百姓與自己一
樣愚，此即「先自愚而與之同愚者也」。如果將「愚」字解作愚
笨，為圖管理統治的方便，君王自己聰明，卻一昧地愚弄壓抑百
姓，以為百姓越笨越好，這樣的單向愚民，當然別具機心巧智，
是入於權詐之術，亦即「役智以愚弄其民」。細觀趙統之言，其
一方面強調「愚」字另有別解，蓋有異於程朱解作愚弄使之蒙昧
之意；另一方面又主張君、民同愚，此又有別於文前伊川所言

「愚其民而自智」的看法[19]。如是見解，足以代表明代注《老》解《老》者的意見，多數主張老子所謂「非以明民，將以愚之」，迥異於歷史上秦政的「惑愚黔首」、「役智以愚弄其民」。趙統結論則言：

> 善為道者至此可謂善於用愚，天下同愚而棄智矣。如古之衢歌擊壤之歌是愚之聲、愚之象也。善為道者至此而民物化矣，皆反而復歸於始於樸，於不識不知之大順，是為無為之治。（《老子斷註・二》卷之四，頁 42B-43A）

具有「玄德」的聖人，落實道治天下的理念，故能君與民同愚，使人民與萬物同化，以達到物我合一。趙氏以爲老子的「愚民」，乃是「善於用愚」的結果，其最高境界則是「天下同愚而棄智」。所言「棄智」，乃是君、民「皆反而復歸於始於樸，於不識不知之大順，是爲無爲之治」，故所棄之「智」，乃屬機心巧詐之智，是精明俗智的負面意義。據此，趙統乃特別標榜帝堯治理天下之境，有如〈堯時康衢童謠〉所唱：「立我蒸民，莫匪爾極。不識不知，順帝之則。」[20]；以及〈擊壤歌〉所言：「日

---

[19] 牟鍾鑒：《老子新說》（北京：金城出版社，2009 年 7 月）中即言：「學界以往有人認為老子此章宣揚愚民政策，其實是一種誤解。愚民政策的特點是要己智而民愚，這樣便於統治。但是老子是希望己愚民也愚，這就與愚民政策不同了。」，頁 211；劉笑敢：《老子古今：五種對勘與評析引論・上卷》第六十五章〈析評引論〉中也說：「他的『不以智治國』的聖人就是愚的榜樣。老子是要己愚在先，民愚在後。原文清清楚楚，如果沒有偏見，實在不應誤解。」，頁 635。

[20] 〔宋〕郭茂倩編撰：《樂府詩集》（臺北：里仁書局，1980 年 12 月）

出而作，日入而息。鑿井而飲，耕田而食。帝何力於我哉！」
[21]，詩歌中純然流露出天下大和、百姓無事之氛圍。趙統以爲此
治即是「愚之聲」、「愚之象」，蓋以帝堯之世爲「玄德之
治」、「無爲之治」的表徵。此誠如洪應紹所言：「愚之者，不
識不知，帝力何有！」（《道德經測・二》，頁 40A）；以及林
兆恩所言：「故其民皞皞熙熙，至於耕田鑿井，猶曰帝力何有於
我！」（《道德經釋略・二》卷六，頁 10B-11A），皆是同一思
路。因此，明代學者所理解的愚民之治，絕非秦愚黔首下的愚民
政策，而係將「愚」字視爲老子學說中一個特殊的概念或術語。
據此，「愚」所指涉的義理內蘊究竟爲何，當是至關重要的焦
點。以下即就彼等訓釋「愚」字之內容，進一步加以分析說明
之。

二、「愚」是「使之醇樸」、「若昏悶悶」、「渾樸相忘」之意

　　關於「愚」字的訓釋解義，明人大抵立足於王弼注《老》的
基礎點上，進一步推擴衍義其觀點。薛蕙《老子集解》詮解六十

卷第八十八〈堯時康衢童謠〉，頁 1231。〔周〕列禦寇：《列子》（臺
北：藝文印書館，1975 年 9 月）卷第四〈仲尼〉第四中亦載：「堯治天
下五十年，不知天下治歟？不治歟？不知億兆之願戴己歟？不願戴己
歟？顧問左右，左右不知。問外朝，外朝不知。問在野，在野不知。堯
乃微服游於康衢，聞兒童謠曰：『立我蒸民，莫匪爾極。不識不知，順
帝之則。』堯喜問曰：『誰教爾爲此言？』童兒曰：『我聞之大夫。』
問大夫，大夫曰：『古詩也。』堯還宮，召舜，因禪以天下。舜不辭而
受之。」，頁 62。

[21] 〔宋〕郭茂倩編撰：《樂府詩集》卷第八十三〈擊壤歌〉，頁 1165。

五章中即言：

> 智慧者，僞薄之源也。古之善爲治者，非以明民，開其智
> 慧，固將愚之，使之醇樸耳。民之愚也，質樸之性尚未
> 失，故教化爲易施，誠信之心尚未變，故禁令爲易從。及
> 其智多，則淳樸盡而巧詐滋，欲訓道而整齊之，蓋甚難
> 矣，古人不明民而愚之者，爲此故耳。賊，害也。用智治
> 國，則民化而爲智，造僞飾詐，是國之害也。不用智治
> 國，則民化而爲樸，黎民醇厚，是國之福也。王輔嗣曰：
> 「民之難治，以其多智，當令無知無欲。而以智術動民，
> 邪心既動，復以巧術防民之僞，民知其（術）[22]，防隨而
> 避之，思惟密巧，奸僞益滋，故曰：『以智治國，國之
> 賊』也。」（《老子集解・下卷》，頁 18A-18B）

薛蕙以爲老子所謂「明民」是「開其智慧」，而「愚民」則是
「使之醇樸」之意。此處所言「智慧」，是指「僞薄之源」，蓋
指虛僞澆薄之智。「及其智多，則淳樸盡而巧詐滋」，即是揭露
人民智術增多，巧詐之心就會日益滋生，可見得「開其智慧」是
一個負面的事情。薛氏主張「不明民而愚之者」，就是要防止奸
巧之心的萌發，避免這些機巧日漸蒙蔽質樸本性。其後，則進一
步徵引王弼之說作爲印證。王弼認爲老子確實高揭「反智」旗
幟，此主要即在於其所言「智」，意指造僞飾詐的智術。而其以

---

[22] 此處當缺漏「術」字，予以補上。薛蕙所援引王弼之注文，與《老子周
易王弼注校釋》之注文稍異，但不影響文意。參見〔魏〕王弼注、樓宇
烈校釋：《老子周易王弼注校釋》，頁 168。

為老子之「愚」，則是樸實自然、醇厚守真之意。王弼注《老》中，將「愚」與第三章所言「無知」[23]互訓，其注有云：「愚，謂無知守真，順自然也」[24]，意指持守自然純真的愚樸本性，蓋是無為而治的重要指標[25]。若能如是，則其所標榜的政治舉措與施作方針，當是傾向政簡刑輕、順物自然，而不輕舉妄為的無為、好靜、無事、無欲之治[26]。

　　同樣的，沈一貫《老子通》中亦以「愚」為「抱樸」之意，其云：

> 古之善為道者，以恬養知，以性開天，不欲自見其賢，為光耀以炫世，抱樸而已。夫其自治尚爾，而況其治人乎哉？故不尚賢，不貴難得之貨，不見可欲。慄慄焉，為天下渾其心，而使民淳淳，惟恐民之好智，而鑿其天性之樸也。故曰：「非以明民，將以愚之」也。（《老子通·卷之下》，頁38B）

23　《老子》第三章言：「是以聖人之治，虛其心，實其腹；弱其志，強其骨。常使民無知無欲，使夫智者不敢為也。為無為，則無不治。」，〔魏〕王弼注、樓宇烈校釋：《老子周易王弼注校釋》，頁8。

24　〔魏〕王弼注、樓宇烈校釋：《老子周易王弼注校釋》，頁168。

25　〔清〕郭慶藩編、王孝魚整理：《莊子集釋》卷七上〈山木第二十〉中曾載：「南越有邑焉，名為建德之國。其民愚而樸，少私而寡欲。」，頁671。此中所謂「愚而樸」，即是將愚、樸視為同義詞，可與老子思想互相發明。

26　此即《老子》第五十七章中所云：「故聖人云，我無為而民自化，我好靜而民自正，我無事而民自富，我無欲而民自樸。」，〔魏〕王弼注、樓宇烈校釋：《老子周易王弼注校釋》，頁150。

「惟恐民之好智，而鑿其天性之樸」一說，蓋爲其主張「尙
愚」、「反智」的主要論點。沈氏認爲一國之君治理天下當「渾
其心」，本著「以恬養知」[27]、「以性開天」[28]的工夫修治心
性，以達至「使民淳淳」的理想化境，此即是「將以愚之」之
謂。文後特別援引《莊子・胠篋》「故天下每每大亂，罪在於好
智」一段，與老子「民之難治，以其智多」交相證解，藉以加強
論證的理據。《老子通》中復言：

> 故弓弩畢弋機變之智多，則禽亂於上矣；鉤餌網罟罾笱之
> 智多，則魚亂於水矣；削格羅絡罝罘之智多，則獸亂於澤
> 矣；智詐漸毒頡滑堅白解垢同異之變多，而天下始大亂
> 矣，上以智御下，下以智應上，巧言孔壬奸臣賊子，始則
> 侵權怙執，若蟓螣之賊心，而不知終則凶，圖禍謀若梟獍
> 之反賊，而不制患，皆始於尚智也，不謂國之賊而何？
> （《老子通・卷之下》，頁 38B-39A）

27　〔清〕郭慶藩編、王孝魚整理：《莊子集釋》卷六上〈繕性第十六〉中
　　言：「古之治道者，以恬養知；知生而无以知爲也，謂之以知養恬。知
　　與恬交相養，而和理出其性。」，頁 548。此中「以恬養知」，是說以
　　內心的恬靜來涵養生命的智慧。

28　〔清〕郭慶藩編、王孝魚整理：《莊子集釋》卷七上〈達生第十九〉中
　　言：「不開人之天，而開天之天，開天者德生，開人者賊生。」，頁
　　638。「天」指自然，「以性開天」意指動則順乎自然之性。〔宋〕劉
　　槩注《老》六十五章中即曾說：「不以智治國者，開天者也；以智治國
　　者，開人者也；開天則順，順則行其所無事。其政所以不嚴而治。開人
　　則鑿，鑿則失于太察，其民所以不淳而缺。」，參見〔明〕焦竑：《老
　　子翼・二》（《無求備齋老子集成・初編》）卷之二，頁 45B。

此中「引《莊》解《老》」，確實更能彰顯出老子反對攻心鬥智、多智巧詐的想法。〈胠篋〉[29]中以自然界的經驗事證為例，當我們用盡心思在建造搜捕鳥、魚、獸的器械機關時，就不能避免「鳥亂於上」、「魚亂於水」、「獸亂於澤」的後果。同樣的，當欺詐、機巧、堅白、詭偽、同異的言辯，愈來愈繁多複雜之時，世人也就難免被各式花俏言語迷惑了。因此，天下之所以常常大亂，罪過就在於喜好賣弄巧智機伶的關鍵之上。此即沈一貫所言「上以智御下，下以智應上」的政治現象，在上的君王越是精明多智，在下的人民作偽行惡的本領也就越大，大亂的根源，即在於此。事實上，《老子》第五十八章所言：「其政悶悶，其民淳淳；其政察察，其民缺缺」[30]，宏揚的就是這種君民互動的關係。也就是說，在上位者施政若是清靜寬厚，他所治理的人民就會悶悶昏昏、敦樸淳厚。相反的，若是施政嚴苛煩碎，人民就會日漸狡獪，生養出各種小聰明來。因此，「其政悶悶」是指清靜「無為」之政，「其政察察」則是指繁苛「有為」之政[31]，而君民的「守愚」，也就是保有天性之樸，此即「悶悶之政」的重要表徵。朱得之《老子通義》詮解六十五章即頗能深得

---

29 〔清〕郭慶藩編、王孝魚整理：《莊子集釋》卷四中〈胠篋第十〉中說：「上誠好智而無道，則天下大亂矣。何以知其然？夫弓弩畢弋機變之智多，則鳥亂於上；鉤餌罔罟罾笱之智多，則魚亂於水矣；削格羅落罝罘之智多，則獸亂於澤矣。智詐漸毒頡滑堅白解垢同異之變多，則俗惑於辯矣。故天下每每大亂，罪在於好智。」，頁359。

30 〔魏〕王弼注、樓宇烈校釋：《老子周易王弼注校釋》，頁151。

31 關此，參見陳鼓應：《老子今註今譯及評介》第五十八章「引述」，頁246。

此意[32]，其云：

> 言古之知治道者，凡其設施非欲開民之知識，實欲反其誠
> 樸也。察察之政，利器示人，開其知識也；悶悶之政，為
> 天下渾其心，反其誠樸也。知識開而日漓誠樸，反而日
> 淳，非以道治天下者，孰能察其幾乎。（朱得之《老子通
> 義·下篇》，頁31A）

言下之意，乃主張政令愈是繁瑣攪擾，百姓愈是狡猾油滑的觀
點。朱氏認為老子所言「悶悶之政」，即是「為天下渾其心，反
其誠樸也」，此蓋與沈一貫同調。老子不僅期望人民復歸其真樸
本性，更希望統治者以身作則，也能時時持守質樸本性。因為造
成社會混亂的主因，就在於人們的機詐相見、爾虞我詐。因此，
朱得之總結言：「為道蓋以復民性為主，民性復而天下治矣！」
（《老子通義·下篇》，頁31A）。人民之所以難於管理，就在
於慣用太多的詭詐心機，在上位者若是善於行道，就應該以真樸
之心導引人民，如此才會有良好政風。若是統治者機心滿腹，人
民就會有更甚於他的多見巧詐，此即「道高一尺，魔高一丈」。
因此，為政之道不在於讓人民開其智巧，而是要無知無欲、渾悶
其心，不以知識聰明去偽作，而能以恬靜樸質自守，如此便能在
擾攘人世中，時時復返靜定純樸的本性，此即「民性復而天下治
矣」。這是老子道治天下的理想藍圖，亦是其「尚愚」、「反

32　〔明〕朱得之：《老子通義》依循孔穎達分《老子》為六十四章，今本
　　六十五章其歸為五十一章。

智」的義理脈絡。

　　洪應紹《道德經測》亦作如是觀，其詮解六十五章之時，即與五十八章「察察之政」、「悶悶之政」交相比附，他說：

> 察察昭昭所謂明之也，若昏悶悶所謂愚之也。明之者，是非之心明，是非從之而起。是非之末，或化為爭鬥。……愚無為還于混沌，智有為雕其太樸。故楷式者，物理一定，不可與易者也。（《道德經測‧二》，頁40A）

　　「明之」是「察察昭昭」，而「愚之」則是「若昏悶悶」。蓋亦將「以明治國」況喻「察察之政」，而「以愚治國」則是「悶悶之政」。洪氏以為「明」是挑起「是非之心」的根源，而此「是非之心」一旦萌動，最後則「化為爭鬥」。洪氏進一步又以「愚」為「無為」之喻，象徵還返「混沌」；而「智」則是「有為」，是「雕其太樸」，比喻本始渾樸的割裂與流失[33]。因此，

33　〔清〕郭慶藩編、王孝魚整理：《莊子集釋》卷三下〈應帝王第七〉中載：「南海之帝為儵，北海之帝為忽，中央之帝為渾沌。儵與忽時相與遇於渾沌之地，渾沌待之甚善。儵與忽謀報渾沌之德，曰：『人皆有七竅以視聽食息，此獨无有，嘗試鑿之。』日鑿一竅，七日而渾沌死。」，頁309。「渾沌」即是「混沌」，象徵質樸自然、渾淪完整的生命狀態。「日鑿一竅」，「渾沌」一旦被鑿穿之後，生命渾全不分的整體遂被割裂，質樸狀態隨之流失，這是造成死亡的主因。賴錫三：《莊子靈光的當代詮釋》第六章〈道家的神話哲學之系統詮釋——意識的「起源、發展」與「回歸、圓融」〉中即以為「鑿竅」代表著感官和意識的起源，和朝向對象物的表象作用，從此以後，人便不再昏昏悶悶，而是昭昭察察了，頁186。

老子力陳「以愚治國」，乃是重視君民渾樸、昏悶的工夫修養，訴求「悶悶之政」之下，所開出「無為而治」的理想政治格局。其主張「不以智治國」，即是反對「察察之政」，防止君民流於奸險巧詐的現象發生。此當是老子有感於當時政治社會智巧日生、詐偽百出的嚴重問題，與時代深刻對話之後所產生的自覺反省與思考。

明代學者將「以愚治國」比附「悶悶之政」者頗多，茲列舉數例說明如下：

> 善為道，體道之深者也。明民者，其政察察，以國之利器示人也；愚之者，其政悶悶，為天下渾其心也。（王道《老子億・卷之下》，頁48B）

> 道寓於無名之樸，而人之智慧一起，則巧詐橫生。故古之善為道者，非欲開民之知覺而使之明，將以黜其聰明而使之愚，豈愚之能勝明哉？民之難治，非為其愚而不明也，為其智多而過於明故耳。故其政察察，似乎明無不照，人莫能欺，而是非互起、情偽交攻，亂萌從此為矣，非但不可以為福，而實國之賊也。不以智治國，其政悶悶，似乎法有所遺，民易為亂而真純不鑿，知識俱忘，大道之行而天下為公矣，非但不能為之禍，而實國之福也。（徐學謨《老子解・下篇》，頁57B-58A）

> 古之善治國者，不以昭昭之明、察察之智以示其民，但敦樸其風、淳厚其俗而教養之，則民亦怡怡其心、熙熙其

志，無願無慕以安其分，則上下同德以洽，雍熙之化也。
民之難治者，良由在上之人任智術、尚權力，民心懷疑，
是以難治也。（王一清《道德經釋辭》，頁 60A-60B）

王道清楚揭示「明民者」爲「察察之政」，「愚之者」爲「悶悶
之政」；徐學謨則言「人之智慧一起，則巧詐橫生」，此「智
慧」當指僞詐之智。因此，善爲道者「非欲開民之知覺而使之
明，將以黜其聰明而使之愚」。「明」是開其心眼，心眼一旦被
開啓，便日喪其渾樸天眞，在愈發精巧聰明之下，遂造成「是非
互起」、「情僞交攻」的結果。「黜其聰明而使之愚」當是爲政
者最重要的治國方針，人民之所以難於管理，絕非在於「愚而不
明」，反而是「智多而過於明」的緣故。王一清亦執此觀點，其
以爲善於治理天下者，不以「昭昭之明」、「察察之智」告示人
民，反而必須以「敦樸其風」、「淳厚其俗」教養人民，但使人
民「怡怡其心」、「熙熙其志」，這就是「悶悶之政」的全幅景
象。而「任智術」、「尚權力」的政風，則是造成「民心懷疑」
的「察察之政」。林兆恩《道德經釋略》詮解六十五章亦屬此一
思路，其言：

> 林子曰：何以謂之明民，何以愚之，豈不以是非之心明，
> 則是非從而生乎，利害之心明，則利害從而起乎。聖人
> 者，不以利害惕其外，是非搖其中，故其民皞皞熙熙，至
> 於耕田鑿井，猶曰帝力何有於我！其利害是非之心尚未明
> 與，故曰：不以智治國，國之福。（《道德經釋略》卷
> 六，頁 10B-11A）

此中蓋以爲老子主張「不以智治國」，乃欲使其人民「不以利害惕其外，是非搖其中」。因此，所謂「愚民」，是使其人民「是非之心無從生、利害之心無從起」，如此造就而成的政治風景，彷若帝堯之世的治理天下——「其民皞皞熙熙，至於耕田鑿井，猶曰帝力何有於我！」。林兆恩以「明民」爲「利害是非之心之明」，「愚民」則是「是非之心無從生、利害之心無從起」，強調人民保有純眞無爭的本性，就能過著一種光明和樂、安詳平靜的生活。

張洪陽《道德經註解》中，特別強調老子的「愚民」，絕非君王「用術去愚他」，而是要與百姓彼此「渾樸相忘」之意，他說：

> 今之稱善治者，率以明智爲先，然不知古之善爲道者，非以明民，將以愚之。不是用術去愚他，蓋與之渾樸相忘云爾。夫民之所以難治者，正在智多，若以智治之，奸僞百出，國之賊也。不以智而以無爲順治之，則上下相安，太平之福也。（《道德經註解·卷之下》，頁 14A）

張氏反對將「愚」視爲統治者用陰謀詐術去愚弄、晃點百姓的說法，其宣稱「愚民」是做君王的「與之（民）渾樸相忘云爾」。統治人民最麻煩的就在於智多，智多則其心缺缺，結果是「奸僞百出」，故不主張「以智治國」；而「以愚治國」，則其心醇醇，是「以無爲順治之，則上下相安，太平之福也」[34]。剋就百

34　〔明〕陸長庚：《老子道德經玄覽·二》（《無求備齋老子集成·初

姓而言，「渾樸相忘」是雖有政府存在，但一點也沒有政府存在
的壓迫感，如此有政府卻像是沒有政府的樣子，政權壓力全然解
消，讓百姓保有自身純然的本性，然後順應本性去發展、揮灑，
就是最好的世代。最好的世代，就是根本忘記了政府，人民也彷
彿不知有帝力的存在。就上位者而言，「渾樸相忘」是效法《老
子》第五十一章中所言「道」的創生萬物——「生而不有，爲而
不恃，長而不宰」的「玄德」[35]，不命令、不干涉、不操控、不
把持，一切順任自然，不具佔有意欲，讓人民順著本然樣貌去自
生、自長、自成。功成事遂之後，百姓都說：我們是自然如此
的，一點也沒有外力強加的感覺。此即是「君民同愚」所達到一
種「渾樸相忘」的最高理境，也是「無爲而治」的底蘊。據此，
五十一章「生而不有，爲而不恃，長而不宰」之「玄德」，乃可
與六十五章「玄德深矣，遠矣，與物反矣，然後乃至大順。」合
觀互訓，此「玄德」即是不干擾、管控人民，使其復歸眞樸，順
應自然本性去發展。趙統《老子斷註》所言：「將以愚民，是與
民相忘於玄德之中，如春登臺，不識不知之愚也。」（卷之四，
頁 41B），即是此意之發揮。

編》）中即說：「『故以智治國，國之賊。』，智慧出而大僞滋也；
『不以智治國，國之福。』，歸於朴而天眞完也。」，頁 120A；
〔明〕王道：《老子億・二》（《無求備齋老列莊三子集成・補編
（一）》）中亦云：「以智治國，明之也。然而其民缺缺矣，害孰甚
焉；不以智治國，愚之也。然而其民醇醇矣。福孰大焉。」，頁 49A。

35 《老子》五十一章中說：「道之尊，德之貴，夫莫之命而常自然。故道
生之，德畜之：長之、育之、亭之、毒之、養之、覆之。生而不有，爲
而不恃，長而不宰，是謂玄德。」，〔魏〕王弼注、樓宇烈校釋：《老
子周易王弼注校釋》，頁 137。

　　事實上，《老子》一書中即曾以「愚人」作爲稱許自我修養的理想境界，如其二十章中所言：「我愚人之心也哉！沌沌兮！俗人昭昭，我獨昏昏；俗人察察，我獨悶悶。」[36]。如果一個統治者能夠作爲「愚」的榜樣，使其自身與百姓皆能「沌沌」、「昏昏」、「悶悶」，那麼就能夠「無知無欲」、「不識不知」、「渾樸相忘」，以達到清靜無爲的政治理想。可以想見老子思想中當以「愚」、「昏昏」、「悶悶」、「沌沌」、「渾渾」、「無爲」、「無知」爲同義詞組，係屬心靈宇宙的重要修養工夫，且皆指涉正面意義的概念[37]。而「智多」則「奸僞百出」、「巧詐橫生」的說法，則是老子之所以主張「反智」的主要原因，故「智」作爲一種精明俗智，是「機心巧智」、「僞薄之源」的說法，乃指涉負面意義的概念。釐清此一理解脈絡之後，就能明白老子何以主張「愚民」、「反智」之說[38]。此外，

36　〔魏〕王弼注、樓宇烈校釋：《老子周易王弼注校釋》，頁47-48。

37　「愚」字之使用，在《老子》一書中是有歧義的。例如三十八章言：「前識者，道之華而愚之始。」，〔魏〕王弼注、樓宇烈校釋：《老子周易王弼注校釋》，頁93。此「愚」字則是「愚昧」之意，與二十章、六十五章之「愚」字意思不同。王弼注三十八章嘗言：「竭其聰明以爲前識，役其智力以營庶事，雖得其情，姦巧彌密，雖豐其譽，愈喪篤實。」，〔魏〕王弼注、樓宇烈校釋：《老子周易王弼注校釋》，頁94。此中點出「竭其聰明」、「役其智力」，只會導致姦巧萌發、篤實淪喪，而這不過是道的虛華，是愚昧的開始。可見得王弼以爲「竭其聰明」、「役其智力」，反而是一種愚蠢的表現，此與六十五章旨意大抵相同。

38　事實上，〔漢〕河上公注《老》即是此一思路，其注此章云：「謂古之善以道治身及治國者，不以道教民，使明智巧詐也。將以道德教民，使朴質不詐僞。民之所以難治者，以其智多，故爲巧僞。」，《老子四

明代學者亦多將「非以明民，將以愚之」，與孔子所言「民可使由之，不可使知之」[39]共觀，以為兩者意正相合。在批駁「秦愚黔首本於老子」一說之餘，同時徵引孔子之言作為驗證，藉此以加強反駁的力道。誠如下列學者解《老》中所言：

> 孔子亦曰：「民可使由之，不可使知之。」其指正與老子合，惜世儒不能解。（徐學謨《老子解》，頁59A）

> 孔子曰：「民可使由之，不可使知之。」何以言之？生民之初，混沌未鑿，智慧未開，教之則易施，令之則易從。逮夫積習於智偽，舞術以自便，巧文以避法，而上之人始無如之何矣。民之不可明也如此。（朱得之《老子通義・下篇》，頁31A）

> 此言聖人治國之要，當以樸實為本，不可以智誇民也。明者，昭然揭示之意；愚者，「民可使由之，不可使知之。」之意。（釋德清《老子道德經解・二》，頁37A）

種》（臺北：大安出版社，2003年8月），頁81；〔宋〕范應元：《老子道德經古本集注・二》（《無求備齋老子集成・初編》）中亦持此說，其云：「『將以愚之』使淳朴不散，智詐不生也。所謂『愚之』者，非欺也，但因其自然，不以穿鑿私意導之也。不循自然，而以私意穿鑿為明者，此世俗之所謂智也。」，頁53B-54A。

39 語出《論語・泰伯》。〔宋〕朱熹：《四書章句集注・論語集注》卷四，頁141。

　　明則日漓，愚則日淳，非深於道者，其孰能知之。子曰：
　　「民可使由之，不可使知之。」意與此合。（王道《老子
　　億・卷之下》，頁 48B）

「民可使由之，不可使知之」[40]的爲政思想，確實因爲斷句的差
異，在後孔子時期，被義解爲鼓吹愚民政策[41]。明人在替老子澄
清誤解的同時，亦舉《論語》此說爲例，印證老子「非以明民，
將以愚之」與孔子「民可使由之，不可使知之」意正相合，兩者
皆非推行「愚民」政策。朱得之還特別申述孔子此一立言之意
爲：「生民之初混沌未鑿，智慧未開，教之則易施，令之則易
從，逮夫積習於智僞，舞術以自便，巧文以避法，而上之人始無
如之何矣。民之不可明也如此」，此一解讀內容明顯應合明人詮
解「非以明民，將以愚之」之意。釋德清、王道亦直接將「以愚
治國」比附「民可使由之，不可使知之」，其中言「此言聖人治
國之要，當以樸實爲本，不可以智誇民也」、「明則日漓，愚則

40　「民可使由之，不可使知之。」，朱熹注曰：「民可使之由於是理之當
　　然，而不能使之知其所以然也。」；程子則曰：「聖人設教，非不欲人
　　家喻而戶曉也，然不能使之知，但能使之由爾。若曰聖人不使民知，
　　則是後世朝四暮三之術也，豈聖人之心乎？」，〔宋〕朱熹：《四書章
　　句集注・論語集注》卷四，頁 141。程朱的詮解皆非自「愚民」角度闡
　　述。
41　「民可使由之，不可使知之」，是《論語》中相當具爭議性的一章，學
　　者嘗試從斷句的方式來解決紛爭，似乎仍無法達成共識。目前觀察至少
　　有五種以上不同的句讀，且各有其解讀內容。雖然眾說紛紜，但是主要
　　爭辯的核心，即落在孔子是否鼓吹愚民思想的焦點之上。相關論說，受
　　限於篇幅，此處暫不贅述。

日淳」，亦十足彰顯時人詮解六十五章的普遍共識。而提舉孔子言說來交相呼應，證明孔、老不相違背，或許是替老子辯誣，最強而有力的一種方式。

最後，值得注意的是，明代學者亦喜援引宋儒周濂溪〈拙賦〉，藉以總結六十五章之意，薛蕙、朱得之章後總評中即言：

> 濂溪先生〈拙賦〉曰：「巧者言，拙者默；巧者勞，拙者佚；巧者賊，拙者德；巧者凶，拙者吉。嗚呼！天下拙，刑政徹。上安下順，風清弊絕。」周子之意，與此章之指相近，故朱子謂其言似莊老云。（薛蕙《老子集解・下卷》，頁 18B-19A） [42]

> 濂溪先生曰：「巧者言，拙者默；巧者勞，拙者佚；巧者賊，拙者德；巧者凶，拙者吉。嗚呼！天下拙，刑政徹。上安下順，風清弊絕。」周子之意與此章之指相近，是以晦庵謂其言似莊老云。愚謂是非之心人所同也，肆觀國初開創，上下俱醇樸，故政簡而民安；叔季之世，上下俱鬥智術，故政繁而民亂。民亂而智者死、愚者存，愚者存而天心安，天心安而聖人出，天下定矣。（朱得之《老子通義・下篇》，頁 32A）

周濂溪〈拙賦〉是在「患世多巧」[43]的問題意識之下所作的，其

---

[42] 〔明〕林兆恩：《道德經釋略・二》（《無求備齋老子集成・初編》）詮解六十五章最後，亦援引薛蕙此段文字做為結論，頁 11B-12A。

[43] 〈拙賦〉全文如下：「或謂予曰：『人謂子拙？』予曰：『巧，竊所恥

中以「巧」與「拙」相對，力主以「拙」防「巧」之弊。明代學者以爲周子〈拙賦〉與《老子》六十五章意旨相近，故多提及朱子嘗指稱周子〈拙賦〉之言「似莊老云」。蓋老子亦欲以「愚」防「智」之弊，故以「巧」喻「明民」，以「拙」喻「愚民」，而「天下拙，刑政徹。上安下順，風清弊絕」，即是「悶悶之政」的眞實寫照。朱得之所謂「上下俱醇樸，故政簡而民安」、「上下俱鬪智術，故政繁而民亂」，即是「拙政」、「巧政」的鮮明對比，前者可謂「以愚治國」，而後者則是「以智治國」，兩者所呈現出的政治局面確實明顯有所不同，而老子終歸以「尚愚」、「反智」作爲其理想政治藍圖的訴求。凡此，是爲明代老學研究者論述老子「愚民」、「反智」思想主要的義理趨向與內容。

結　語

針對這個爭論的議題，現代學者陳榮捷即嘗評述說：

> 老子「古之善爲道者，非以明民，將以愚之」，最受人攻擊。朱子亦非例外。然此實斷章取義。老子下文即云，「民之難治，以其智多。以智治國國之賊，不以智治國國

也，且患世多巧也。』喜而賦之：『巧者言，拙者默；巧者勞，拙者佚；巧者賊，拙者德；巧者凶，拙者吉。嗚呼！天下拙，刑政徹。上安下順，風清弊絕。』」，見〔宋〕周敦頤：《周子全書》（臺北：廣學社印書館，1975 年 6 月）卷十七，頁 334。此實亦是《老子》四十五章所言：「大巧若拙」之意。

之福」。此所謂智，即權術之智。是以聖人之智，「使夫
智者不敢為」，而聖人本人亦「我愚人之心也哉」。且老
子云，「聖人無常心，以百姓之心為心」。安得為愚民
乎？[44]

陳先生援引《老子》其他各章為老子辯護，說明朱子攻擊老子
「愚民」，以為老子耍弄陰謀捭闔之術，乃是斷章取義造成的誤
解。劉笑敢《老子古今》中也說：

如果不斷章取義的話，本章所說「非以明民，將以愚之。
民之難治，以其智多。……不以智治國，國之福」是無論
如何不應該解釋為單向的愚民政策的。愚民政策是統治者
愚弄百姓以利於欺騙的統治方法，是以統治者之智謀來蒙
蔽百姓。老子卻從來不主張統治者欺騙任何人。為道者
「非以明民，將以愚之」的「愚」不是愚弄，而是「大智
若愚」的「愚」，是純樸之愚。以「不智」治國是統治者自
己首先不玩弄權謀，不玩弄權謀才能維持自然的秩序。[45]

確實，將一個提倡自然無為，主張歸純反素、復歸於嬰兒的哲學
家，說成是玩弄詭詐的陰謀專家，這樣的詮解方向確實令人充滿
不安。劉先生以為「愚」不是愚弄，而是「大智若愚」的
「愚」，是「純樸之愚」的說法，實與明人「愚而樸」的老學見

---

[44]　陳榮捷：〈朱子評老子與論其與「生生」觀念之關係〉，頁105。
[45]　劉笑敢：《老子古今：五種對勘與評析引論·上卷》第六十五章〈析評
　　　引論〉，頁636-637。

解交相一致。

　　經過本章的推論衍義，對於老子何以提出「愚民」、「反智」的主張，其間思維理路的形成當可清晰明白。而明代學者企圖駁斥「秦愚黔首本於老子」的舊說，亦能一併加以深入闡釋。首先，必須釐清造成誤解的癥結點所在，就在於不能清楚檢視老子「故用險語」之處。假使無法突破表層文字的迷障，發抉文本內在的深層涵義，就很容易導致誤詮。因此，觀察重點雖以明人詮解六十五章爲核心，但是引用其他篇章以證成論點的形成，資藉章與章之間的交互印證，以達到彼此理論的有機聯繫，實亦所在多有。若對老子思想體系有完整的瞭解，自然明白以六十五章爲愚弄百姓的詐術，根本不能契應老子學說的精神方向。因此，明代學者以爲老子「非以明民，將以愚之」與秦政「惑愚黔首」、「役智以愚弄其民」乃是其趣迥異的。首先，他們以爲這是老子「故用險語」的修辭方法。其間大致提示兩個重點：其一是「愚」字當作何解？明顯不將「愚」解作愚昧，或是愚弄使之蒙昧之意。而將「愚」字訓釋爲「使之醇樸」、「若昏悶悶」、「渾樸相忘」之意；其二則是「愚」的指涉對象，究竟是單向地獨有百姓愚？抑或是雙向地君、民同愚？彼等乃提出「愚」的指涉對象，當是君王先自愚，而後使百姓與之同愚。老子的「愚」是「使之醇樸」的正面意義，符應老子「歸純反素」的思想；而「智」則是「僞薄之源」，代表巧詐橫生的精明俗智，是負面意義的詞語。在如是理解的脈絡底下，指稱老子主張「愚民」、「反智」，蓋是無可疑議的。更重要的是，經過這些論述之後，自然可知「秦愚黔首本於老子」一說，理論上根本無法成立。

貳：
儒家學說與老子學說的交融互攝

第一章　薛蕙《老子集解》的性命論述

第一節　問題的提出

明代注《老》解《老》專著中，薛蕙《老子集解》[1]是值得認眞勾稽的對象，影響力不容小覷[2]，其特別引以爲傲的，乃在於是書能「明聖人之微言，究性命之極致」（自序，頁 1）。根據薛蕙的理解，《老子》是性命之書，老子學說的宗趣旨歸就在於揭櫫性命之理，自序中嘗言：「今夫老子之書，蓋皆性命之說。」（頁 1），其以爲多數人無法契應《老子》大義，就在於未能掌握其間所欲彰顯的性命之理。文徵明在〈吏部郎中西原先生薛君墓碑銘〉中也說：

---

[1]　〔明〕薛蕙：《老子集解》（臺北：臺灣商務印書館，1966 年 3 月，據惜陰軒叢書本排印），以下所引皆依此本，僅於文後標示頁數，不另作註。

[2]　《老子集解》在明代就已受到學者的青睞與重視。〔明〕朱得之：《老子通義》（《無求備齋老子集成・初編》）〈凡例〉中即言：「此書（《老子》）古註雖多至千家註本而止，予所企及而能信者，元儒林鬳齋《口義》、吳草廬《註》，近時薛西原《集解》、王順渠《億》而已。」，頁 5。

> 晚歲自謂有得於老聃玄默之旨，因註《老子》以自見，詞
> 約理明，多前人所未發。又喜觀釋氏諸書，謂能一生死、
> 外形骸，將掇其腴，以求會於吾儒性命之理。[3]

此中揭示薛蕙晚歲有得於老聃玄旨，又喜觀釋氏諸書，故力圖將
佛、老合會於吾儒性命之理的學思傾向，顯現出性命學說蓋爲薛
蕙老學思想的核心，也是儒家學說與老子學說交融互攝的重要面
向之一。因此，針對《老子集解》中的「性命論述」予以闡幽發
微，申明文氏所謂「多前人所未發」之處，印證薛氏自序所言
「究性命之極致」的詮註旨趣[4]，當是一個可以深究的議題。通
觀《老子》全書，並無「性」字出現，「心」字亦僅見數處[5]。

3　〔明〕薛蕙：《考功集》，收入《文淵閣四庫全書》冊 1272（臺北：臺
　　灣商務印書館，1983 年）卷十〈附錄〉，頁 1272－128-1272－129。

4　熊鐵基、馬良懷、劉韶軍著：《中國老學史》第七章〈明清時期的老
　　學〉第三節「薛蕙的老子研究」中即說：「他在書中，主要闡述了《老
　　子》乃性命之說、道者修身兼及天下、性道統一說等思想，並且廣泛批
　　評了前人對於老子思想的研究與見解。」，頁 443；韋東超：《明代老
　　學研究》第二章〈明代《老子》注書宗趣指歸〉亦認爲薛蕙注《老》以
　　「明理身之道」爲宗趣，其詮注的角度，或者說其理論的出發點，是心
　　性學或性命學。凡此，彰顯出性命學說是薛蕙老學思想的重要論題之
　　一。

5　「心」字出現在以下各章：三章「不見可欲，使民心不亂。」、「虛其
　　心，實其腹。」；八章「心善淵」；十二章「馳騁畋獵令人心發
　　狂。」；二十章「我愚人之心也哉！」；四十九章「聖人無常心，以百
　　姓心爲心。」、「爲天下渾其心」；五十五章「心使氣曰強。」等等。
　　〔魏〕王弼注、樓宇烈校釋：《老子周易王弼注校釋》，分見頁 8、
　　20、28、47、129、146。

主要原因在於老子對於心性主體的關注明顯較少，其著墨較多的是形上思想與政治社會問題的提出與解決。薛蕙在《老子集解》中特別標舉性命之理的問題意識，俾使老子思想轉化成為性命哲理的抒發，在其自序以及注文當中，性命學說的多方論述確實所在多有，因而頗有深入剖析的價值。

　　薛蕙既以《老子》一書為思想載體，以求合會於儒家性命之理，則此處不能不先就儒家性命之說稍作推衍釋義。談性命，必然要依《中庸》言「天命之謂性」[6]，以及《易傳》言「乾道變化，各正性命」[7]所代表的一路，作為理解的中心。此兩則文獻一向為儒者闡發性命哲理的最佳依傍，亦為理學家所津津樂道。首先，就「天命之謂性」而言，「天」即天道，儒家的天道純是一條「生化之流」，「生物不測」的天道以其創造之真幾，流到你那裡便是「命」到你那裡，「命」到你那裡便是你的「性」，此一切宇宙萬物個體之性皆來自於天道的創造真幾[8]。因此，「命」猶「命令」[9]，此「命」是一種本體宇宙論式的命法，是「天命流行」的「命」。以儒家整體思維而言，「天命之謂性」

6　〔宋〕朱熹：《四書章句集注・中庸章句》，頁22。

7　〔魏〕王弼注、〔晉〕韓康伯注、〔唐〕孔穎達疏：《周易正義》卷第一〈乾卦・象傳〉，頁10。

8　以上觀點，參見牟宗三：《中國哲學的特質》（臺北：臺灣學生書局，1987年10月）第八講〈對於「性」之規定（一）易傳、中庸一路〉，頁59-66。

9　朱子詮解「天命之謂性」曰：「命，猶令也。性，即理也。天以陰陽五行化生萬物，氣以成形，而理亦賦焉，猶命令也。於是人物之生，因各得其所賦之理，以為健順五常之德，所謂性也。」，參見〔宋〕朱熹：《四書章句集注・中庸章句》，頁23。

即指人的本性，是由天之所命而有的，天的命令貫注於人身之時，即內在於人而爲人的本性，此從天命下貫處講人的原始本性，建立了人性與天道的密切連繫[10]。牟宗三即嘗言：

> 中國儒家從天命天道說性，即首先看到宇宙背後是一「天命流行」之體，是一創造之大生命，故即以此創造之真幾爲性，而謂「天命之謂性」也。[11]

此創造之真幾即是天道所命之性，天命流行之體即以此創造之真幾爲人性之內容。然而，此創造之真幾內容究竟爲何？牟先生認爲尙須進一步從孟子一路進行理解。孟子爲了了解與定住「天命之謂性」的「性」的真實意義，直接從人的良知四端之心論性，由孟子言內在道德的創造性來證實並定住這創造真幾的內容就是道德性的創造真幾。是故，孟子一路與《中庸》、《易傳》一路原是有默契的，「道德性」根源於「天命之性」，而「天命之性」亦必須從「道德性」來了解、印證和貞定。這也就是《孟子‧盡心上》中何以言：「盡其心者，知其性也。知其性，則知天矣」[12]，是以人的道德實踐來體證天道道德創造的真幾[13]。據

10　關此，徐復觀：《中國人性論史‧先秦篇》第五章〈從命到性──中庸的性命思想〉中亦有精闢發揮，頁 103-160。

11　牟宗三：《中國哲學的特質》第八講〈對於「性」之規定（一）易傳、中庸一路〉，頁 62。

12　〔宋〕朱熹：《四書章句集注‧孟子集注》卷十三，頁 489。

13　以上觀點，參見牟宗三：《中國哲學的特質》第九講〈對於「性」之規定（二）孟子一路〉，頁 67-74。

此，儒家所言天人合一、天人合德，以及天道性命相貫通的義理
規模，大抵凝定成形。

　　〈乾卦・象傳〉所言「乾道變化，各正性命」亦屬此一思
路。《易》以「乾道」爲宇宙生化的本體，萬物即由此「乾道」
流衍變化而來。「乾道」是天命流行之體，其流行下貫於萬物，
而爲萬物各自的本性。其既已具備於萬物本性之中，是爲萬物所
自來之命，故「乾道」所命予的本性與「乾道」內容一致，此即
「乾道變化，各正性命」的意涵，而其所貞定之「性命」即是
「性之命分」，是所謂天之所命的「性分」。性之所以成爲一種
命分、性分，即立基於《中庸》「天命之謂性」的思想前提之
上，是天道所賦予人的原始本性，此是儒家以天道、天命說性的
義理模型[14]。職是之故，「性命」一辭實具有兩層涵義：一是本
質義，指人的本性內容是由天之所命予的道德本性；二是根源
義，指人的本性既由天之所命，則性的形上依據即是天。前者著
重在內容義，後者則著重在形式義。「性」、「命」二字若分別
拆開來看，實各有其義理側重之處。在天曰「命」，乃從性的來
源予以著眼；在人曰「性」，則從人性的內容予以著眼。剋就其
合爲「性命」一辭之後，做爲一個思想載體而言，其內容意義雖
兼具此兩層意義，但在義理內蘊上實較偏向指涉人的天賦「本
性」，「命」只是強調天之所命，是性之所從出，藉以點明其形

14　〈說卦傳〉中言：「窮理盡性以至於命」，其所言性、命之關係，亦在
　　此一思路底下形成的，有類於孟子「盡心知性知天」。只是此處之
　　「命」作爲名詞使用，是天之所命的「命分義」，與《中庸》「天命之
　　謂性」之「命」，作爲動詞的「命令義」有所不同。見〔魏〕王弼注、
　　〔晉〕韓康伯注、〔唐〕孔穎達疏：《周易正義》卷第九，頁183。

式上的源出意義而已，故兼具有「命令」與「命定」之義，「受命」即同時「受限」[15]。因此，當儒家闡釋「性命之學」的種種思想內涵時，必然會偏向本性問題的相關探討，又因為心、性的密切關係，討論本性連帶關涉乎本心，最後「性命之學」與「心性之學」也就直接劃上等號。此亦間接說明薛蕙談《老子》性命之學，關鍵重點之一，何以始終落在「不動心」，以及「復性」、「養性」等心性論題的根本原因所在。

綜而言之，人的本性既由天所命予，則人、天同質同容，故性命、天道乃能交相契應，透過心性體認的工夫，即可達至天道性命相貫通的理境。薛蕙自序中所言：「夫性命者，道也」（頁1）、「養其性者即同乎天道而不亡」（頁1-2），即揭櫫性命、天道為一的特性，透過「養性」，即可「同乎天道」。據此，則天道、性命實亦可謂同義詞語。因此，將文前所徵引《中庸》、《易傳》、《孟子》幾則文獻合觀，當能清楚勾勒出儒家性命學說的整體思維，此蓋薛蕙以「性命」為「道」的主要思路，透過此一談性言命的方式，企圖窮究《老子》一書中的性命思想[16]。

15　勞思光：《新編中國哲學史（一）》第二章〈古代中國思想〉中曾說：「『命』觀念在古代中國思想中，有兩種意義。一指出令，一指限定。前者可稱為『命令義』後者可稱為『命定義』。」，頁97。

16　〔明〕薛蕙：《約言》中即曾說：「未發之中，先聖相傳之微言也。講學而不知此，雖其學有大過人者，未可與言性命之學也。」，頁6。「未發之中」源出《中庸》「喜怒哀樂之未發，謂之中。」，見〔宋〕朱熹：《四書章句集注‧中庸章句》，頁22。此說或可作為薛蕙依循《中庸》思路理解《老子》性命之學的一個旁證；〔清〕黃宗羲：《明儒學案》（臺北：華世出版社，1987年2月）卷五十三〈諸儒學案下一‧考功薛西原先生蕙〉中也曾記載說：「先生初好養生家言，自是絕

觀其詮解十六章「歸根復命」一說，以「復命」爲「復性」，即是明顯例證。其言：

> 芸芸，動貌。根猶本也。命者，道賦於物，有若命然也。動始於靜，凡物之動，必復反於靜，以靜爲本故也。此歸根之所以爲靜乎。人生而靜，天之性也。守靜則能復其初，動則逐物而失之，此靜之所以爲復命乎。（頁10）

注文中謂「命者，道賦於物，有若命然也」，此以道所賦予萬物的本性爲「命」，道所賦予萬物的內容，爲萬物的性分、命分，故言「有命若然也」，以人自身而言就是他的天賦本性。特就本始根源而言，本性爲道所命予，天道、性命一貫相通；而就本質內容而言，因爲道的本質是靜，所以人的性分、命分也是靜。舉凡人的動而應物，倘若一味競逐外物，而不知返其本根之靜，終必淪喪本性，故以「守靜」爲「復其初」、「反其本」的實踐入路。薛蕙注文言：「復，反也。言物之動，終則反本也」（頁10）即是此意。其以爲老子的歸根復命，實際上就是要復歸於道所賦予的性命本眞，也就是人原始質樸的虛靜本性，故將「復

去文字，收斂耳目，澄慮默照，如是者若干年，而卒未之有得也。久之，乃悟曰：『此生死障耳，不足學。』然因是讀《老子》及佛書，得其虛靜慧寂之說，不逆於心，已而證之《六經》及濂、洛諸說，至於《中庸》『喜怒哀樂未發之謂中』，曰：『是矣！是矣！』故其學以復性爲要。」，頁 1276-1277。依此學思歷程，亦可見得薛蕙對於《老子》的理解，乃是「證之《六經》及濂、洛諸說，至於《中庸》『喜怒哀樂未發之謂中』」而止，故以「復性」爲其學說之要。凡此，透顯出儒家思想對於薛蕙性命學說的提出，實有著極爲密切的影響。

命」釋爲「復性」，以「命分」爲「性分」，亦即人的天賦本
性。「復命」既是「復性」，故必須就心性主體的實踐，不間斷
地作反本復初的工作，提點心性修養的方向。因此，薛蕙闡發性
命哲理的重點，即在於直探人的本心本性，要求反本復初、歸根
復命，安頓人心盲動、迷亂的脫序現象，並以「養性」[17]、「復
性」[18]爲其理論歸宿。以其儒者身分而言，心性議題成爲詮釋
《老子》的核心論述，並不讓人感到意外，老子的「復命」思想
原與儒家「復性」之說相類[19]。然而，儒家言性蓋由天之所命的

---

[17] 〔明〕王廷：〈吏部考功郎中西原薛先生行狀〉中曾言薛蕙：「早年工
意詩文，超入魏晉，遂爲藝林宗匠。晚乃刊落繁華，潛心性命，人徒見
其鑽研佛老，而不知揀金于砂。蓋自二程氏而已然也。是故其學以自知
其性而養之爲主，以慎獨爲要，以居敬爲務，卒乃造詣深邃，窅不可
測，而自得寔多。」，參見《考功集》卷十〈附錄〉，頁 1272－124。
此中實亦點出性命之學與知性、養性的工夫關係密切。

[18] 〔明〕薛蕙：《約言》中也強調復性，他說：「學問之術多矣，歸於復
性乎。明善明此也，窮理窮此也，敬者敬此也，誠者誠此也。知復性之
學者，天下之理舉一以蔽之矣！」，頁7。

[19] 陳鼓應：《老子今註今譯及評介》於十六章「引述」中即：「『復命』
的思想，可視爲宋學『復性』說之所本。《莊子·繕性篇》所提出的
『復初』的主張，乃是與『復命』、『復性』同類的概念，和本章關係
也很密切。老子復歸的思想，乃就人的內在之主體性、實踐性這一方向
作回省工作。他們以爲人心原本清明透澈的，只因智巧嗜欲的活動而受
騷亂與蒙蔽。故應捨棄智巧嗜欲的活動而復歸於原本的清淨透明的境
地。」，頁 119。此與薛蕙之論點謀合，大抵總結出老子的「復命」實
即「復性」。徐復觀：《中國人性論史》第十一章〈文化新理念之開創
——老子的道德思想之成立〉中，亦以老子的復歸思想實同於儒家「復
性」之說。徐先生進一步也反省說：「不過儒家的性，是表現人生價值
的道德；復性，乃在把握此道德的主體。而道家的德（案：徐先生認爲
老子的「德」即是「性」），是提供人生以安全保證的虛、無；他的復

道德本性爲其內容，而道家則由天之所命的靜樸本性爲其內容，
對於人性內容的貞定，儒、道兩家各有所本，薛蕙所構築的老學
思想，並沒有強行以儒家道德心性之學進行《老子》的閱讀與理
解[20]。也就是說，薛蕙並不走孟子「性善」一路來貞定「天命之
謂性」的「性」的內容，而是走莊子「性眞」[21]一路，此乃不得
不加以注意之處。

　　除了自序中明示《老子》之書，率多性命之說外，關於性命
之理的提舉，注文中亦所在多有，薛蕙說：

> 天地之間，惟性命之理爲常，自餘皆變而不常者也。（頁
> 10）

> 古之君子，其學以求性命之理。性命之外，無所用心。
> （頁12）

此中明言性命之理爲天地之間恆常不變的眞理，點明古之君子爲
學，其用心即在於求致性命之理，性命之外則無所用心。凡此，

性，乃在守住此虛無的境界與作用。」，頁340。

20　韋東超：《明代老學研究》第二章〈明代《老子》注書宗趣指歸〉中即
　　說：「儒家以仁義禮智信爲人性的根本原理，薛蕙在其所注《老子》
　　中，並沒有用儒家的這種性理之道來解釋老子的性命之學。薛蕙注
　　《老》之基調因此而明，這就是：既從性命之學的角度解老，但並不反
　　對儒家之學，也不強行以儒家心性之學解釋老子修身之道。」，頁51-
　　52。

21　關此，可參見陳鼓應：〈莊子論人性的眞與美〉，《哲學研究》2010年
　　第12期（2010年12月），頁31-43。

在在豁顯出薛蕙老學思想中重視性命之理的問題意識，而此一哲理的抉發與闡釋，當是《老子集解》中至關重要的一環。將《老子》視爲性命之書，蓋是與儒家性命學說交融互攝的結果。當時理學家的思想課題之一，即是爲儒家性命學說的重點，予以再度深化與解釋，並使其更具理論高度。易言之，即是將性命或心性的問題，提升到形上道體的位置，並視之爲天理、天道，進一步談論天道性命相貫通的意義。薛蕙即企圖憑藉《老子》一書談性命修養之事，說明其以一儒者之身分，努力調融儒、道的思維意識。因此，在詮解的義理脈絡上，發明老子思想中的性命哲理，以「性命爲天道」，以「出生入死爲性命精微之理」，以「虛靜爲性命之本然樣貌」，進而關注「心」的迷亂盲動，提出「養性」、「復性」等心性理論的主張，皆是薛蕙解讀《老子》著重的焦點。李慶即說：

> 《老子》中雖然談到人的生命問題，但是，「性命」這一概念，並非道家所主，更非《老子》一書中所強調，而是儒家所強調的概念，《孟子》中提出「性善」說，到了宋代理學中，「性」「命」成為構築理學體系的主要命題。而薛蕙把這二者視為同一，所以他的道體論，也可以說就是道和性命同一的本源論。[22]

言下之意，即扼要點出薛蕙以「性命」爲「道」的老學特色，說

22　李慶：〈論薛蕙的《老子集解》——明代的《老子》研究之七〉，頁4。

明性命思想的理論內涵及其實踐的工夫入路，皆是薛蕙老學思想
的重心，而其與儒家思想的深密關係，亦同樣值得注意。因此，
本章的論述核心，即鎖定在闡發《老子集解》中所蘊涵性命哲理
的問題意識，並進一步爬梳其性命學說的義理分際，藉此以構築
薛蕙老學思想的宗趣旨歸，除了援引莊子死生哲學闡述性命精微
之理外，對於其與儒家學說交融互攝的義理向度也有十足的發
揮。

第二節　一生死為性命精微之理

　　在《老子》為性命之書的思想前提之下，薛蕙首先揭櫫生死
問題為性命學說的核心，透過相關注文的分析，或能梳理其性命
思想的大致輪廓。詮註第五十章時，薛蕙表示性命精微之理，就
在於解悟「出生入死」的道理。他說：

> 生死者，相對之物也，有生則有死矣。故人一出於生，則
> 即入於死。古人有言：「凡人惟欲斷死，不知斷生。」亦
> 猶老子之言。是也，此性命精微之理，學者宜致思焉。
> （頁 32）

引文一開始雖說生死為「相對之物」，但隨後言「人一出於生，
則即入於死」，已將理論往前推進一步，蓋與歷來注解家僅停留
在生、死為二元對立的概念有所不同[23]。薛蕙宣稱老子的「出生

---

[23]　例如：「出生入死」句，王弼注曰：「出生地，入死地。」，〔魏〕王

入死」是性命精微之理，其精微之處就在於他所強調的是生死依
存的關係，兩者為一連續不斷的變化過程。凡人不能解悟生死相
依相隨、交互循環的道理，於是墮入生死分別的迷障之中，「惟
欲斷死，不知斷生」，拘鎖在悅生惡死的觀念囚牢裏，薛蕙提醒
學者宜深思之。此哲理實即《莊子‧知北遊》中所言：「生也死
之徒，死也生之始」[24]，生死事大，故其以了悟生死問題、透破
生死迷障為性命精微之理。

　　薛蕙接著衍義五十章「以其生生之厚」說：

> 生生者，求生其生也。人之貪生者，本欲適生，然輒適於
> 死地者，是何趣福而反得禍也。蓋以其自私自利，過於求
> 生其生，而不知更近於死也。《列子》有曰：「生非貴之
> 所能存，身非愛之所能厚。」亦此謂也。夫悠悠生死之
> 徒，既汩沒於變化之域，而有意於久生者，亦終莫逃於死
> 地。所以然者，由未聞出生入死之說耳。（頁 32）

薛蕙將「生生之厚」詮解為「貪生」、「有意於久生」之意，人
一旦過分求生其生，往往更容易將自己逼近死地，一心一意想趨
向幸福卻反而得到禍患，終至「莫逃於死地」。薛蕙詮解五十五

　　弼注、樓宇烈校釋：《老子周易王弼注校釋》，頁 134；〔元〕吳澄：
　　《道德真經註》（《無求備齋老子集成‧初編》）卷三第十六注曰：
　　「『出』則生，『入』則死。『出』謂自無而見於有，『入』謂自有而
　　歸於無。」。凡此，皆僅將生、死以對立的方式觀看而已。

24　〔清〕郭慶藩編、王孝魚整理：《莊子集釋》卷七下〈知北遊第二十
　　二〉，頁 1099。

章「益生曰祥」也曾說：

> 生本自然，惟委之以無為可也。益生者以人助天，是為妖
> 孽而禍其生矣。（頁 35）

「益生者」有意追求長生，但卻違逆自然無為之道，在種種妄為
之下反而妖禍其生。然而，人多陷溺在拒死的私利想法中，無法
徹悟生命無時無刻的變化就是真象。萬物一旦出生，即刻成為向
死之存在，生是一變化，死亦一變化，一出生便已趨向死，最後
的死又是生，生死相續，都是自然的變化。在變化中，若能體悟
生死相依的道理，便能在大化流行之中，翛然而來、翛然而往，
此即「出生入死」之意，是所謂性命精微之理。薛蕙反對追求長
生不死，此是將老子思想視為道教追求長生之術的一種反動，其
以自然無為、順應變化的理則看待生死問題，故不主張「以人助
天」[25]。事實上，若能了悟變化之道，不以死生為異，就能明白
貪生怕死只是妄念，進而達至莊子所言：「善吾生者，乃所以善
吾死也。」[26]，此是「以死生為一條」[27]的理境。因此，詮解五
十章中，薛蕙即援引《莊子‧大宗師》作為結論，其言：

---

[25]　〔清〕郭慶藩編、王孝魚整理：《莊子集釋》卷三上〈大宗師第六〉中
　　說：「古之真人，不知說生，不知惡死；其出不訢，其入不距；翛然而
　　往，翛然而來而已矣。不忘其所始，不求其所終；受而喜之，忘而復
　　之，是之謂不以心捐道，不以人助天。是之謂真人」，頁 229。

[26]　〔清〕郭慶藩編、王孝魚整理：《莊子集釋》卷三上〈大宗師第六〉，
　　頁 262。

[27]　〔清〕郭慶藩編、王孝魚整理：《莊子集釋》卷二下〈德充符第五〉，
　　頁 205。

> 夫至人者，明乎無我，反乎無朕。忘其肝膽，遺其耳目。上與造物者游，下與外死生無終始者為友。人但知其無死，不知其本無生也。苟非其人，私計身心，妄生念慮，內則有疾走之跡，外則來猛虎之患矣！（頁 33）

〈大宗師〉是《莊子》內七篇中，討論生死議題最集中的一篇。至人已然擺脫形軀夾纏，臻至「無我」之境。「有我」乃「人心之所生耳」[28]，是對形軀抱持執著，堅持一個「我」的存在。至人透破形骸桎梏，故能無慮生死，擺脫形軀假我的繫縛。〈大宗師〉「忘其肝膽，遺其耳目」[29]一段寓言，是莊子闡述遊方之外者「忘死生」的理境，展現生命隨順自然而循環變化的自由自在；而「上與造物者游，下與外死生無終始者爲友」[30]，則是〈天下〉篇表述莊子「外死生無終始」的哲學理趣，說明透破生死分別爲達至精神逍遙的重要入路。對於世人斷死欲生的行徑，薛蕙以爲這是「私計身心」、「妄生念慮」，是人類面對生死問題的一大障礙。「疾走之跡」、「猛虎之患」是隱喻之言，象徵

[28] 薛蕙解二十四章中即提出「無我」、「有我」一說，其云：「夫性之體未始有物，則無我迺其固然者。其有我也，人心之所生耳。聖人知天性之無我，是以去功名而不居。蓋我尚不有，而況於有其功名乎！莊子曰：『至人無己，神人無功，聖人無名。』非知道者孰能識之。」，頁 15。

[29] 〔清〕郭慶藩編、王孝魚整理：《莊子集釋》卷三上〈大宗師第六〉有言：「彼以生為附贅縣疣，以死為決𤴯潰癰，夫若然者，又惡知死生先後之所在！假於異物，託於同體；忘其肝膽，遺其耳目；反覆終始，不知端倪；芒然彷徨乎塵垢之外，逍遙乎无為之業。」，頁 268。

[30] 〔清〕郭慶藩編、王孝魚整理：《莊子集釋》卷十下〈天下第三十三〉，頁 1099。

內心、外身在求生避死的種種念慮之下，無法得到一刻平靜安寧，深陷於焦慮不安、慌亂躁動的狀態之中。因此，薛蕙所認為的「善攝生者」，乃是「所處也，無死地者，由無生也。由無生，斯無死地矣。由無死地，斯物莫之能傷矣。」（頁32-33）。此是將生死分別化解為一，從宇宙的巨視來看，死生原是和諧整體，有了如是的精神定力，便能不受外物、外境的干擾與傷害，此即「內無疾走之跡，外無猛虎之患」。換言之，雖有死生，但死生變化並不能影響我，乃至於改變我，不懼死亦不求生，因順自然變化的道理，才是善於護養生命的人。可見得，面對生死問題，薛蕙的理解顯然與莊子一致，故注文中大量徵引《莊子》文獻加以推論衍義。然而，剋就《老子》五十章的意旨而言，關鍵在於「兕無所投其角，虎無所用其爪，兵無所容其刃」的「無所」兩字，側重的是由「心」上做工夫，故終能處於「無死地」，似乎還談不上平齊生死的企圖。薛蕙據此暢談生死問題，對於性命精微之理多所論述，事實上遠比《老子》文本原先所承載的意義多出很多。

薛蕙詮解十六章「復命曰常」，即以「死生之大而不得與之變」[31]為「能復其性命之理」，他說：

> 天地之間，惟性命之理為常，自餘皆變而不常者也。得道者抱神以靜，雖死生之大而不得與之變，以能復其性命之

---

[31] 此即莊子所謂「死生無變於己」，〔清〕郭慶藩編、王孝魚整理：《莊子集釋》卷一下〈齊物論第二〉中即言：「至人神矣！大澤焚而不能熱，河漢沍而不能寒，疾雷破山風振海而不能驚。若然者，乘雲氣，騎日月，而遊乎四海之外。死生无變於己，而況利害之端乎！」，頁96。

理，是以常也。不能復命，遷化流轉，豈有常也。（頁 10）

天地之間，惟有性命眞理是恆常不變的，此是爲「常道」。之於「得道者」而言，因爲持守「抱神以靜」的工夫修養，生命得以時時復其性命之理，故於面對生死遷化流轉之時，亦能處之泰然而不被變化所影響。換言之，在生死變化的面前，心緒一點也不會受到波動，最後實無所謂生、亦無所謂死，如此也就解悟性命精微之理，故言「雖死生之大而不得與之變，以能復其性命之理」。凡此，對於薛蕙將老子「出生入死」之說，深化爲透破生死分別，外、忘生死的觀念，蓋能多所釐清，同時亦能呼應文前所引文徵明〈吏部郎中西原先生薛君墓碑銘〉中指稱其「一生死」、「外形骸」的性命旨趣。此當是其以《老子》爲性命之書的前提之下，嘗試以莊子生死觀的理解視域，進行老子性命精微之理的相關詮釋。生死乃人生大事，薛蕙資藉老子「出生入死」一說，申述生死問題爲性命學說的精微所在，並以玄同生死、平齊生死、生死一致爲老子性命思想的奧義，此蓋爲其詮解《老子》重要的思維向度。

第三節　虛靜為性命的本然樣貌

除了點明生死問題爲性命學說的核心之外，薛蕙又提示「虛靜者，性命之本然」一命題，此乃就性命的初始狀態加以考察。十六章「致虛極，守靜篤」注文中即說：

虛靜者，性命之本然也。有生之後，遷於物而背其本，其

不虛不靜亦甚矣。故為道者必損有以之虛，損動以之靜。
損之又損，以至於虛靜之極，則私欲盡而性可復矣。然虛
靜者實非二道，蓋未有虛而不靜，靜而不虛者也。（頁
10）

性命的本然樣態原是亦虛亦靜的，只因與外物相接觸、相磨擦，
遂至遷流外物、逐物不返，終與原始樸質之性分漸行漸遠。虛、
靜是工夫實踐的進路，且兩者「實非二道」，彼此牽制影響，能
虛才能靜，能靜才能虛，故言「蓋未有虛而不靜，靜而不虛者
也」。「虛」是「損有」，將智巧嗜欲的妄為行徑損之又損，以
至於無；「靜」是「損動」，將引發躁動的無謂干擾損之又損，
以至於無。減損的工夫做到極致篤實，便能回歸沖虛定靜之態，
即可復返性命之理，恢復性分樸質的本色。針對動、靜關係，薛
蕙進一步發揮說：

動始於靜，凡物之動，必復反於靜，以靜為本故也。此歸
根之所以為靜乎！人生而靜，天之性也，守靜則能復其
初，動則逐物而失之，此靜之所以為復命乎！（頁 10）

老子言靜，非動、靜二元對立概念下的靜，而是一種絕對的靜。
因此，靜不是動的相反，如果只是動的相反，那「不動」就是
靜，老子從未主張「不動」。絕對的靜，是動、靜兼具的辯證
融合，也就是「靜而能動」、「動而能靜」的圓滿理境。《老
子》十五章曾言：「孰能濁以靜之徐清？孰能安以久動之徐

生？」[32]，即是形容體道之士在動盪的狀態之中，亦能透過靜的工夫，恬淡自養、靜定持心，轉入清明的境界，這是「動極而靜」的生命活動過程。而在長久沉靜安定之中，體道之士也同樣能活動起來，趨於各式創造性的活動，這又是「靜極而動」的生命活動過程[33]。因此，靜不是棄絕應物、接物般地不動、不為[34]，而是「靜中能動」、「動中能靜」，一種動靜自如的狀態。薛蕙詮解十六章中，即嘗援引《管子》所言：「動則失位，靜乃自得」（頁 10）[35]論證其說，此是針對一般人的躁動妄為而發，他們逐物而動、受制於物，將心神往外牽引而驟失其位，是為「動則逐物而失之」的盲目殉物。薛蕙的理論旨歸在強調「言物之動，終則反本也。」（頁 10），此「反本」是復返虛靜本性，

32　〔魏〕王弼注、樓宇烈校釋：《老子周易王弼注校釋》，頁 34。

33　參見陳鼓應：《老子今註今譯及評介》十五章「引述」部分，頁 111-112。

34　薛蕙詮解十四章中曾說：「世俗紬老子之學者，其說雖多，然大抵以謂棄人事之實，獨任虛無而已。斯言也，眾皆以為信然，而未知其大不然也。老子曰：『執古之道，以御今之有。』，是蓋任虛無以應事，曷嘗棄事而獨守其虛無哉！然則老子之學，非不應事也。第其所以御之者，在不悖其虛無之本耳。」，頁 9。此中所言「任虛無以應事」，是指以虛靜的生命理境來面對紛紜擾攘的動亂世界，必須時時保持無限妙用的靈動狀態，使人在精神上與「道」契會為一體，懷抱「體道」的生活態度，以安頓現實人生，故言「曷嘗棄事而獨守其虛無哉」，此亦即是能動能靜的生命活動過程。關此，本書「壹：澄清前人對於老子思想的誤解」第二章〈薛蕙《老子集解》對於「獨任虛無」的評議〉中有詳細的發揮，頁 75-89。

35　〔周〕管仲著、〔清〕戴望校：《管子校正》（北京：中華書局，1954年）卷十三〈心術上〉，頁 219。

即是歸根復命，乃是生命由初始之靜趨向動而應物，再由動而應物復返初始之靜的活動過程，薛蕙所言「動始於靜，凡物之動，必復反於靜，以靜為本故也」即是此意。可以想見，人極易隨物遷動，沉緬於物欲誘惑之中，因而喪失虛靜本性，故薛蕙乃不斷警醒世人「此靜之所以為復命乎！」。此一立說，即在於強調性命的本始樣態就是虛靜，在與外物接觸的過程中，當以清虛靜定的心性體認來涵養，慎防人心浮動躁亂，如是才能臻至動靜如如的理想化境。

因為力陳復歸樸質靜定的本性，薛蕙因而對於世俗之學的攪擾本性，有著鞭辟入裏的發揮。他以為世俗之學適與性命之學背道而馳，人之所以陷溺在外欲之中不得超拔，就在於一味追逐世俗之學。因為世俗之學以名、利為重，以身徇名、徇利，當然使人心放蕩不止，對人性也造成異化的嚴重後果。此與性命之學直探本心本性，要求人恬淡寡欲、反性於初、遊心於虛的意旨確實有所不同。詮解二十章「絕學無憂」，薛蕙曾有精到的分析，其言：

> 古之君子，其學以求性命之理。性命之外，無所用心。所謂為無為而學無學也。及其失也，化而為世俗之學，文滅質，博溺心，其實無益而反增其憂。夫學者貴以養性，而養性莫若無累。今世俗之學，務外以累其性情，豈非飲藥以加病乎？絕而不為，可以無憂矣。《莊子》曰：「繕性於俗學，以求復其初，滑欲於俗思，以求致其明，謂之蔽蒙之民。」《淮南子》曰：「聖人之學也，將以反性於初而游心於虛也。俗世之學則不然，擢德塞性，內愁五藏，

外勞耳目，鑽智越行，以招號聲名於世。此我所羞而不為
也。」又曰：「精神已越於外而事復反之，是失之於本而
求之於末也。蔽其玄光而求知於耳目，是釋其昭昭而道其
冥冥也。」（頁 12）

言下之意，乃以「絕學」為絕棄世俗之學。世俗之學「務外以累
其性情」，導致「文滅質，博溺心」，這樣的學習只會造成扭
曲，不僅對生命本身無益，反而徒增憂患，故絕棄俗學即能無憂
[36]。一個學者最重要的人生課題在於「向內」追求性命之理，而
世俗之學則力主「務外」，恰成對反。薛蕙指出「養性」以追求
「無累」，才是性命之學的門徑。人之所以加諸自身種種繫累，
就在於競奔於外，被外物所奴役，導致心慮憒亂，進而殘害虛靜
本性。此對心性修養一事彷若「飲藥以加病」，適得其反。薛蕙
接著援引《莊子》、《淮南子》以加強論證，《莊子・繕性》[37]
與《淮南子・俶真》[38]中，皆有針對俗學的深切反省與復歸本性
的主張。「繕性」是修治本性，莊子以為世俗之學與修治本性相
違離，俗學只會讓人陷入慾壑，若依此欲求得明智，實為蔽塞蒙

---

[36] 老子所「絕」之「學」，亦有學者解釋為「政教禮樂之學」，這種
　　「學」乃是官學。而老子主張絕棄政教禮樂之學的原因，乃在於它束縛
　　自然人性的緣故。參見陳鼓應：《老莊新論》（臺北：五南圖書出版公
　　司，1995 年 4 月）〈老子與孔子思想比較研究〉一文，頁 82-83。

[37] 薛蕙注文所援引之文獻，參見〔清〕郭慶藩編、王孝魚整理：《莊子集
　　釋》卷六上〈繕性第十六〉，頁 547。

[38] 薛蕙注文所援引之文獻，參見劉文典：《淮南鴻烈集解・俶真訓》卷
　　二，分見頁 15、17。收入王雲五主編《國學基本叢書四百種》（臺北：
　　臺灣商務印書館，1968 年 3 月）第 66 冊。

昧之人。郭象注文頗能彰明此意，其言：「已治性於俗矣，而欲以俗學復性命之本，所以求者愈非其道也」[39]，即明顯表示俗學絕非復性的道途。《淮南子》亦力陳此說，其將「聖人之學」與「世俗之學」對舉，前者是「將以反性於初而游心於虛」，後者則是「擢德塞性，內愁五藏，外勞耳目，爨智越行，以招號聲名於世」，其中對於俗學所導致的內外焦迫，描繪相當傳神。「聖人之學」實即是「性命之學」，為了避免內愁外勞，擢塞德性、爨越智行，有道之士對於俗學乃是「羞而不為」的[40]。

　　然而，俗學之所以讓人「羞而不為」的主要原因，乃在於它的離「質」而重「文」。薛蕙以為虛飾之「文」一旦流行漫衍，它的浮華虛矯必然斷喪人性自然真樸的本質，最終造成「以文滅質」，反而淪為禍亂之源。老子即就此病態的文明現象，提出一些針砭，而有重質、重樸的呼聲[41]。薛蕙認清問題根本之所在，其曾就「文」、「質」關係加以引申說：

---

[39]　〔清〕郭慶藩編、王孝魚整理：《莊子集釋》卷六上〈繕性第十六〉，頁 547。

[40]　劉文典：《淮南鴻烈集解・俶真訓》中所言：「此我所羞而不為也」，句中之「我」除了指涉作者劉安之外，或亦可擴大範圍解釋為「求道之士」、「有道之士」或「聖人」等等。

[41]　薛蕙在十九章總評中以為傳統看法咸以為「周之衰」就在於「文勝質」，故老子才思以素樸之道矯正淫侈之弊，因而有「救文者必以質」的主張。薛蕙獨以為不然，他極力陳述「質」的重要性，以為「質也者，物之本體也。」，又說：「質也者，古今之達道是已。聖人將以為教化，豈曰矯時弊而已哉！」（頁 12），言下之意是說老子之所以重「質」，並非僅是為了拯救時弊而已，而是「質」本身原就是聖人實施教化的重要之「道」。

> 夫質者，本也。文者，末也。務文者必沒其質，逐末者必
> 喪其本。凡貴本而誠者敦厚而可久，華而不實者浮薄而寡
> 用。文之不足，審矣。聖人知文飾之弊，故令民宗附於
> 質，如下所云也（案：「如下所云」指「見素抱樸，少私
> 寡欲」）。（頁11）

「質」為本，「文」為末，兩者原是本、末存在的一種關係，若
不失衡當是相互依存的。然而，以當時俗學的墮入一邊，「務
文」、「逐末」的結果，往往導致「沒其質」、「喪其本」的流
弊，亦即落入「失之於本而求之於末」的傾斜狀態中。於是，
「文」失去了樸實敦厚的內在基砥，成為表面虛浮奢華的雕琢粉
飾，此即是「文飾之弊」。薛蕙以為聖人就是知道這樣的流弊，
認為只有「文」是不足的、淺薄的，遂以「見素抱樸，少私寡
欲」作為理論歸屬，故而提出「令民宗附於質」的訴求。十九章
總評中薛蕙曾提點「質」的重要性說：

> 夫物生斯有質，質也者，物之本體也。其在於人，則誠愨
> 篤實之心是也。質具而後有文。文也者，質之飾也。其在
> 於人，則凡文物華采皆屬是也。文質之辯如此，故聖人賤
> 文而貴質，去彼而取此。所以貴質者取其誠意之不變爾。
> 所為賤文者，慮其末流之多偽爾。天下之善，未有外誠而
> 立，天下之惡，鮮不由偽而生。故醇厚之俗，不可少替於
> 過，忠信之心，不可蹔舍於人。廢淫末而反民於樸者，明
> 王之治也。務觀美而導人於偽者，衰世之政也。由是言
> 之，質也者，古今之達道是已。（頁12）

此中更縝密地點撥「文」、「質」之間的關係。開頭處先提示「質」為宇宙萬物的本體，結尾處則以「質」為「古今之達道」，點出老子「貴質」的主張。薛蕙進一步以人身為例，說明「質」、「文」的內外、本末關係。剋就人而言，「誠愨篤實之心」是人的內在本質，「文物華采」則是人的外在文飾，他的價值次序是「質具而後有文」，此說明「質」在理論上的優先性、必然性。人必須先持守住「誠愨篤實之心」的本質存在，時時在心地上做工夫，如此就算面對或運用世間種種外在文飾，也不會篡奪「質」的本位而流於淫侈浮虛。此說明「文」若不令之歸屬於「質」，一旦失去方向就會下墮為虛矯文飾，如是不僅拖垮「質」，「文」亦無法顯其精神。此即是聖人之所以「賤文而貴質」的原因，說明人必先以誠謹樸質為本，方可加以外在文飾，以避免「末流之多僞爾」的偏頗現象。《論語》中所謂「繪事後素」[42]、「文質彬彬」[43]正與此意相通。

　　綜而言之，薛蕙乃以為俗學的最大弊端，就在於一味追求「文」，徒然增益外在的文彩華飾，內在「誠愨篤實之心」早已被層層虛文掩蓋、遮蔽，此即呼應其《約言》中所說：「學所以養心也，務外而累心，則俗學之流生害也。」[44]。可見得俗學之

---

[42]　〔宋〕朱熹：《四書章句集注‧論語集注》卷二〈八佾〉中說：「子夏問曰：『巧笑倩兮，美目盼兮，素以為絢兮。』何謂也？子曰：『繪事後素。』」，頁84。「繪事後素」是指人先有素質之美，然後方可加以文飾。

[43]　〔宋〕朱熹：《四書章句集注‧論語集注》卷三〈雍也〉中說：「子曰：『質勝文則野，文勝質則史。文質彬彬，然後君子。』」，頁119。此中所謂「文質彬彬」的均衡關係，與薛蕙所言相類。

[44]　〔明〕薛蕙：《約言》，頁7。

流所以生害的主因，就在於「務外而累心」，故與性命之學終究
天壤相隔。因此，薛蕙乃以「虛靜者，性命之本然」，作爲構設
性命之理的思想基礎，凸顯出虛靜的重要性，並強調樸質無僞乃
爲性命學說的本質內涵，而其間對於世俗之學的強烈批判，就在
於它與復歸性命之理的路向，根本就是交相抵觸、格格不入的。
可以想見，薛蕙性命思想另一個關注的重點，即在於面對人內在
的主體性、實踐性此一方向作復歸反省的工作，此則是攸關心性
論述的著墨，諸如：心何以妄動？養性、復性如何可能等等。凡
此，即以下文加以闡釋說明之。

第四節　性命之學實即心性之學

　　誠如文前所述，薛蕙以儒家性命學說合會《老子》，其理論
焦點強調人的天命本性蓋與天道通而爲一，又以老子「復命」爲
「復性」，故以心性主體的實踐作爲復歸性命之理的有效途徑。
此乃揭櫫薛蕙闡述老子性命哲理的重點之一，即在於心性理論的
建構，並以心性之學爲性命哲理內涵的重要向度。薛蕙在駁斥世
俗之學時，曾提出「夫學者貴以養性」（頁12），又說「私欲盡
而性可復矣」（頁10），此養性、復性的提出，大抵爲其性論核
心。薛蕙以爲本始心性之所以亡失淪喪，必須時時復歸、時時持
養，關鍵點就在於一心對應外物之時，極易沉溺縱情其中，以至
於「迷於美進，惑於榮利，欲進心競」[45]，心爲之迷惑紛亂、躁

---

[45]　此是王弼詮解二十章「眾人熙熙，如享太牢，如春登臺。」之注語。
　　〔魏〕王弼注、樓宇烈校釋：《老子周易王弼注校釋》，頁47。

動不安，終至於「以物易其性」[46]。在薛蕙重視性命之理的問題
意識之下，「心不妄動」成為理論延申的另一重點。面對種種智
巧嗜欲的外在活動與誘惑，要克制人心不隨之起舞奔競是相當困
難的。根據薛蕙老學思想的整體脈絡而言，強調對心的重視，明
心、養心使之不輕舉妄動便有十足發揮的餘地，薛蕙《約言》中
即曾言：「人之生也，惟此心為屬己，自餘皆外物也。舍此而求
其餘，難以言智矣。古人之所以學者，明此心，養此心而已」
[47]。心性原是一體之存在，心一旦發動，本性亦隨之牽動。因
此，抉發薛蕙解《老》中的心性思想，當是其性命哲理的重要範
疇。

　　針對心的論述，薛蕙曾言「夫心愈為則心愈亂」（頁40）。
對於人心之動亂，他說：

　　　人心本靜，亂而失其常者，感於可欲之物也。故不見可
　　　欲，使心不亂。（頁2）

　　　心本靜也，耽於淫樂而發狂。（頁7）

此中指出人心的失常迷亂、放蕩發狂，就在於「感於可欲之
物」、「耽於淫樂」。薛蕙認為聖人的道治天下，就在於對治

46　〔清〕郭慶藩編、王孝魚整理：《莊子集釋》卷四上〈駢拇第八〉中即
　　說：「自三代以下者，天下莫不以物易其性矣。小人則以身殉利，士則
　　以身殉名，大夫則以身殉家，聖人則以身殉天下。故此數子者，事業不
　　同，名聲異號，其於傷性以身為殉，一也。」，頁323。
47　〔明〕薛蕙：《約言》，頁3-4。

「多知多欲」，終極關懷在使人民「無知無欲」而「反其本」，
他說：

> 聖人之治天下，塞富貴之塗，屏紛華之物，使民消其貪鄙
> 之心，守其素樸之行。恬淡而所無思[48]，心之虛也。……
> 無知無欲，人心本如是耳。化於物而迷其初，迺多知多欲
> 以自累，使民無知無欲，蓋反其本而已。（頁3）

人心原本樸質清明，在應世的過程中，因為「化於物而迷其
初」，遂至「多知多欲以自累」。故薛蕙以為去除智巧與減損欲
望，才能有效防止人心躁動，也是反歸虛靜本性的不二法門。言
下之意，就是提醒世人在面對誘惑牽引時，要時時自我克制，持
守虛靜的工夫。其以為聖人治理天下，必須「塞富貴之塗，屏紛
華之物」，如此人民才能「消其貪鄙之心，守其素樸之行」，最
後「恬淡而無所思」，達到道治天下的理想。薛蕙解六十四章
「不貴難得之貨」時也曾說：

> 夫難得之貨，非性命也，固外物也。眾人貪其所無用，而
> 敝精神以求之，賤己貴物，惑之甚矣。聖人但貴無欲而不
> 貴彼也，萬物各有自然之理，眾人不因其真而妄加作為以
> 害之。背醇樸而事智巧，舍易簡而之繁難，斯已過矣。

48　此處當作「無所思」。《無求備齋老子集成・初編》明刊本（據明嘉靖
十五年刊本景印）、清刊本（據清道光二十六年宏道書院刊惜陰軒叢書
本景印）皆作「無所思」。叢書集成簡編《老子集解》所依據的是惜陰
軒叢書本，此當是排印之誤。

（頁 41）

此中明示聖人要「貴無欲」，而不要「貴難得之貨」。耗損精神
貪婪追求難得之貨，是「賤己貴物」，只會導致生命更加困惑迷
亂。而「背醇樸而事智巧，舍易簡而之繁難」，則是眾人最常犯
的過錯，智巧繁難都是強力妄為，最足以傷生害性，人心原本醇
樸純眞的狀態，就此遭受干擾與破壞。此亦是薛蕙所言：「凡非
眞性，皆外物也。外物本不屬己，夫焉得而有之。故欲得者適自
喪，而無欲者乃自得也。」（頁 31），「欲得者」以身殉物，生
命爲物所困、爲欲所牽，最終迷失自我，一心想得到更多卻連自
己也失去了。故以見素抱樸、少私寡欲爲歸向，才能達到眞正的
自我完善與實現。

　　尤有進者，薛蕙詮解五十二章「用其光，復歸其明，無遺身
殃」中，進一步以體、用兩面發揮「心」的內蘊，他說：

> 光者，明之發，心之感通之用也。明者，光之本，心之知
> 覺之體也。心體不能不發於用，顧用之太過，而不知復反
> 於本，縱其情而害其性，是自遺其身殃也。以感通為斯須
> 之用，以退藏為真常之本，則於內外動靜之理得之矣。
> （頁 34）

此以「明」爲心之本體，代表心的內體之明，其本質是明澈透亮
的；而「光」則是心之發用，代表心的外照之光，也就是發用時
所顯耀的光芒。心必然要應物、接物，必然要向外顯露光芒，但
是它仍需時時復返而歸藏於內體之明，此即「以感通爲斯須之

用，以退藏爲眞常之本」。如此，則其內外動靜之間皆能得宜，否則只求外顯、外露的結果，必然鋒芒刺眼而遭致傷害。薛蕙想表述的是，心一旦發用，若是「用之太過」，縱其情而不知節制，不知含藏內斂，不知復返而歸藏內體之明，則會有傷心害性的殃災發生。心在內靜、外動之間，一切合理自然，體用如如、動靜皆宜，則能「用其光，復歸其明，無遺身殃」。此即是薛蕙以體用、光明的概念，闡述心的動靜、內外關係。事實上，「復歸其明」就是心的「不離其眞」，薛蕙以爲純眞自然才是心的本色，不離於眞，方能不失其所，這就是《老子》的宗旨所在[49]。薛蕙詮解十二章「聖人爲腹不爲目」又強調：

> 爲腹者，內養其神，可長久也。爲目者，外玩細娛，反自害也。上言數者，此獨言爲目，舉一以見例也。《呂氏春秋》曰：「聖人之於聲色滋味也，利於性則取之，害於性則舍之，此全性之道也。」（頁7）

注文中以「爲目」爲「外玩細娛」，象徵一心向外沉淪於慾壑當中；而「爲腹」則是「內養其神」，象徵向內護養簡樸清靜的人性本質。薛蕙以爲若不察內外之分，不明取舍之術，心動而不知割捨，向外執著黏滯，性也就失其眞了。故其援引《呂氏春秋・本生篇》所言「全性之道」──「利於性則取之，害於性則舍

---

[49]　薛蕙詮解三十三章「不失其所者久」中即說：「物各有其所，失其所者亡，得其所者久，物皆然。心爲甚，不離於眞者，不失其所矣。老子之指，其在茲乎。」，頁21。

之」[50]來加強演繹。可見得要避免傷心害性就必須捨棄過度的欲望，心不離於眞，不以物易性，如此才能全性保眞，不以物累心。

實際上，要避免殃災發生，除了愼防心的競逐外物，進而明心、養心之外，尚必須落實養性、復性的理論宗趣，凡此皆屬心性之體認與實踐，亦是反本復初、歸根復命的重點方向。薛蕙《老子集解》自序中嘗析別老子思想與方士養生之術的不同，即特別強調老子「養性以求合乎天道」一說。而道教方士的神仙鍊丹之術，則是不知性命之實，不解聖人之道，談論養生往往穿鑿於性命之外，他們的本意未嘗不是求道，只是沒能掌握老子性命學說的重點要項，學道卻反而失道。薛蕙主張長生之道不越乎養性，他斥責方士的盲點在於「不知養其性者即同乎天道而不亡」[51]，故與老子性命宗旨終究不能契合[52]。此一方面透顯薛蕙對於道教養生之術不解性命之理的批判[53]；另一方面也回應其自序所

---

50 〔秦〕呂不韋編纂、陳奇猷校釋：《呂氏春秋校釋・本生篇》（臺北：華正書局，1985 年 8 月），頁 21。

51 自序中即說：「後世直以道家為養生耳，皆予所未喻也。予又竊怪夫方士之言養生者，往往穿鑿於性命之外，不知長生之道，不越乎養性。世儒率言知性知天而斥小養生，不知養其性者即同乎天道而不亡。此其不聞性命之實，不合聖人之道邪？」，頁 1-2。

52 王雲五主持：《續修四庫全書提要》（臺北：臺灣商務印書館，1972 年 3 月）評論薛蕙《老子集解》說：「謂老子之道，惟導人及其天性，而非異端之流。方士之言養生，往往穿鑿於性命之外，不知長生之道，不越乎養性，此其旨也。」，頁 2120。

53 七十四章薛蕙曾援引明太祖《道德經序》曰：「朕知斯經乃萬物之至根，王者之上師，臣民之極寶，非金丹之術也。」，其後薛氏即言：「於戲，我太祖蓋天縱大聖人者，故聰明睿智，知言之徵奧如此」，頁 46。此可見得薛蕙反對將老子思想與道教金丹之術混為一談的觀點。

言「夫性命者，道也。」的思考理路，而此天道性命相貫通的終極理境，則可謂薛蕙性命思想的極致。

結　語

在薛蕙以《老子》爲性命之書的前提之下，其亦嘗據此駁斥「老子爲異端」的說法，自序中言：

> 昔老子有言：「吾言甚易知，天下莫能知。」周之衰，先聖之道未絕，賢人君子猶有爲性命之學者，且天下知尊老子，而老子之言，世猶莫能知也。況至後世，道術數傳數變，學者舍本趣末，毀所不見，且詆訾老子爲異端。則其筆之於書者，天下益莫能知矣。閒有高明好古之士，澹泊學道之徒，爲能有味於其言，然非研精覃思，亦安能自知其性，以真知老子之言哉？（頁1）

薛蕙以爲老子與儒聖所倡導的學問，主要就在於致思性命之理。聖人之道未絕之時，天下人皆知尊重老子，賢人君子尙知用功於性命之學。在當時，老子之言雖然被看重，但眞能知解老子者仍是少數。何況到了後世，在「道術數傳數變」之下，老子之學長期被淹沒，後來的學者捨本趣末、毀所不見，便詆訾老子爲異端。就算有「高明好古之士，澹泊學道之徒」，用心品味老子之言，然非研精覃思，很難得到要領，設想發揚《老子》奧義更是難上加難。薛蕙乃提點老子之道，惟在導引人復其本性，而毀謗老子爲異端之流者，乃是不聞性命之實，不合聖人之道。此是立

基於《老子》為性命之書的觀點，進而駁斥異端之說。凡此，實可證明薛蕙《老子集解》乃以性命哲理為其思想骨幹，並以此為契應《老子》一書的重要進路。

職是之故，本章乃以《老子集解》的性命論述作為探究主題。力圖從以下幾個角度疏理薛蕙老學思想中的性命哲理：「問題的提出」一部分，主要在豁顯其以《老子》為性命之書，老子思想的骨幹為性命之理的問題意識。並進一步闡釋《中庸》、《易傳》、《孟子》言性命之義，藉以說明薛氏如何以《老子》一書合會儒家性命學說，並凸顯其儒道調融的用心。正文部分則著力於闡釋性命思想的理論要義，首先點明「一生死為性命精微之理」，薛蕙乃以「出生入死」之說作為構設老子性命哲理的核心，並嘗試以莊子生死觀的理解視域，重新詮註「出生入死」的理論內涵。其間所彰顯出的性命精微之理，就在於「一生死」、「外形骸」，打破世俗悅生惡死的執迷，直指無慮生死、玄同生死為性命之學的奧義。其次，則以「虛靜為性命的本然樣貌」申述性命的原始樣態，凸顯出虛靜工夫的重要性，並強調樸質無偽方為性命之理的存有內涵。薛蕙乃以此建立老子返本復初、歸根復命的理論根基，其間對於世俗之學與性命之學背道而馳的現象，從質、文本末關係的角度，予以認真省視與探討。最後，則是以「性命之學實即心性之學」為論述面向，申說薛蕙發明《老子》性命哲理的重點之一，即在於直探人的本心本性，及其應物、接物之時，所引發心性問題的相關延伸，故終必歸宿於避免心之盲動、迷亂，以及養性、復性等心性理論的立說。凡此，是為抉發薛蕙《老子集解》性命思想重要的義理向度，也是本章論述之重點所在。

第二章　王道《老子億》的形上論述

第一節　問題的提出

王道《老子億》[1]對於老子的形上思想多所發揮，此蓋與明儒特別著力於發揚儒家道德形上學脫離不了關係，儒家形上學的調適上遂與充分發展，大抵是宋明儒的重要課題之一[2]。值得注意的是，在王道《老子億》的形上論述之中，儒家思維確實不時出其左右。可以想見，其老學思想中所構設而出的形上思維，儒道調融的問題意識不容忽視。本章主要即以其詮解《老子》首章與四十二章的形上思想作為觀察核心，兼有旁涉其他篇章的詮解，藉此以加強推論衍義的縝密度與周延性。

《老子》開宗明義第一章〈道可道〉章，無論是攸關句讀或文本內容的解讀，都是引發熱烈討論的焦點。歷代注《老》解

---

[1] 〔明〕王道：《老子億》，收入嚴靈峯編輯：《無求備齋老列莊三子集成・補編（一）》（臺北：成文出版社，1982 年，明嘉靖四十五年錫山安如山刊本）。以下所引皆依此本，僅於文後標示卷數、頁數，不另作注。

[2] 關此，可參見牟宗三：《心體與性體（一）》（臺北：正中書局，1989年 5 月）第一部「綜論」第一章〈宋明儒學之課題〉，頁 1-42。

《老》者詮解首章時，多半於此先行表述體認老子學說的思考脈絡，形成一種前理解的可能。因此，詮解首章的篇幅，幾乎占了全書之冠，對於老子學說的掌握及其理論雛型，大抵於首章注文中建立粗略輪廓。以明代老子學為例，此期老學研究者多標舉首章為全書綱領，故特重此章之義理抉發。《老子億》詮解首章時，即於文末總評說：

> 愚按此章，乃五千言之肯綮，千聖之要訣，可以意會，不可以言詮。（卷之上，頁9）

言下之意，透顯出首章的關鍵性地位，其乃「五千言之肯綮」、「千聖之要訣」。因此，若要全面析理王道老學思想的義理方向，以此章之詮解作為研究的發端與起點，當是十分穩當的入路。

王道對於《老子》首章確實強力闡釋，其間除關涉乎「道德本體」的形上論述，「道體」、「心體」與「無欲」、「有欲」關係的安頓之外，儒學思維屢屢可見。細察其間的義理走向，實不難知悉其發明老子思想的詮解角度。在王道的學思歷程中，嘗從王陽明學習心學，雖然其後因「眾說之淆亂，遂疑而不信」[3]。但是曾受心學深刻洗禮，對其解《老》所產生的深遠影響，也是不容抹滅的[4]。事實上，王道蓋以從事心體的學術教養，作

---

[3] 〔清〕黃宗羲：《明儒學案》卷四十二〈甘泉學案六〉述及王道學術淵源時說：「先生初學於陽明，陽明以心學語之，故先生從事心體，遠有端緒。其後因眾說之淆亂，遂疑而不信。」，頁1038。

[4] 韋東超：《明代老學研究》中即說：「王道之注，的確以大量引儒家先

為老學體系的思想資糧，觀其首章注文中大量援引的心學概念，即可明白。王道常憑藉儒家思想為其助說，詮解文字通暢易曉，故頗得時人青睞重視。《老子億》於有明一代，即具廣泛影響力，韋東超曾評述說：

> 在明代《老子》注書中，被後人徵引次數最多的，除了薛蕙的《老子集解》，其次就是王道的《老子億》了，不僅出身儒家的注《老》作者重視參引其書，明末三一教主林兆恩的《道德經釋略》對其書也大加徵引，可見王道其書的影響還越出儒家之外。[5]

文中指出明人注《老》解《老》之作，薛蕙與王道兩人影響最鉅，被援用與徵引的頻率最多見。焦竑《老子翼》收錄的六十四家注當中，除了自己的筆乘之外，同時代人僅采撼薛蕙、王道與李贄三家[6]。朱得之在其《老子通義・凡例》中亦言：

> 此書古註雖多至千家註本，而止予所企及而能信者，元儒林鬳齋《口義》、吳草廬《註》，近時薛西原《集解》、王道渠《億》而已。[7]

賢思想和儒家經典語錄闡釋《老子》思想為特點，但其所注解，還帶有明顯的心學印迹。」，頁13。

[5]　韋東超：《明代老學研究》，頁83。

[6]　〔明〕焦竑：《老子翼》〈目錄〉，頁5。

[7]　〔明〕朱得之：《老子通義・凡例》，頁5。

後老子時期迄至明代，有關《老子》註本雖多至千家，但是朱氏以為可以信任的，僅止於元儒林希逸《老子口義》、吳澄《老子註》，以及同時代薛蕙《老子集解》與王道《老子億》四家而已。此適得以證明，《老子億》在當時大受好評的現象，因而有值得引發研究的動機與理由。

《老子》首章云：「道可道，非常道；名可名，非常名。無名天地之始；有名萬物之母。故常無欲，以觀其妙；常有欲，以觀其徼。此兩者同出而異名，同謂之玄，玄之又玄，眾妙之門」[8]，針對此五十九字的注文，包括章末總評，王道以千言有餘的文字篇幅，闡釋其中的義理內蘊。本章第二節「首章義理內蘊的解析」中，乃將此長篇大論拆解成三個部分加以闡述。就注文部分而言，茲切割為二：首先自「道可道」至「萬物之母」數句，說明王道如何將體用觀念，置入老學理論框架之中，建構其「道德本體」的思想體系。其次，則自「故常無欲」至「眾妙之門」數句，探究專研心體的王道，如何將道體轉化為心體的概念，並將無欲、有欲扣合到體用框架之中。進而與《易傳》「寂然不動，感而遂通」，以及《中庸》「未發之中」、「已發之和」交相比附，強調聖人體證道德之妙的工夫路徑。末則以「體用一原，顯微無間」，闡發無欲、有欲的緊密關係，圓融分析「同出」、「同玄」之義，以及體用不二、即寂即感的思路，說明老

8　〔魏〕王弼注、樓宇烈校釋：《老子周易王弼注校釋》，頁 1-2。《老子億》對於首章文本，大抵依王弼注《老》之句讀，以無名、有名，無欲、有欲作為闡述的重點。王弼之後，宋代司馬光、王安石嘗以「無」、「有」為讀，其後之老學研究者以此句讀為準者，亦所在多有。

子「無而妙」、「有而徼」，玄之又玄的理境。最後，章末總論
的部分，則將首章意旨結穴於理學十六字心傳，以「人心惟危，
道心惟微，惟精惟一，允執厥中」合會老子思想。凡此，充分彰
顯其心學論述的義理向度，同時也展現時代思潮與經典注疏不可
分割的關係。

　　尤有進者，王道詮解首章實與其詮解四十二章多所關涉，其
中之形上旨趣亦多有相互發明之處。因此，第三節繼而以「四十
二章宇宙生成圖式的解析」為論述核心，擬探索《老子億》中如
何演繹萬物生成的過程與結構。四十二章言：「道生一，一生
二，二生三，三生萬物。萬物負陰而抱陽，沖氣以為和」[9]，此
是老子宇宙生成論最集中表述的一章，文中一、二、三究竟所指
為何？就文字表象而言，大抵是含糊不清、曖昧難明的。道如何
生成萬物？道與萬物兩端之間，各個階段各代表著什麼樣的發展
內涵，見解相當分歧。歷代詮註《老子》者，各依其所見、所
需，構設出不同的宇宙生成圖式。此中亦有主張無須勞神費解
者，老子僅藉此揭橥萬物的生成，乃是由少至多、由簡至繁的過
程，故以一、二、三為象徵之喻，並無特定內容之指涉[10]。此說

---

[9]　〔魏〕王弼注、樓宇烈校釋：《老子周易王弼注校釋》，頁 117。本章
　　後面尚有一段文字，重點在申述沖虛謙退之道，戒人不可驕矜自是。此
　　蓋與前段所言之宇宙生成論，上下文義無法銜接。高亨、陳柱、嚴靈
　　峯、陳鼓應等學者皆疑此為三十九章錯移本章。陳鼓應：《老子今註今
　　譯及評介》，頁 206。案：本章論述重點，僅止於前半段宇宙生成論的
　　部分。

[10]　陳鼓應即言：「這是老子著名的萬物生成論的提法，描述道生成萬物的
　　過程。這一過程是由簡至繁，因此他用一、二、三的數字來代指。因此
　　老子使用一二三的原義並不必然有特殊的指稱」，《老子今註今譯及評

或可免除歷來爭議。然而，細觀後老子時期，學者以四十二章文本作為思想載體，企圖勾勒老子宇宙生成之結構者，在《老子》詮釋史中仍佔多數，且其思想規模亦不容小覷。因此，針對四十二章思維理路的探究，釐析老子宇宙生成論的義理趨向，蓋為歷代注《老》解《老》者的重點之一。王道《老子億》也不例外，其對於四十二章的闡釋發揮即相當精到。必須說明的是，要全面梳理王道老學思想中的宇宙生成圖式，僅檢視四十二章並不足以支撐起理論的架構。因此，其他關涉篇章，諸如：首章、五章、六章、十六章、三十八章、四十章、五十一章等等，皆一併納入考察範圍以加強推論衍義的力道。王道曾是陽明學生，《老子億》大抵從儒學視角出發，資藉《莊子》、《中庸》、《易傳》、《太極圖說》等形上思維以建構老子宇宙生成的圖式，其特出獨到之處，以及儒者意識的表現，在在值得關注。凡此，是為本章論述之內容。

第二節　首章義理內蘊的解析

一、首言道德本體，將體用觀念置入理論框架之中

　　王道詮解首章「道可道，非常道。名可名，非常名」時，特別先行提出體、用一對觀念，作為其老學思想的理論前提與要

介》，頁 200-201；蔣錫昌：《老子校詁》（臺北：東昇出版社，1980年 4 月）中亦言：「老子一二三，只是以三數字表示道生萬物，愈生愈多之義。如必以一二三為天地人；或以一為太極，二為天地，三為天地相合之和氣；則鑿矣」，頁 279。

件，並據此以安頓「常道」與「非常道」，「常名」與「非常名」的關係，誠如其所言：

> 可道之道，言也。名則言之命物者，如仁義聖智之類是也。常者，不變不滅之謂。真常之道，體本虛無，不受變滅，故不可以言語形容，不可以名狀指擬。才落名言，便屬形迹；才有形迹，終歸變滅。故曰：非常。常與變對，非常則為變矣。常者，道之體也。變者，自道而出，道之用也。雖若不可相無，而實主先後之分，較然明矣。聖人憫世人，逐末而忘本，執妄以滅真也，故其言如此。（卷之上，頁 3-4）

王道先區分「老子之道」與「可道之道」的不同，進而以體用關係串聯兩者。其以為「老子之道」屬「常道」，無形迹可求，不可以言語形容、名狀指擬，是為「道之體」。道之本體虛無、真實恆常，故不受變滅，此是道體之性相；而「可道之道」，則若仁義聖智之類，屬「非常道」，有形迹可循，可以言語形容、名狀指擬，是為「道之用」。道之作用因落入言詮、形迹，故終歸變滅，此是道用之性相。王道認為老子之道為「道之體」，儒家的仁義聖智則為「道之用」，變滅之道用，蓋自恆常之道體而出的理論構設，透顯出儒、道會通的問題意識。文中尚提示兩點，其一是體用不可相無，彼此相依相須、不可或缺；其二則是體用有賓主、先後之分。主、先是本，賓、後是末。若是逐末忘本，就是執妄滅真。

　　在可道、不可道，可名、不可名，以及道用、道體之間思

索，王道乃以體用觀念爲軸心，將無名、有名置入此一間架之
中，再度申說無名爲「道之體」，有名爲「道之用」的觀點。其
詮解「無名，天地之始；有名，萬物之母」云：

> 無名，不可道、不可名者也。有名，可道、可名者也。無
> 名者，道也。莊子所謂「常無有」，周子所謂「無極」是
> 也。自本自根，生天生地，故曰：天地之始。有名者，道
> 所生之一也，德也。莊子所謂「太一」，周子所謂「太
> 極」是也。一生二，二生三，三生萬物，故曰：萬物之
> 母。或曰：可名即非常名，今以有名爲德，然則德亦變
> 乎？曰：自萬物而言，則德爲母，而萬物爲子。子變而母
> 不變；自道而言，則德又其所生者也，德有時變而道終不
> 變。故曰：失道而後德。言下道一等，而後入於德也。
> 曰：無極而太極，言自無極而爲太極也。道之真常，於此
> 益見，然非洞究古始，恐亦未足與議也。（卷之上，頁 4-
> 5）

此中飽含豐富的老學見解。王道援引莊子「常無有」[11]、周子
「無極」[12]之說，比擬老子無名之道。此道自本自根，是創生天
地的本始。因此，「無名，天地之始」是指稱道爲天地之根源。
而有名之德，則是道所生之「一」，此是莊子「太一」、周子

11　此中援引莊子「常無有」、「太一」之說，出自〔清〕郭慶藩編、王孝
　　魚整理：《莊子集釋》卷十下〈天下第三十三〉中所云：「建之以常無
　　有，主之以太一。」，頁 1093。

12　參見〔宋〕周敦頤：〈太極圖說〉，《周子全書》卷一，頁 1-17。

「太極」之謂。王道於此連帶言及四十二章「道生一，一生二，二生三，三生萬物」的宇宙生成圖式，與三十八章「失道而後德」的內在理蘊，進一步深化道與德的密切關係。其以有名為德、為一。故自萬物而言，有名之德與萬物是母子之關係，子終將變滅，而母則不受變滅，故德為體、萬物為用。然而，若是立足於道而言，因為道生一，一是德，故德為道所生，德有時變，而道則真常不變，故道是體，德是用。觀其三十八章「失道而後德」注文曰：

> 失猶退也，下之一等也。道德本為一物，但道無名而德有名。道不可道而德有可得者，故下道一等而後入於德也。
> （卷之下，頁 151）

此言德在道的下一層級，下道一等，即是入於德。針對道、德的關係，王道援引〈太極圖說〉「無極而太極」[13]——自無極而為太極，來加以印證。以無極生出太極，況喻道生出德，一方面揭示道、德的關係，另一方面也透顯出在理論層級上，「道」所具

---

[13] 〔宋〕周敦頤：〈太極圖說〉，《周子全書》卷一，頁 4。牟宗三：《心體與性體（一）》第二部「分論一：濂溪與橫渠」第一章〈周濂溪對于道體之體悟〉中，嘗詮解周子的「無極而太極」，其以為此是「以遮為詮」的表達方式，太極是表、無極是遮。太極是對於道體的表詮，無極是對於道體的遮詮。太極是實體字，無極是狀詞，實只是無聲無臭、無形無狀、無方所、無定體、一無所有之「寂然不動感而遂通」寂感一如之誠體本身，而此即是極至之理，故曰「無極而太極」，頁 358-359。此說對於思考老子形上學中「無」、「有」之間的關係，或能有所助益。

有的優先性地位，及其所居究竟根源的本體意義。

剋就文前所述「常者，道之體也。變者，自道而出，道之用也」，在常與變之中，實可具體勾勒出道、德之間的體、用關係。立足於道往前看萬物的生化，道生德，道是體、德是用。但若自萬物往本始處溯源，萬物由德而生，德是母，萬物是子，則此時德是體，萬物是用。「無名之道」是天地之始，「有名之德」是萬物之母。特就德爲萬物母親而言，它雖然是道體之作用，但也是萬物之本體，故兼具體、用的雙重面向。故王道乃主張「無名，天地之始；有名，萬物之母」，即指稱「道德本體」（卷之上，頁 6）之謂。將德提升到本體的位置，主要是以德作爲創生萬物的重要過程之一。此彰顯「道生一」（道生德）爲宇宙生化最關鍵的形上樞紐[14]，故稱之爲形上的道德本體。據此，實可發現將體用觀念置入老學的理論框架之中，蓋爲王道建構老學思想體系的重要向度。

二、次論道體即是心體，申說無欲、有欲的體用關係

其次，王道詮解「故常無欲，以觀其妙；常有欲，以觀其徼」時說：

> 上言道德本體，此則言聖人體當道德之妙，猶《易繫》首章先言乾坤易簡之德，而繼之以聖人體易成位之事也。欲，指此心動處而言，與《記》「感於物而動，性之欲

---

[14] 關此，本章第三節「四十二章宇宙生成圖式的解析」中，將有更透切而詳盡的闡釋，參見頁 210-226。

也」之「欲」同。徼，即竅也，與《記》「竅於山川」之「竅」同。觀，有體會合一之意。道之在人心，猶其在天地也。方其無欲也，一真自如，萬境俱寂，湛然如太清之無雲，瑩然如明鏡之無塵，此心之本體也，故謂之妙。及其有欲也，隨感而通，因物而應，燦然如星躔之不紊，沛然如川流之不息，此心之大用也，故謂之竅。（卷之上，頁 6-7）

此段文意明顯強調聖人入道工夫，故謂之「上言道德本體，此則言聖人體當道德之妙」。前半段首先討論道德本體的理蘊及其關係，其次則是申述聖人如何能體證道德本體的玄妙之處。講如何體證，當然攸關乎治心的工夫實踐。王道以為此若〈繫辭上傳〉首章，先言「乾以易知，坤以簡能」之德，繼之論聖人體證此乾坤易簡之理，而「成位乎其中」[15]的道理一樣。其解釋「欲」即「此心動處」，「徼」即「竅」，先後合會《禮記·樂記》與《禮記·禮運》中云：「感於物而動，性之欲」、「竅於山川」之說[16]。而「觀」之一字，則揭示此乃心性體認之事，故解之為「體會合一之意」，專主工夫之實踐義。此實表述形上道體並非僅僅只是懸虛之理，它是可以落實到人心之中，實踐之後加以體會、認可。道體落入人心發揮的作用，就像它在天地之間產生的

---

[15] 〔魏〕王弼注、〔晉〕韓康伯注、〔唐〕孔穎達疏：《周易正義》卷第七〈繫辭上〉第七，頁 144。

[16] 分見〔漢〕鄭玄注、〔唐〕孔穎達疏：《禮記正義》（十三經注疏本，臺北：藝文印書館，1989 年 1 月），卷第三十七〈樂記〉第十九，頁 666；卷第二十二〈禮運〉第九，頁 432。

作用一般。「道之在人心」，亦即理學家「心體」之謂。心體一
如道體，也有它體用兩面的性相。既以「欲」為「此心動處」，
那麼動是有欲、靜是無欲，動靜之間便展現體用之性相。無欲
是心之本體，有欲則是心之作用。無欲呈現的是人心寂然之本
體，此體一眞自如，萬境俱寂，所以言之「湛然如太清之無雲，
瑩然如明鏡之無塵」；有欲則是人心感應之大用，自然物來順
應、隨感而通，所以言之「燦然如星躔之不紊，沛然如川流之不
息」。

　　王道復資藉〈繫辭傳〉發揚心體即體見用、即用顯體的圓融
理境。〈繫辭上傳〉云：「易，無思也、無為也，寂然不動，感
而遂通天下之故」[17]，此章原是就形上易體的體、用來說。孔穎
達據此解釋說：「任運自然不關心慮，是無思也；任運自動不須
營造，是無為也。寂然不動感而遂通天下之故者，既無思無為，
故寂然不動。有感必應，萬事皆通，是感而遂通天下之故也」
[18]。從本體而言，易體本身是無思無為、任運自然的。雖然從理
體說是寂然不動，然而一旦陰陽相感而生，在動用上便能通達天
下萬事、萬物的原委。理學家多喜以「寂然不動，感而遂通」言
道體的體用兩面。「寂然不動」表述道體的靜，但道體不能僅僅
偏於靜，否則只是存有之理而不能有活動的作用義，遂接著說
「感而遂通」。在創生化育的過程中，固然以易理為本體，然而
理體一旦呈露出來，亦隨即見得活動之大用，此是體用「相即相

---

[17]　〔魏〕王弼注、〔晉〕韓康伯注、〔唐〕孔穎達疏：《周易正義》卷第
　　　七〈繫辭上〉第七，頁154。
[18]　〔魏〕王弼注、〔晉〕韓康伯注、〔唐〕孔穎達疏：《周易正義》卷第
　　　七〈繫辭上〉第七，頁155。

入」、「相資相待」的道理。靜體之理與靈妙之動用，彼此乃是
互相彰顯與實現的關係。王道即援用此易體之說，闡釋心體的動
靜觀，以寂然不動、感而遂通，象徵一心無欲、有欲兩個面向，
申說人心能動能靜，靜中寓動、動中寓靜的特性。動靜之間，寂
而能感、感而能寂，卻是渾融一體的呈現。其以為此即是心體
妙、徼之處，故以「寂然不動」言「方其無欲」，以「感而遂
通」言「及其有欲」。朱熹《周易本義》中嘗言：「寂然者，感
之體；感通者，寂之用。人心之妙，其動靜亦如此」[19]，莫不與
王道之說相謀合。

　　王道先將道體落入人心立論，再依據心之本體與心之大用兩
個面向，發明一心無欲、有欲，動靜自如的質性，以此強調體證
道德之妙的治心工夫，並援引《禮記》、《易傳》之說，作為格
義老子思想的中介橋樑。凡此，皆順承文前體用之思維而發。末
了，復援引《中庸》「未發之中」、「已發之和」[20]，再次推衍
心體妙徼、即寂即感的特性，其如是云：

> 妙，即喜怒哀樂未發之中，天下之大本也。竅，即發而中
> 節之和，天下之達道也。徼猶節也。中庸指其應於外，而
> 不差者言。此則指其出於中，而不亂者言，故用字微有不
> 同耳。感而寂然之體，未嘗往也，故曰：常無欲；寂而應

---

[19] 〔宋〕朱熹：《周易本義》（臺北：新文豐出版公司，1979 年 8 月）卷
之三〈繫辭上傳〉，頁 355。

[20] 〔宋〕朱熹：《四書章句集注・中庸章句》中有言：「喜怒哀樂之未
發，謂之中；發而皆中節，謂之和。中也者，天下之大本也；和也者，
天下之達道也。致中和，天地位焉，萬物育焉。」，頁 22。

用之妙，未嘗息也，故曰：常有欲。（卷之上，頁 7）

王道以「妙」附合「喜怒哀樂未發之中」，以「徼」附合「發而中節之和」，此是反覆申說心體的動靜觀。心體之靜，是一種絕對之靜，非動、靜相對之靜。如果是與動相對之靜，靜就只是不動而已。但是心體卻能時時應於物、出於中，在動用之竅中，應物而無累於物，不偏不倚、無所差失。此一如《中庸》所言，喜怒哀樂未嘗表露之時，人心處在一種寂然靜定的狀態。一旦感物而動，情感呈露，亦能事事合乎節度，順應常理而不紊亂，這就是中庸、中和之意，亦即「應於外而不差」、「出於中而不亂」的理蘊。因此，「寂然不動」就是「未發之中」，「感而遂通」就是「發而中節」[21]。王道所言「感而寂然之體，未嘗往也」、「寂而應用之妙，未嘗息也」，就是揭示這種「寂而能感」、「感而能寂」的圓融理境。

尤有進者，王道提點一心之無欲、有欲，之所以能如是靈動於虛靜之間，關鍵即在此一「常」字。針對「此兩者，同出而異名。同謂之玄，玄之又玄，眾妙之門」，王道詮解說：

即此常之一字，已寓同出同玄之義矣。欲人之易曉也，故又別而言之，曰無、曰有、曰妙、曰徼，其名異矣。然體用一原，顯微無間，其出同也。其出既同，則無而妙者，固謂之玄。而有而徼者，亦不得不謂之玄也。故同謂之

21　陽明亦嘗就此立說，參見〔明〕王陽明：《王陽明傳習錄》（臺北：廣文書局，1979 年 5 月）卷上，〈語錄（一）〉，頁 38。

　　玄，云玄有幽深微渺之意，即妙也。（卷之上，頁 7-8）

此一「常」字，即隱含「同出」、「同玄」之義。無欲、有欲，一無一有，一妙一徼，表面文字符號雖然各異，但「體用一原，顯微無間」，亦有其「同出」之義。「體用一原，顯微無間」語出程頤〈易傳序〉[22]，此是說體用出自同一根源，且隱微的形上理體與其產生作用的顯象事物之間，彼此是互相涵攝的，因而沒有間隙。陽明心學亦嘗論及心的體用兩面，一心分為心之體與心之用，心之體是天理，心之用則是天理在現象世界中發揮的作用，體在用中，用在體中，強調心是一切的本源。王道即資藉此體用相涵相攝、融通無礙的理論，建構老子無欲、有欲的關係。就圓融理境來說，無欲、有欲同出一心，無欲是心之本體，是心體安靜之相；有欲則是心之大用，是心體動用之相，一動一靜，皆出於心。而所以能有此動靜自如、虛靜靈妙的作用，蓋是一心恆處於「常」態之中。此「常」是「常道」之「常」，是動靜相遇之時，持守一種恆常靜定的狀態，靜亦定、動亦定，即是「常」。是故，王道乃以為「常無欲」是「無而妙」，「常有欲」是「有而徼」，「無而妙」是玄，「有而徼」亦是玄，玄之又玄即是「同玄」之義。此「同出」、「同玄」之義，即是老子學說幽深微渺之處。

　　因為將道體落實為心體，遂導引出治心工夫的重要性。只有心性的深刻體認，使心恆處於樸質靜定的「常」態，才能領會無

22　《周易程氏傳・易傳序》，收入〔宋〕程顥、程頤：《二程集・二》，頁 689。

欲、有欲，靜、動之間，即寂即感、體用雙即的辯證意義。此說明老子之道不是經由概念思考而來，而是透過工夫的淬鍊與實踐，「常道」才有被理解的可能。因此，中國哲學只要言及辯證，就不是屬於知識的範圍，而是屬於智慧的層次。辯證只能用在人生實踐、精神生活方面，而不是邏輯思辨。此亦即理學家何以講本體必講工夫，本體、工夫一定兩面講的原因。工夫為的是要印證本體，而本體實亦涵著工夫[23]。凡此，或可得以初步論證，王道《老子億》如是重視體用觀念，以及體證工夫的義理取向[24]，蓋與其從學於陽明的思路歷程，有著無法脫鉤的關係。

三、末舉理學十六字心傳，合會《老子》首章意旨

《老子億》在重要章節後面，多附有一段總結之語，大抵綜論本章要旨。首章章後總述中，王道即總括其義理旨向，標舉理學十六字心傳，以合會首章之宗趣。其云：

> 括其大致，則與舜禹授受之旨，《中庸》心法之傳，未嘗不脗合而無間也。《中庸》已見於前，其曰「無云」者，「道心惟微」之謂也；其曰「有云」者，「人心惟危」之謂也；其曰「常無常有同出異名」云者，「惟精惟一」之

23　關此，參見牟宗三：〈超越的分解與辯證的綜合〉，《鵝湖月刊》第 19 卷第 4 期總號第 220（1993 年 10 月），頁 1-4。

24　〔明〕釋德清：《老子道德經解》（《無求備齋老子集成・初編》）卷首附有〈發明體用〉一文，其首章詮解亦云：「此章總言道之體用，及入道工夫也。老氏之學，盡在於此。其五千餘言，所敷演者，唯演此一章而已」，頁 1。此中觀點與王道頗有相類之處。

謂也；其曰「玄之又玄，眾妙之門」云者，「允執厥中」
之謂也。……老子之道，惟其如此，故生而不有，為而不
恃，功成而不居也。蓋其所以成，所以有，所以生，且為
者，皆出於人心之危，有欲之徵。而其所以則天，所以不
與、不有、不恃、不居者，則皆原於道心之微，無欲之妙
為之主也。學不見此，不可以言道。人不得此，不可以言
聖。謂之道德之微言，信不誣矣。（卷之上，頁9-10）

「人心惟危，道心惟微，惟精惟一，允執厥中」，乃堯舜禹一脈
相承之法，後亦被認為是孔門傳授，或學習《中庸》的心法訣
竅。事實上，此十六字並非源出《中庸》，而是引自古文《尚
書‧大禹謨》[25]。此心法亦是心學之源，陽明與弟子就此引發的
相關問答，《傳習錄》中多所記載。陽明曾解釋「人心惟危，道
心惟微」說：

問道心人心，先生曰：率性之為道，便是道心；但著些人
的意思在，便是人心。道心本是無聲無臭，故曰：微。依
著人心行去，便有許多不安穩處，故曰：危。[26]

陽明認為，道心微昧難明、幽隱未形、無聲無嗅，無法以感官經
驗，是天道、天理的純粹精華，故言「道心惟微」；而人心則是
道心在人身的作用與顯現，若依著人心行去，因為私欲牽縈之

---

[25] 〔漢〕孔安國注、〔唐〕孔穎達疏：《尚書正義》（十三經注疏本，臺
　　北：藝文印書館，1989年1月）卷第四〈大禹謨第三〉，頁55。
[26] 〔明〕王陽明：《王陽明傳習錄》卷下，〈語錄（三）〉，頁155。

故，將呈現失穩之態，故言「人心惟危」。此區分道心、人心，並直指人心因為欲望雜質的摻入，時而有陷入危險的可能。

陽明雖然分開講述道心、人心，但並非視兩者為截然對立的兩個心。《傳習錄》中復載：

> 愛問：道心常為一身之主，而人心每聽命。以先生精一之訓推之，此語似有弊。先生曰：然。心一也。未雜於人，謂之道心；雜以人偽，謂之人心。人心之得其正者，即道心。道心之失其正者，即人心。初非有二心也。程子謂人心即人欲，道心即天理。語若分析，而意實得之。今曰道心為主，而人心聽命，是二心也。天理人欲不並立。安有天理為主，人欲又從而聽命者！ [27]

本章記陽明對徐愛解釋道心、人心之殊異及其關係。依分別說而言，道心、人心是不一樣的，未摻雜人偽是道心，摻雜人偽便是人心。道心、人心是一心的兩種表現，它會呈現哪種面向，關鍵就在於此心得其正與否。事實上，心只有一個，「發於義理之公者」就是道心，而一旦「生於形氣之私者」，就是人心[28]。此說明人心溺於私欲，道心便幽隱難明。對於徐愛的提問，陽明解釋得很清楚，其認為以道心為主宰，人心聽命於道心的說法，是將

---

[27]　〔明〕王陽明：《王陽明傳習錄》卷上，〈語錄（一）〉，頁16。

[28]　朱子曾言：「指其生於形氣之私者而言，則謂之人心；指其發於義理之公者而言，則謂之道心。人心易動而難反，故危而不安。義理難明而易昧，故微而不顯。」，〔宋〕朱熹：《晦庵先生朱文公文集》（京都：中文出版社，1977年11月）卷第六十五，頁4806。

心看成兩個，並非恰當的理解。因為若依非分別說而言[29]，道心、人心是一種辯證統合的關係，並非對立之態。陽明心學嘗試將兩者置入體、用之中予以說明。道心是人心的本體，而人心則是道心的發用，也是道心的世間相，理想狀態當是兩者相即相入、互不相離的。透過治心工夫的錘鍊，道心在人偽當體寂滅時，即刻得以朗現，並非離開人心而另有一個道心。這是強調「惟精惟一」的實踐義，若能持守精誠專一的工夫，則體用合一，人心便是道心。而心一旦雜染私欲，則體用二分，道心、人心隨即背離為二。《中庸》所言喜怒哀樂未發之中，便是指人心寂然不動，與天道、天理冥合而言，彰顯的是道心一面；而喜怒哀樂既發之時，則是指人心感而遂通、出而應物而言，彰顯的是人心一面。所謂「發而皆中節，謂之和」，即代表道心、人心圓融為一的「中和」理境，此純然是心性主體經過道德實踐之後，予以辯證統一的結果。據此，則可知心只有一個，因為有已發、未發之異，故有道心、人心之別。但是透過工夫修持，道心、人心仍可維持一體和諧的完整狀態。此即是道心、人心不一又不二的弔詭說法。

　　《傳習錄》中屢見十六字心傳的相關提問與討論。明乎此，當能理解王道以此作為首章要旨的學術因緣。其將「常無欲，以觀其妙」比附「道心惟微」；「常有欲，以觀其徼」比附「人心惟危」。以一心的體用兩面，勾勒出「常無欲」、「常有欲」的妙、徼之處。繼之以「同出而異名」比附「惟精惟一」，蓋無

---

[29]　關於分別說與非分別說，參見牟宗三：《中國哲學十九講——中國哲學之簡述及其所涵蘊之問題》第十六講〈分別說與非分別說以及「表達圓教」之模式〉，頁331-366。

欲、有欲之所以具「同出」之義，關鍵就在於精誠專一的治心工夫，俾使道心、人心辯證統合為一，乃得以印證體用一源、顯微無間的底蘊，此是聖人體證「道德本體」的重要門徑。而「玄之又玄，眾妙之門」則比附「允執厥中」，說明透過工夫體證本體之後，便能誠信持守此「無而妙」、「有而徼」，玄之又玄的中正之道。最後，王道復以此要旨，演繹老子學說「生而不有、為而不恃、功成而不居」的義理內涵。他提出老子之所以言成、言有、言生、言為，是出自「人心之危」、「有欲之徼」的思維面向；而其復主張不與、不有、不恃、不居，則是效法天道、天理之自然，是源自「道心之微」、「無欲之妙」的思維面向。王道以為要言道成聖，必須先釐清此無欲、有欲，道心、人心的微言大義，此是老子所謂「道德本體」之精髓所在，亦是聖人體證道德之妙的工夫路徑。凡此種種，是為《老子》首章可以意會之處，針對其間義理思想的掘發，實可印證王道以儒家學說合會《老子》的詮解特色。除了首章的相關論述之外，四十二章中王道所企圖建構的宇宙生成圖式，亦充分流露儒道調融的用心，此即以下節申述之。

第三節　四十二章宇宙生成圖式的解析

一、「道生一」即「道生德」，是生化的形上樞紐

　　「道生一」是老子宇宙生成圖式的發端，也是最重要的理論樞紐。因此，王道以最多篇幅論述此一階段。其間關涉的問題有二：其一是「道」與「一」所指涉的內涵為何？其二則是「道」

與「一」之間，究竟存在著怎樣的關係？針對這兩個問題，王道
首先強調道的體、用兩面，明示道是萬物生成的終極依據，它雖
是虛靜道體，卻能發揮實動力量，產生無窮的生化作用。觀其詮
解第五章「虛而不屈，動而愈出」時即言：

> 夫道也者，體虛而用實，靜無而動有者也。當其未動，虛
> 而已矣。未嘗有物在中，鬱抑而不得申也，言不見其有餘
> 也。及其感而動也，愈出愈有而其應不窮，言不見其不足
> 也。橐籥如此，造化如此，聖人所存之神亦如此。（卷之
> 上，頁 21）

此中以體用、動靜、虛實三組相對概念表明道的雙重特性，並以
「橐籥」具體象徵造化之道──「虛而不屈，動而愈出」的特
質，代表生化主體「體虛而用實，靜無而動有」的神妙狀態。言
下之意，乃表明道體能靜能動、能虛能實。其未動之時，一切虛
靜無為；逮至萌動之時，則能實動有為。靜是寂然虛無的本體質
性；動則是感通生發的作用質性，此是言道的體、用兩面。除了
「橐籥」之外，「谷神」、「玄牝」亦皆可發明道的體、用義，
其詮解第六章「綿綿若存，用之不勤」時復言：

> 綿綿若存者，言其恍惚窈冥，無象之象，即所謂虛而不屈
> 也；勤，勞力也。用之不勤者，言其感而遂通，其應無
> 窮，不須著力，即所謂動而愈出也。聖人恐人不知橐籥之
> 義也，故以谷神言之。又恐其不知谷神之義也，故以玄牝
> 名之。輾轉發明，只是一理。道之體用，盡於是矣！（卷

之上，頁 24-25）

「橐籥」、「谷神」、「玄牝」皆是隱喻，三者咸具有「虛」的本體質性，故能發揮源源不絕、生生不息的創生動能。此蓋象徵道的體、用特性，以「綿綿若存」、「虛而不屈」喻意「道之體」，此是「寂然不動」；而以「用之不勤」、「動而愈出」喻意「道之用」，此則是「感而遂通」[30]。「橐籥」的「虛而不屈，動而愈出」，以及「谷神」、「玄牝」的「綿綿若存，用之不勤」，乃得以輾轉發明道之體用、靜動、虛實的義理底蘊。王道遂稱此「虛而生物」的「玄牝之門」，即是首章所言「玄之又玄，眾妙之門」[31]之謂。

尤有進者，道所具有體、用的性相，在四十二章宇宙生成的圖式中，王道巧妙將其置入「道生一」的階段之中，成為理論體系的關鍵樞紐。「道生一」的道，指的是道所具有「無」的面相，此是言其本體義，是時居於靜的狀態；但道不能僅僅偏於靜、無的一面，它一旦要創生萬物之時，還是要入於「有」，此是言其發揮作用義的動力，是時乃居於初動的狀態。因此，「一」即代表創生歷程即將啟動，道體準備展開其生化的初始作用之際。在宇宙生生不息的大化流行當中，固然以道體之「無」作為最後的本體義。然而道體一旦呈露出「有」的端倪，預備開

30　〔魏〕王弼注、〔晉〕韓康伯注、〔唐〕孔穎達疏：《周易正義》卷第七〈繫辭上〉云：「易，無思也、無為也，寂然不動，感而遂通天下之故」，頁 154。

31　王道詮解第六章中有言：「牝亦虛而生物者。玄牝之門，即是所謂玄之又玄，眾妙之門是也」，卷之上，頁 24。

始萌動之初，隨即見得活動之大用，此即所謂「體虛而用實，靜無而動有」之意。事實上，誠如文前第二節中所言，王道於詮解首章「無名，天地之始；有名，萬物之母」時，即已先行表述過「道生一」之意，並以此作爲老子形上學的核心思想。其云：

> 無名者，道也。……有名者，道所生之一也，德也。（卷之上，頁4）

其以「道」爲「無名」，是「天地之始」；而「一」則爲「有名」，是「萬物之母」。前者言道「靜之體」的面相，後者則言道「動之用」的面相。王道更指出，此「一」即是「德」，故「道生一」即是「道生德」。以「一」爲「德」，乃其相當重要的思想前提。此透顯出道、德之間的深邃關係，就在於德由道所生，且德是道的作用義，道與德一體兩面，彼此相即相入、相資相待。靜是作用之體，動是本體之用，在靜、動之間，寂而能感、感而能寂，即體見用、即用顯體，此便是道德、無有渾融一體的圓滿理境。宇宙萬物就是在這樣的發端底下，得以展開接續而來的生化歷程。因此，透過「道生一」，亦即「天地之始」、「萬物之母」的「道德根源」義，說明道、德之間「體用一源，顯微無間」（卷之上，頁7）的辯證關係。就道體「無」的層次而言，它寂靜、幽隱、微妙；而就道用「有」的層次而言，它感通、豁顯、生動。無、有兩層皆源出於道，彼此相涵相攝、相依相須。據此，生成理論的初步框架乃得以凝定成形，遂開啓了「玄牝之門」、「眾妙之門」，宇宙萬物隨即由此門逐一演化而出。

關於「一」，《老子億》中多所闡釋，茲列舉數例說明如下：

> 一者，何也？道之子也，萬物之母也。玄德是也。（卷之上，頁36）

> 玄德，即一也。以其出於道而微妙玄通深不可識也，故謂之一。（卷之上，頁39）

> 名之為一，猶不失其為渾然之體也。（卷之上，頁58）

> 根，物之所從以出也。命，天之所以生物者，萬物之母是也。莊子曰：「一之所起，有一而未形。物得以生，謂之德；未形者有分，且然無間，謂之命。」（卷之上，頁67）

> 一，即上德也。有而未形，無為、無欲、自然而已，故謂之一。（卷之下，頁162）

細察引文之意，「道生一」的「道」單指「無」，代表道的本體義；而「一」則是指從「無」入「有」之「德」，代表道的作用義。「道」是無、是母，「德」是有、是子，「道生一」實亦可謂「道生德」、「母生子」、「無生有」。此一生化階段，道體雖已開啟生發的基本動力，但是並未分化成萬物之形。因此，道與萬物仍是初始渾淪的一體之態，故言「名之為一，猶不失其為

渾然之體也」。換言之，「道」與「一」係屬形上之「無」、「有」，尚未向下往有形質落實，未演化爲現象世界的雜多萬物，故能保有自足和諧、純一不雜之態[32]。此外，「一」之「德」卻非普通之德，而是「玄德」，德之所以玄，在「微妙玄通深不可識」，此乃專指其幽隱暗昧、不可測知的特質。另一方面也同時表述道德的生養萬物，乃出於老子所言「生而不有，爲而不恃，長而不宰」（十章）——「無爲自然」[33]的姿態。爲了闡述此理，王道徵引《莊子‧天地》[34]中所言「一」與「德」，以加強論證其說。莊子以爲當道體展開創生之歷程，準備由無形質演化爲有形質之際，最先呈現出渾一和諧的萌動狀態，便是「一」。處「一」之時，還沒有分化出萬物之形，故言「有一而未形」[35]。然而萬物的生成，勢必經此「一」方得以實現，故莊子復言「物得以生，謂之德」。最後，爲了區隔下德，王道又強調「一」屬「上德」。上德者乃致之於「一」，其能將「抱一」、「守一」之道，落實爲無爲、無欲、自然的心性涵養，才

---

[32]　徐復觀：《中國人性論史‧先秦篇》第十一章〈文化新理念之開創——老子的道德思想之成立〉，其中解讀「道生一」亦持此見，蓋與王道不謀而合，頁333。

[33]　《老子》十章言：「載營魄抱一，能無離乎？……生而不有，爲而不恃，長而不宰，是謂玄德」，王道注曰：「老子載營魄之要在於抱一，其抱一則在於無爲自然而已，非欲於營魄上加之意也」，卷之上，頁44。

[34]　〔清〕郭慶藩編、王孝魚整理：《莊子集釋》卷五上〈天地第十二〉，頁424。

[35]　郭象注此句曰：「一者，有之初，至妙者也，至妙，故未有物理之形耳」，〔清〕郭慶藩編、王孝魚整理：《莊子集釋》卷五上〈天地第十二〉，頁425。

是真正的有德者。王道詮解三十八章有言：

> 德，有一而未形，可守者也。故曰：據於德。據德亦猶所
> 謂抱一、守一也。謙虛、濡弱、慈儉、不敢為天下先者。
> （卷之下，頁 159-160）

此是援引《論語》中言人之為學當「據於德」[36]的工夫修養，代
表「得其道於心而不失之謂」[37]，將「有一而未形」之「德」，
內化為執守自然無為的生命修持，以效法道的種種特性，從而得
道於心，展現出謙虛、濡弱、慈儉、不敢為天下先的理想人格。
玄德、上德，皆得之於道的無為無欲、真樸自然，正有別於有為
有欲、虛矯造作的下德[38]。

　　此「道生一」的生化序曲，王道認為可與四十章「天下萬物
生於有，有生於無」相互發明，咸彰顯天地萬物之所以生成的道
德根源義、本體義，關鍵處就在揭示道——無、有的雙重性格。
「道生一」是立足於道，向下鋪展萬物的生成，故稱之為「無生
有」；而「天下萬物生於有，有生於無」則是立足於萬物往上溯
源，故稱之為「有生於無」。「無生有」、「有生於無」乃分別

36　《論語・述而》言：「志於道，據於德，依於仁，游於藝。」，〔宋〕
　　朱熹：《四書章句集注・論語集注》卷四，頁 126。
37　朱熹注「據於德」即曰：「德者，得也，得其道於心而不失之謂也」，
　　〔宋〕朱熹：《四書章句集注・論語集注》卷四，頁 126。
38　王道詮解五十一章曰：「然生而不有也，為而不恃也，長而不宰也，則
　　亦道之自然而已。何嘗有為於其間哉！玄德謂德出於道，正以別於有為
　　之下德」，卷之下，頁 199。

從「道」與「萬物」兩端而來的不同視角，具欲彰顯無、有之間統合涵攝的關係，乃生化歷程的重要發端。因此，無、有皆屬形上層，用以表現「道」由無形質落實向有形質的活動過程，而「有」則是介乎無形質與有形質之間的一種狀態[39]。四十章減省「一生二」與「二生三」的中繼環節，從萬物的角度立論，就是「天下萬物生於有，有生於無」，此可謂精簡版的宇宙生成圖式，故亦可言「天下萬物生於德，德生於道」。此道德之根源，王道復與首章「無名」、「有名」合觀，其言：

> 蓋以天下之物生於有，所謂「有名萬物之母」是也；而有生於無，所謂「無名天地之始」是也。（卷之下，頁167）

凡此，遂將「天下萬物生於有，有生於無」、「無名，天地之始；有名，萬物之母」以及「道生一」之說，連結貫串於同一義理向度之中。此道德、無有之形上論述，實出自王道對於老子思想精深的構想與發揮，且能達到章與章之間互相詮釋的效果。

關此，首章所謂「道德本體」一說，實可與四十二章「道生一」相互發明，王道詮解四十二章言：

---

[39]　徐復觀：《中國人性論史·先秦篇》，頁 333。陳鼓應亦呼應此說，其言：「『天下萬物生於有，有生於無。』這裡的『有』『無』即意指道，和第一章同義。『無』『有』乃是道產生天地萬物時由無形質落向有形質的活動過程。這裏是說明天下萬物生成的根源。」，陳鼓應：《老子今註今譯及評介》，頁 196。

> 道者，無名天地之始。莊子所謂「常無有」、所謂「太初
> 有無，無有無名」者也。一者，萬物之母。莊子所謂「太
> 一」，所謂「有一而未形，物得以生，之謂德」者也。
> （卷之下，頁 172）

此中援引莊子「常無有」、「太初有無，無有無名」[40]以及周濂
溪「無極」[41]之說，比擬老子「無名之道」。道自本自根，是創
生天地的本始。因此，「無名，天地之始」是指稱道為天地的根
源。而「有名之德」，則是指謂道所生之「一」，此是莊子言
「太一」以及「有一而未形，物得以生，之謂德」[42]之意。王道
以「有名」為德、為一，是萬物之母。故自萬物而言，有名之德
與萬物是母、子之關係，子終將變滅，而母則不受變滅，故德為
體、萬物為用。然而，若是立足於道而言，因為「道生一」，一
是德，故德為道所生，德有時變，而道則真常不變，故道是體、
德是用。

　　誠如第二節中述及，王道曾言：「常者，道之體也。變者，
自道而出，道之用也」（卷之上，頁 3-4），在常與變之間，實
可具體勾勒出道與德的體用關係。立足於道往前觀看萬物的生
化，道生德，道是體（母）、德是用（子）。但若自萬物往本始

40　〔清〕郭慶藩編、王孝魚整理：《莊子集釋》卷十下〈天下第三十三〉
　　中云：「建之以常無有，主之以太一」，頁 1093；「太初有無，無有無
　　名」，則出自《莊子集釋》卷五上〈天地第十二〉，頁 424。

41　〔宋〕周敦頤：《太極圖說》，《周子全書》卷一，頁 4。

42　〔清〕郭慶藩編、王孝魚整理：《莊子集釋》卷五上〈天地第十二〉，
　　頁 424。

溯源，萬物皆由德而生，因爲眞正產生生化動力與作用的是德，則德是母（體），萬物是子（用）。據此，道與德實皆具有爲母、爲體之身分。而德之「體用兼具」的雙重特質，更別具理論之殊意。故王道有云：

> 母者，何也？德者，萬物之母。而道又德之母，則聖人所謂母，兼道與德而言之也。（卷之上，頁 83）

因此，道與德皆可爲母。此即王道時而稱道德爲「道德本體」（卷之上，頁 6）之故。將德提升到本體高度，主要便是出於「天下萬物生於德（有），德（有）生於道（無）」的思維，以道德作爲創生萬物的重要依據，故指稱道德爲道德本體或道德根源。特別值得注意的是，王道所賦予「德」的雙重身分，以及特別重視德的義理傾向，當有其哲學之深意。若眞要區隔道與德兩者爲母之不同，王道乃指稱道爲「大母」。其云：

> 夫天下萬物生於有，有生於無。道之無也如此。此其所以生天生地而爲天下母也歟！或曰：前言「有名萬物之母」，此又以無爲天下母何也？蓋道生天地，而天地生萬物，則道乃天地萬物之一大母也。聖人食母食諸此而已矣！（卷之上，頁 97-98）

因爲道生天地，而天地生萬物（關此，文後「一生二」將有論述）。就天地亦爲道所生化而言，故道乃天地萬物之「大母」。凡此，將道德、有無、動靜、虛實、體用、母子等觀念，置入宇

宙生成圖式的體系當中，蓋爲王道構設「道生一」的重要骨幹。

綜而言之，此道德本體即宇宙生成的重要開端，王道又稱之爲「天地根」，其言：

> 天地根，言天地萬物自此而生，即所謂天地之始、萬物之母是也。（卷之上，頁24）

所謂天地之始、萬物之母，即指作爲天地萬物的形上根源——道德而言，故謂之「天地根」。王道復形容道德云：

> 夫物之形勢原於道德如此，則道德者誠萬物之父母也。是以萬物之生，莫不尊道而貴德焉。尊之云者，至高而無以加，真有父之敬也。貴之云者，至親而不可離，真有母之愛也。蓋報本反始，自然之理如此。（卷之下，頁197）

萬物的生成實源自道與德。王道認爲老子的「尊道而貴德」，就是尊父而貴母，乃爲表達「報本反始」之意。「天地根」講的就是道德根源，也就是「道生一」的理論內涵，故王道實以「道生一」，建立老子形上道德論的思維理路。

王道又以「反者道之動，弱者道之用」（四十章）申說道與德的深刻關係，其言：

> 道之體本無如此。故反者，自有而歸無也；弱者，以無而御有也。皆近本者也。此其所以動，而為道之用也歟！反即《易》之復也；弱即《易》之謙也。動即其剛反，而亨

> 利有攸往，見天地之心者也。用即其尊而光，卑不可踰，
> 君子之終，而為德之柄者也。學者合而觀之，亦可識
> 《老》、《易》玄同之妙矣！（卷之下，頁167-168）

「自有而歸無」、「以無而御有」，透顯道、德之間——「必自
體以達用」（卷之下，頁200）、「應用而不離乎體」（卷之
下，頁201），體用不即不離的關係。其後並以復、謙二卦〈象
傳〉[43]的思想內涵，況喻老子反、弱哲學的動、用行誼。柔弱、
謙退為德之柄，不僅是宇宙創生的法則，也是人生行為的指標。
此即是《老》、《易》玄同之妙。王道詮解五十二章，更清楚揭
示道、德的究竟關係，其言：

> 始者，無名天地之始，道也；母者，有名萬物之母，德
> 也。德不自有，由道而生。故曰：「天下有始，以為天下
> 母。」見道德之本一云耳。（卷之下，頁199-200）

就圓滿理境而言，道就是德，德就是道，兩者原是一貫相通的，
此即是「道德本一」。天地萬物皆自道德而出，一切大化流行、
千變萬化，亦無非是道德之妙用。故王道乃謂：

> 子，道德所生，以有為為應迹者也。天下有為之事，幾自
> 道德而出者，千變萬化，無非妙用。所謂無方之傳，善應

---

43 〔魏〕王弼注、〔晉〕韓康伯注、〔唐〕孔穎達疏：《周易正義》卷第
  二、第三，分見頁47、64。

　　　　而不窮者也。斯乃真道德之子也。（卷之下，頁 200）

道德乃天地萬物之母親，而其下所出，皆爲其子。道德無爲無
欲，一任自然。天下有爲、應迹之事，亦無非皆此道德之妙用。
凡此，可謂抉發道德本體之奧義，而「道生一」之理蘊，實即道
德形上學的重要表述，豁顯出老子宇宙生成圖式的關鍵樞紐。

二、「一生二，二生三，三生萬物」的氣化歷程

　　　「道生一」之後，生化萬物的動能隨即開啓，並往下逐一落
實生化的各個中繼環節。若以此道德根源爲發端的起點，則道德
是母，以下發展的每一個階段，都可說是道德之子。「一生二，
二生三，三生萬物」究竟如何變化？王道詮解說：

　　　　二者，兩儀也，其形則謂之天地，其氣則謂之陰陽。莊子
　　　　所謂「至陰肅肅，至陽赫赫者也。」三則其所謂「肅肅出
　　　　乎天，赫赫發乎地，兩者交之成和而物生焉」者也。（卷
　　　　之下，頁 172-173）

此中將「二」比附爲〈繫辭傳〉所言「太極生兩儀」[44]之「兩
儀」，指涉天地、陰陽之意。以形而論，專指天地，其乃現象界
中最持久、最早存在之形象。若無沖虛之天地，萬物亦無安放之
處，故產生萬物之前必須先安設天地[45]；以氣而論，則專指陰

---

[44]　〔魏〕王弼注、〔晉〕韓康伯注、〔唐〕孔穎達疏：《周易正義》卷第
　　　七〈繫辭上〉，頁 156。
[45]　徐復觀：《中國人性論史・先秦篇》中言：「天地爲生萬物所不可缺少

陽，王道以《莊子・田子方》「至陰肅肅，至陽赫赫」[46]推衍印證此二氣之說。所謂「三」，則係指天地陰陽之氣的相通交感，致使陰中有陽、陽中有陰，遂成一和氣之態，此即〈田子方〉言：「肅肅出於天，赫赫出於地；兩者交通成和而物生焉」[47]。成玄英嘗疏此曰：「陽氣下降，陰氣上昇，二氣交通，遂成和合，因此和氣而物生焉」[48]。王道資藉莊子氣化之說，以凝塑老子宇宙生成圖式的義理方向。據此，「一生二，二生三，三生萬物」乃得以解釋爲：當道德本體一旦啓動生化開關之後，首先安設天地、分化陰陽，此是「一生二」；繼而陰陽二氣融通交感，產生和合之氣，此是「二生三」；最後，此陰陽均調之氣，終得以演化雜多萬物，使萬物共生共榮，成就現象界的一切，此是「三生萬物」。

　　王道接著強調各個中繼環節缺一不可，他說：

的條件。因為中國傳統的觀念，天地可以說是一個時空的形式，所以持載萬物的；故在程序上，天地應當生於萬物之先。否則萬物將無處安放。因此，一生二，即是一生天地。」，頁 335。值得注意的是，徐先生特別反對陰陽創生之說，主要原因是其認為將陰陽的概念抽象化而為二氣，用以說明宇宙創生的過程，乃流行於戰國中期以後。陰、陽的本義是以「日光之向背」為基本出發點，是就日光照得到、照不到來分的。因此，徐先生的解讀完全排除氣化論的說法，頁 334-335。

[46] 〔清〕郭慶藩編、王孝魚整理：《莊子集釋》卷七下〈田子方第二十一〉，頁 712。

[47] 〔清〕郭慶藩編、王孝魚整理：《莊子集釋》卷七下〈田子方第二十一〉，頁 712。

[48] 〔清〕郭慶藩編、王孝魚整理：《莊子集釋》卷七下〈田子方第二十一〉，頁 713。

> 夫道不能遽生天地也，必生一，而後能生天地。天地不能
> 遽生萬物也，必生三，而後能生萬物。（卷之下，頁 172-
> 173）

道無法直接創生天地，一定要先有「一」。沒有「一」所萌發的
基本動力，天地殆無由以生。有了「一」之後，才能安設天地、
分化陰陽；然而，天地陰陽也沒有辦法直接生成萬物，必須有
「三」，也就是陰陽二氣和諧均調的狀態，否則萬物亦無由以
生。此是對於一、二、三關係的加強論述，揭示王道於「道生
一」之後，以氣化觀點演繹生成圖式的維度。凡此，宇宙萬物生
化的過程與結構業已完成。

王道以為「萬物負陰而抱陽，冲氣以為和」，只是再次發明
陰陽和諧的重要性，其云：

> 然萬物豈能自生生哉？負陰以肖地，抱陽以肖天，而冲虛
> 之氣流行乎其中，以肖天地之和。如《易》所謂保合太和
> 者，而後能各正性命，以生其生矣！（卷之下，頁 173）

此蓋以〈乾卦・象傳〉：「乾道變化，各正性命，保合大和，乃
利貞」[49]呼應老子之說。萬物之所以負陰抱陽，即是肖地肖天，
而冲虛之氣流行其間，正是陰陽和諧均調的氣化不息，象徵一種
圓滿自足的狀態。陰陽之氣和順，萬物便能得其正，如此則能貞

---

49 〔魏〕王弼注、〔晉〕韓康伯注、〔唐〕孔穎達疏：《周易正義》卷第
一，頁 10-11。

定性命，展示其生生之德的變化。

　　最後，王道特別又強調「一之德」的重要地位，以及它在其後各個中繼階段的潤澤作用，其言：

> 蓋道無而已。一者，德立於天地之先者也。二者，德行於天地之後者也。三者，德資乎萬物之始者也。沖和者，德資乎萬物之生者也。天地萬物皆母乎，德之和者如此，故曰：致中和，天地位焉，萬物育焉。嗚呼！和之為德如此夫。（卷之下，頁173-174）

道是無，一是德。一居於天地設位（二）之先，故言「德立於天地之先」；有了一和二的演進歷程，才會有三，所以三是「德行於天地之後者」，此德也是滋養萬物生命的重要元素。在三的階段中，僅有陰陽和合之氣，是無法生化萬物的。更重要的是，仍必須有「一之德」參與其間。玄牝之門一旦開啟，「一之德」遂展開其動能，發揮其作用力，在隨之而來的演變過程中，俾使萬物安定生長，得其性命之正。王道認為沖和之氣也是「一之德」的作用顯現，是萬物和諧共生的重要憑依。故「一之德」所蘊含沖虛和諧的特質，也就是得之於道的自然無為，是德之所以能夠產生無窮動力的主因。此章詮解最後結穴於《中庸》「致中和，天地位焉，萬物育焉」[50]，藉以說明老子「萬物負陰而抱陽，沖氣以為和」的深層底蘊。蓋謂人心中和正定，天地安其所，萬物遂其生，天人同氣交感，此乃是德之和。《中庸》、《易傳》在

50　〔宋〕朱熹：《四書章句集注・中庸章句》，頁22。

宋明時期即特別受到重視，理學家多喜以此作為談論儒家形上學
的思想資糧，而王道掇取《中庸》、《易傳》中的重要文句，力
圖與《老子》的形上論述合觀，其間所流露出強烈的儒者意識，
實在不言而喻。

結　語

　　在老子學的歷史長河裡，以首章與四十二章文本為思想載
體，藉以發揮詮註者對於老子形上學的觀點，確實所在多有，而
王道《老子億》就是最明顯的例子。王道詮解首章，雖依王弼無
名、有名，無欲、有欲為讀，但在內容解讀上，則充分展現個人
獨到之見解。發明體用，將道體轉化為心體的相關論述，蓋是其
詮釋首章的重點所在。其間常道、非常道，常名、非常名，無
名、有名，乃至於無欲、有欲等各組概念，皆一併置入體用的理
論框架之中，復以本末、母子關係，發揚先後、賓主的概念想
法。最後，則以理學家「體用一原，顯微無間」之說，圓融闡述
體用相即的理境。特別值得注意的是，其間亦大量援引儒典文
獻，作為詮解《老子》的思想資糧。諸如《易傳》「寂然不動，
感而遂通」、《中庸》「未發之中」、「已發之和」，以及理學
十六字心傳等等。事實上，這些被徵引的資料，同時也是王陽明
《傳習錄》中經常被討論與發揮的議題。凡此，對於嘗從學於陽
明，專研心體的王道來說，其解《老》中所瀰漫的儒家義理氛
圍，蓋是可以想見的。如是乃得以推論，王道概以心學的視角，
將《老子》首章的文本符號，轉化成為明儒道德形上學的思想載
體。此是時代思潮與經典詮釋深密交流的結果，沖創出專屬於有

明一代的老子學特色。而儒學與老學的交融互攝，確實可謂爲明代老子學詮解的重要表徵。

　　其次，王道詮解四十二章的義理取徑，亦與其儒學學思背景有著深密關係。其先以「道生一」建立老子形上道德論的義理規模，繼而以氣化論作爲宇宙生成圖式的中繼環節。將道至萬物之間的發展，視爲一個連續化的氣變過程，雖然歷代各家立說，或有不盡相同之處，但大抵將某一階段的發展，解釋爲氣的分離演化與和合融通，逐步構設出萬物的生成。細察王道所建立的圖式，其於「道生一」之後，亦縮合氣化之說，勾勒生化的主體結構，頗能發明個人獨特見解。尤其是以「道生一」建立老子道德形上學的理論基礎，更值得關注。「道生一」即是道生德、無生有，是生化的源頭、本體與樞紐，此不僅呼應《老子》又稱《道德經》的義理面向，同時也發揚老子形上學中，以道德、無有爲價值核心的重要意義。其間道德論述的思維縝密，將母子、體用、無有、動靜、虛實等概念置入理論框架之中，皆相當精采。而「道生一」之後的生化歷程，則結合氣化之說，安排天地設位以持載萬物，陰陽分化以均調二氣，建立生成的基本要件。此外，復特別強調「一之德」的重要性地位，分析說明其在各個中繼階段的影響力，此是天地位、萬物育不可或缺的元素。注文中並援引《莊子》、《易傳》、《中庸》、《太極圖說》交相印證，其所創建的宇宙生成結構，頗能獨樹一幟，亦能彰顯理學思潮流行漫衍的詮解特色及其時代表徵。凡此，是爲王道《老子億》中形上論述的詮解向度與義理內涵。

第三章　朱得之《老子通義》的心學論述

第一節　問題的提出

　　本章的論述焦點，擬欲掘發陽明心學風行之後，如何潤澤到老子學的領域之中，產生交融互攝的情況，提供一個可能的觀察角度。明初，程朱理學尚屬官方主流思想，在學術各個層面掌握發言權。然而，心學日漸活絡興盛之後，批判程朱理學的聲音慢慢高漲，陽明學說成為引領學術的主流思潮。就當時老子學發展的情形而言，心學的影響力不容小覷，其對於老子學的影響與滲透，是重要的學術課題之一。面對心學的強力衝激，在老學研究領域中蓋激盪出兩個現象：其一是對於程朱老學思想的批駁，有越來越多的趨勢；其二則是將心學的理論思維植入老學之中，藉以達到視域融合的義理向度，成為當時解《老》的重要特色。前者於本書「壹：澄清前人對於老子思想的誤解」一部分，業已透切而詳盡的加以論述，而後者則是本書「貳：儒家學說與老子學說的交融互攝」一部分的闡釋重點。除了前一章所關注的王道《老子億》之外，在眾多注《老》解《老》學者當中，心學血統

最純正的代表人物，當屬陽明親炙弟子南中王門的朱得之[1]。其
《老子通義》一書中所呈現出的心學概念與思維，可謂最爲濃厚
強烈，故本章以是書作爲觀察與討論的核心。

　　針對《老子通義》，李慶曾說：

> 朱得之《老子通義》，則多有從陽明學，或者說心學的角
> 度解老處。[2]

所謂以心學角度詮解《老子》，明白揭示朱氏老學思想中，可能
透顯出的心學論述語境。韋東超《明代老學研究》中亦言：

> 《老子通義》確有其思想精深之處，應該引起學界重視，
> 深入研究該書宗旨與思想成就，對於了解朱得之乃至整個
> 明代的老學思想，都是大有助益的。……當然，處陽明心
> 學大行之世，又身爲陽明弟子，朱得之所謂的「儒學」，

---

[1]　〔清〕黃宗羲：《明儒學案・上冊》（北京：中華書局，1985 年 10
　　月）卷二十五〈南中王門學案一〉「明經朱近齋先生得之」中即說：
　　「朱得之字本思，號近齋，直隸靖江人。貢爲江西新城丞，邑人稱之。
　　從學於陽明，所著有《參玄三語》。其學頗近於老氏。蓋學焉而得其性
　　之所近者也。」，頁 586。

[2]　李慶：〈明代的《老子》研究〉，收入陳鼓應主編：《道家文化研究》
　　第 15 輯，頁 344。李氏從作者立場和著述方法，將明代老學研究的主要
　　流別區分為「政治權術派」、「以儒釋老派」、「宗教派」、「考證集
　　釋派」、「評點派」五類。薛蕙《老子集解》、王道《老子億》、王樵
　　《老子解》與朱得之《老子通義》皆被歸入「以儒釋老派」，頁 341-
　　349。

無疑以心學為宗本。[3]

言下之意，即以心學為《老子通義》一書的義理宗趣，並以為深
入探究此書意旨，蓋為釐析朱得之個人思想，乃至整個明代老子
學具體圖象的重點之一。因此，在明代老學的發展流衍中，以朱
得之《老子通義》作為研究對象，勾勒其老學與心學交涉的輪
廓，當是一個值得闡幽發微的議題。這種站在儒家立場，以進行
《老子》的閱讀與理解，可謂是明代中後期儒者對待《老子》一
書的主要態度，表現出將心學與老學會通的義理傾向。

朱得之在其《老子通義·凡例》中曾言：

> 此書古註雖多至千家註本，而止予所企及而能信者，元儒
> 林廬齋《口義》、吳草廬《註》，近時薛西原《集解》、
> 王道渠《億》而已。[4]

朱氏所推崇的四位學者皆是儒者身分，彼等以此學思背景詮解
《老子》，儒、道不相違悖是其思想前提，此一先行概念當然也
影響、決定了其詮解《老子》的義理走向。基本上，朱得之老學
思想的義理趨向和薛、王兩人係屬同一陣營，很多觀念都是立足
在同一個共識底下的。對於同時期人薛蕙、王道解《老》作品的
肯定，主要或緣自於薛、王兩人深刻的儒學思維所致。薛蕙除了

---

[3]　韋東超：《明代老學研究》第一章〈明代《老子》〉，頁15。

[4]　〔明〕朱得之：《老子通義·凡例》（臺北：中國子學名著集成編印基
金會印行，1978年，明嘉靖四十四年朱氏浩然齋刊本），頁5。以下所
引皆依此本，僅於文後標示卷數、頁數，不另作註。

強力探索《老子》一書中的性命思想之外，亦不時將儒學的概念術語，置入老子思想的理論框架之中[5]。其乃明代儒學與老學交流的先導，烙印出一條儒、道涵融互攝的軌跡，成為當時老學發展的主要軸心。至於王道，雖然其後因為眾說淆亂而離開王門，但是曾經涉獵心學的經歷，卻也是消抹不去的印記[6]。因此，朱得之身為陽明弟子，學思歷程與心學密切攸關，其所以特別認可薛、王解《老》之作，除了與王道是同門關係之外，與薛、王融通儒、道的集體共識，以及彼此對於儒家性理之學的熱衷與熟稔，恐怕都是判斷擇取的標準。可以看到的是，在《老子通義》中，朱得之確實經常反覆援引薛、王解《老》之作，且以兩人言說的論點為基礎，作為進一步闡釋一己之見的理據。此外，書中援用陽明學說亦所在多有，亦嘗徵引其他理學家之言，諸如：張橫渠（〈讀老評〉，頁 20）、王安石（卷上，頁 66）、楊龜山（卷上，頁 66）、邵堯夫（卷上，頁 83）、陳白沙（卷下，頁 167）等等，不一而足。凡此，在在側顯出其老學思想體系中可能有的儒學維度。

　　因此，本章擬從兩個觀察視域作為論述的門徑，藉此以彰顯朱得之詮解《老子》的心學視角。首先是「合孔、李門庭之見」的思想前提，說明朱氏老學思想中儒、道調融的問題意識。此中朱氏反覆援引薛蕙、王道解《老》之說，並進一步扣合自身的老學主張，力圖駁斥世儒言老子「黜仁義」、「不識仁義」之說。

5　關此，參見本書「貳：儒家學說與老子學說的交融互攝」第一章〈薛蕙《老子集解》的性命論述〉，參見頁 159-190。

6　關此，參見本書「貳：儒家學說與老子學說的交融互攝」第二章〈王道《老子億》的形上論述〉，參見頁 191-228。

其以薛蕙「先道德而後仁義」、「道包於仁義」，分析說明儒、道不相違悖的觀點，最後則以王道之說，揭櫫三人「合孔、李門庭之見」的理論訴求。其次則是「有無不二，體用雙即」的核心論題，體、用原是心學家的重要關注，朱氏將其運用到老子「有」、「無」關係的理論架構之中，並以此作為老學思想的中心骨幹。朱氏立說雖與薛、王老學觀點立場一致，但仔細檢視其諸多相關論述，亦多有調適上遂之處，頗能凸顯個人精到之見解。凡此，期能構織出《老子通義》中所涵蘊心學論述的縝密思維與理路。

第二節　合孔、李門庭之見

朱得之在以心學思想詮構老子學說之前，其論述策略便是針對儒、道不相違背的主張，先行提出個人看法。在《老子通義・凡例》中，即力圖澄清世儒批評老子貶黜仁義的誤解，並揭示出《老子通義》一書的宗趣旨歸，即在於發揚儒、道不相衝突的觀點，其云：

> 老子尚道德而黜仁義，非黜仁義，黜其跡也。世儒黜老子，未究其蘊也。竊嘗為之說曰：道者無方之仁，仁者有象之道。仁而不道者有矣，未有道而不仁者也。故《通義》之指歸，大約在此。而世儒之說不能悉與之辯，亦望虛心者因是而有悟也。（《老子通義・凡例》，頁 8-9）

世儒非議老子「黜仁義」，當是根據「絕仁棄義」[7]一說而來，但朱氏認爲此一評斷，當是世儒未能深究老子思想而來的謬詮。其認爲老子「黜仁義」，是黜仁義之「跡」，而非仁義之「實」（指仁義本身）。且老子「道」的理境甚高，其所言「道」實涵蘊仁義在內，只不過此仁義與「道」呈現冥合之態，故亦無方無體、無爲無名，故言其爲「無方之仁」、「無方之義」。因爲「無方」，所以無形、無狀、無象；因爲不落具體形跡，所以無法以感官經驗或辨視。如是，方才易造成「黜仁義」的誤解。朱氏言「道者無方之仁，仁者有象之道」，即企圖將道家所重視的「道」，與儒家所重視的「仁」綰合起來。其以道家的「道」是「無方之仁」，而儒家的「仁」則是「有象之道」，宣說儒、道並非僅僅分別以「仁」、「道」斷爲二橛的方式立說而已。世儒的誤解就是根植在儒家重視「仁」，道家重視「道」，儒家主張「重仁義」，道家就以「黜仁義」對反其說，形成一種儒、道衝突的局面。朱得之強力駁斥此說，其指稱道家的「道」，原是涵融有「仁義」在內的，因爲與「道」冥合爲一之故，此「仁義」

7　〔魏〕王弼注、樓宇烈校釋：《老子周易王弼注校釋》，頁 45。此在今本《老子》爲第十九章，唯《老子通義》在分章方面，主張分爲六十四章的觀點，故此章在其書中爲第十六章。《老子通義・凡例》中云：「分章莫究其始，至唐玄宗改定章句，是舊有分章而不定者。是以有五十五、六十四、六十八、七十二、八十一之異，又有不分章者。今以意逆志，凡其意本托始，詞復更端者，固當自爲一章。至於語斷而意未盡，與下文脉絡相貫者，亦古文體也。今一章之內，時有此式，如天地不仁章之類。用是聊爲區別，定爲六十四章，適合穎達之數云。」，頁6-7。以下所引，以朱氏所分六十四章各章首句爲章名，不特別標明章次，以免與今本《老子》造成混淆。

乃是「無方之仁」、「無方之義」；而儒家所重視的「仁義」，
若能依循「道」的原則而行，時時以「道」爲宗，則皆是「有象
之道」。〈凡例〉亟欲表達的，就是彰顯出朱氏調融儒、道的解
《老》要旨。在此一概念先行之下，同時也決定了其閱讀《老
子》的特殊視角。朱氏所言「仁而不道者有矣，未有道而不仁者
也」，似乎有著分判儒、道高下的意味，以「道」的理論高度更
甚於「仁」。另一方面，或許更想傳達，道家所言「道」實包含
儒家所言「仁義」在內；而儒家所言「仁義」一旦從「道體」分
裂而出，落入有名、有象、有爲、有跡之後，若不能秉持「道」
的原則行事，則不一定含有道家的「道」。職是之故，乃可謂
儒、道融攝的問題意識，當爲《老子通義》中最重要的詮解指標
與義理方向。朱得之的如是想法，蓋與其所信服的薛、王解
《老》之作觀念一致，故其書中大量援引薛、王之說，藉以論證
推衍其〈凡例〉中的先行主張。而世儒多有對於老子言說的種種
誤解[8]，朱氏以爲縱使無法全然辯解，但仍期望不爲門戶所限的
虛心者，能因其相關說解而有所頓悟。

　　朱氏詮解〈絕學無憂〉[9]章中，即於章後總評徵引薛蕙詮解
十八章的大段文字，企圖更清晰申述其合會儒、道的義理向度，

---

[8]　「世儒」所指何人？朱得之有時直接點名批評，有時則以暗指方式進行
　　評述。明顯者如其對王安石言說的批評，參見《老子通義》，頁 65；暗
　　指部分則有指涉韓愈言說的例子，參見《老子通義》，頁 81。對於王荊
　　公的批評，原是徵引王道《老子億》而來，朱得之基本上認同此一評
　　述。而對於韓愈的批評雖無明示其名，但大抵是根據薛蕙《老子集解》
　　中的評述而來。關此，文後將有相關論述。

[9]　此在〔明〕朱得之：《老子通義》爲第十七章。

其言：

> 薛氏曰：老子以道為至，儒學以仁義為至。後儒之紬老子
> 者，此其最先者也。竊嘗論之：道者無為而自然，天道
> 也；仁義者，有為而後然，人道也。道者，太極；仁義，
> 其陰陽乎！陰陽雖大，必有始也；仁義雖美，必有宗也。
> 道者，無方無體，無為無名，而無所不為者也；仁義者，
> 有名有跡，各有所宜，而不能相為者也。至若帝王之治，
> 亦有可得而言者。三皇無為，其民無知無欲，其大道之治
> 乎！五帝尚德，其民慈良而正直，其仁義之治乎！老子先
> 道德而後仁義，意蓋如此。（卷上，頁81）[10]

引文中所徵引薛蕙解《老》之言，乃是針對「大道廢，有仁義」
一章而來的總評文字。薛蕙著力於檢視老子的「道」與儒家的
「仁義」，說明其間的殊異與深密關係。綜而言之，老子的
「道」是「無為而自然」的「天道」；而儒家的「仁義」，則是

---

[10] 此段文字互見〔明〕薛蕙：《老子集解上》（《無求備齋老子集成·初
編》，據明嘉靖十五年刊本影印），頁 18B-19A。案：薛蕙《老子集
解》在《無求備齋老子集成·初編》中收錄了兩個刊本，分別是明嘉靖
十五年刊本與清道光二十六年宏道書院刊惜陰軒叢書本。薛蕙十八章章
末的總評文字，惜陰軒叢書本似乎脫落大半文字，以空白頁面呈現脫逸
狀態，而明嘉靖十五年刊本則收錄此段完整文字。因此。此處乃以明嘉
靖十五年刊本為準。必須加以說明的是，叢書集成簡編重新排印《老子
集解》，根據的是惜陰軒叢書本，對於十八章章後總評缺漏的部分，直
接將前後文字連結接榫起來，如是可能造成讀者未能意識到此中有文字
脫逸的現象，不能不加以注意。

「有爲而後然」的「人道」。薛氏進而以「太極」與「陰陽」，
比附「道」與「仁義」的關係。如果把道家的「道」況喻爲「太
極」，那麼儒家的「仁義」就是「陰陽」。「陰陽」本始於「太
極」，那麼「仁義」本始於「道」也就不言而喻了。在理論層級
上，「道」乃優先於「仁義」。文中最能表明儒、道關係的，就
是薛蕙所言：「陰陽雖大，必有始也；仁義雖美，必有宗也」，
標舉出儒家的「仁義」，當該以老子的「道」爲宗始。最後，則
舉例說明「大道之治」與「仁義之治」的理想典型。「道」因爲
「無方無體，無爲無名」，故是「無所不爲者」，此是「大道之
治」的型範；而「仁義」則是「有名有跡，各有所宜」，故是
「不能相爲者」，此是「仁義之治」的型範。若以上古時期傳說
中的帝王之治加以印證，先是三皇「無爲」所代表的「大道之
治」，而其後的五帝「尙德」，則是代表「仁義之治」。前者人
民「無知無欲」，後者人民「慈良而正直」，如是先後發展的政
治藍圖，就是老子「先道德而後仁義」之謂。換言之，「先道德
而後仁義」，乃彰顯儒家所訴求的「仁義」，必須以道家的「道
德」[11]爲本根；儒家所提倡的「仁義之治」，亦當該以老子的
「道德之治」[12]爲指導方針，才能達到治理天下的成效。薛蕙如

---

[11]　朱得之的「道德觀」，與薛蕙、王道觀點一致，皆主張以體、用關係安
　　　頓道、德。事實上，道與德有時係屬同義複詞。《老子通義》卷下詮解
　　　〈道生之〉章即言：「此章言道爲萬物之祖，曲成萬物之德。意在學者
　　　體道脩德，以躋世於上古也。……章首道德並舉，此獨言道而以德置於
　　　終，先體後用也。道非德不顯，德非道無本。」，頁138-139。

[12]　〔明〕朱得之：《老子通義》卷上詮解〈太上〉章有言：「太上之世，
　　　道德淳厖，熙熙皞皞，君不居功，民忘帝力。」，頁75。此「太上之
　　　世」即是象徵「大道之治」的世代，其時「道德淳厖」，故實亦可稱之

是之立論，透露出「道德」的理論高度乃在「仁義」之上，朱得之基本上相當認同此一說法。

　　尤有進者，〈絕學無憂〉章章後總評，朱氏復徵引薛蕙詮解十八章章後總評文字，再次駁斥世人言老子「不識仁義」的謬誤。其所援引薛蕙之言如下：

> 或者曰：「仁義即道也。老子外仁義而言道，是不識仁義也。」斯言近之矣，而理有未盡。何者？儒者言仁義即道者，以道不越於仁義也；老子別仁義於道者，以道包於仁義也。其所從言者，各有謂焉爾。《易》曰：「仁者見之謂之仁，知者見之謂之知。」；《論語》曰：「志於道，據於德，依於仁，游於藝。」；《穀梁傳》曰：「仁不勝道。」。自經傳之言仁義，往往有文同而意異者。當各求其指趣，不可以辭害意也。（卷上，頁 81）[13]

薛蕙以為儒、道主要區別，在於儒家所特別重視的「仁義」，直接就等同於「道」，其是「道不越於仁義」的思路。也就是說，儒家所言「道」，就是「仁義之道」，除了仁義之外，再沒有別

為「道德之治」，此「道德之治」即是「大道之治」。

[13] 此段文字互見〔明〕薛蕙：《老子集解上》（《無求備齋老子集成‧初編》，據明嘉靖十五年刊本影印），頁 19A-19B。案：朱氏所援引之文字，與此本稍有一點出入，但不影響文意脈絡。例如：朱得之引文「道包於仁義」一說，還原薛蕙《老子集解》文本，則作「道大於仁義」。「道包於仁義」與「道大於仁義」，兩者意思相通，故行文中仍以朱氏「道包於仁義」一說為準，特此說明。

的了。因此，「道」與「仁義」無別，「道」的範圍就僅止於「仁義」而已；而道家則是「別仁義於道」、「道包於仁義」的思路，此中「道」與「仁義」有別，「道」的內容包含「仁義」，但其範圍大於「仁義」，非僅止於「仁義」而已。換言之，「仁義」只是「道」的一部分，除了「仁義」之外，在老子思想的文理脈絡中，自然無為、柔弱不爭、無知無欲、虛靜真樸等等，皆係屬於「道」的內容。其後，薛蕙則節錄《易》、《論語》、《穀梁傳》之言說，分析說明即使儒家經傳之言「仁義」，亦多有「文同而意異」的現象，故不可拘泥表層相同的文字符碼，以為只有一個統一的意思而已，應該因其意而求其旨趣。朱氏大抵認同此說，故主張解讀經書，不可僅依表面文字妄下斷語，以避免造成「以辭害意」的現象發生。故儒、道雖皆言「道」、言「仁義」，文字符號表面相同，然其所蘊涵之內容及其理論之訴求，仍有不盡相同之處，其間之殊別與同異，當再仔細斟酌考量。此乃揭櫫將孔、老割裂為二的誤解，癥結點就在於望文生義的結果。因此，朱氏乃以薛蕙之說為理據，特別強調老子並非「外仁義而言道」，而以「道包於仁義」，明示老子言「道」，並非「外於仁義」而言。如是，則指稱老子「黜仁義」、「不識仁義」的誤解，當可進一步得到相當廓清[14]。

---

[14] 此中部分評述當是針對韓愈〈原道〉而來。〔明〕薛蕙：《老子集解上》十八章後總評中，即嘗評論韓愈之說，其言：「韓退之曰：『老子之小仁義，非毀之也，其見者小也。彼以煦煦為仁，孑孑為義，其小之也則宜。』夫老子之書，未嘗不以仁義為美，特以為非美之至耳。謂老子以煦煦為仁，孑孑為義，是不知言也。」，頁 19A。〔唐〕韓愈：《韓昌黎集》（臺北：河洛圖書出版社，1975 年 3 月）第一卷〈原道〉中即云：

　　職是之故，文前援引〈凡例〉中所謂：「仁而不道者有矣，未有道而不仁者也」，即是主張「道」的內涵大於「仁」，故有道者即有仁，而仁者則未必有道。這也就是說，老子一旦言「道」，即包含儒家之「仁」；而儒家之言「仁」，卻未必能盡合道家之「道」，關鍵點即在於踐仁的當下，能否掃落「行仁之跡」，而使其符合「道」自然無為的原則。可見得《老子通義》之旨趣，雖在於闡明儒、道不悖的見解，但是對於儒、道雙方的思想理境，卻仍有高下之別。朱氏〈讀老評〉中即曾如是言：

> 《書》曰：「汝惟不矜，天下莫與汝爭能；汝惟不伐，天下莫與汝爭功。」；《詩》曰：「不識不知，順帝之則。」；孔子曰：「吾有知乎哉？無知也。有鄙夫問於我，空空如也。我叩其兩端而竭焉。」；又曰：「無而為有，虛而為盈，約而為恭，難乎有恒矣！」；又曰：「己欲立而立人，己欲達而達人」；孟子曰：「大人者不失其赤子之心者也」；又曰：「所惡於智者，為其鑿也。如智

「老子之小仁義，非毀之也，其見者小也。坐井而觀天，曰天小者，非天小也。彼以煦煦為仁，孑孑為義，其小之也則宜。其所謂道，道其所道，非吾所謂道也；其所謂德，德其所德，非吾所謂德也。凡吾所謂道德云者，合仁與義言之也，天下之公言也；老子之所謂道德云者，去仁與義言之也，一人之私言也。」，頁 8。韓愈對於老子的批評，主要在於認為他眼光狹小，小看了儒家的仁義，老子以煦煦為仁，孑孑為義就是小看了仁義。韓愈以為儒家的道德，都是把仁義結合在一起說的，這是天下的公論。而老子所講的道德，是去掉仁義而說的，則是屬於個人的私論。薛蕙針對韓愈此說於十八章章後總評中提出批駁。朱氏雖然沒有援引薛蕙此段文字，但是對於韓愈的說法當是持反對的態度。

者，亦行其所無事，則智亦大矣。」知此，然後可以讀
《老子》。（《老子通義・讀老評》，頁 13-14）

此中雖然點出儒、道互爲羽翼的看法，但是兩者是有先後、難易
之別的。朱氏以爲要通透《老子》一書的精微奧義，研讀次序當
先閱讀儒經，然後再閱讀《老子》，如此對於理境較高的老子思
想，或能較易於理解。其節錄《尚書》、《詩經》、《論語》、
《孟子》等經典中的文句爲例，說明這些觀點都是可以與老子思
想互通無礙、相互交流的。因此，若能先讀通儒經，也就更能親
近老子思想的底蘊。此是說儒家的道理都包含在老子學說當中，
而就研讀次序的先儒後道，也就是先淺後深、先易後難而言，實
側顯出道家理境超越儒家的價值判斷。朱氏殆以爲孔、老學說係
屬同一義理方向的不同派別，而僅在哲學理境上有高低的差別而
已。此誠如朱氏在〈上德不德〉[15]章章後總評中，徵引王道解
《老》之作曰：

但老子主於明道，故要其極而言，孔子則因人而立教也。
譬之釋氏，老子專爲求最上乘者說，而孔子則未免於接引
鈍根云爾。善學者於此默識而旁通之。見其異而不失其爲
大同也，見其同而不惑於其小異也。則庶幾天地之純，古
人之大體，而道術之裂，或可以復完矣。（卷下，頁 118-
119）[16]

---

[15] 此在〔明〕朱得之：《老子通義》為第三十一章。

[16] 此段文字互見〔明〕王道：《老子億》（嚴靈峯編輯：《無求備齋老列莊

此中王道蓋以佛說為譬，藉以況喻儒、道高下，頗帶有判教之意味。其以老子「主於明道」，其言乃為最上乘之利根人而立說，故致力於高深幽微、無形無跡的形上之道；而孔子則是「因人而立教」，其言乃為接引鈍根之人而立說，故專主淺近顯見、有形有跡的仁義之教。王道以為善學者，若能默識而旁通之，則能「見其異而不失其為大同也，見其同而不惑於其小異也」，進一步亦當能知曉儒、道不相衝突的道理，如此道術之裂，復可歸於完整和諧。朱得之蓋認同王道此說，故以此為理據而加強立論。觀其解《老》之書名為《老子通義》，所謂「通義」剋就表面言之，或是疏通《老子》一書之意。然而，若就其強烈合會儒、道的問題意識而言，此「通義」或亦含有儒、道會通的涵義。

　　朱氏詮解〈上德不德〉章中，即曾援引薛蕙、王道合會儒、道的觀點，以加強個人論點的闡釋發揮，他總承薛、王兩人之意說：

> 按西原順渠之論，要旨皆合孔、李門庭之見也。故曰：道術之裂，授受其或在此。竊惟天無二道，人無二心。心者，性之郭廓。二聖授受，其有外於心性者乎？天下之故，果有離於心性者乎？曰仁、曰讓、曰儉，猶或可以外飾見，至於戚，其為心性之發露也，真切莫有加焉者也。遭喪之戚，自然也、無為也，非以仁、非以義、非以禮、非以道德而為之也，率其無思、無為之真而已。傍觀者謂

三子集成・補編（一）》）卷之下，頁 160-161。此乃朱氏節錄王道詮解〈上德不德〉章章後總評的部分文字。

之仁可也，謂之義、謂之禮亦可也。率性而行，非道乎？
成戚而現，非德乎？孔李雖無面授，雖隔千年，吾知其必
在此也。其裂與否，貿貿焉者自為也。於二聖何所加損！
於道德何所加損！（卷下，頁119）

此乃〈上德不德〉章章後總論的最末部分，在此之前朱氏曾徵引
大段薛、王解《老》之說以支撐其相關論述，此處則以按語方式
申述一己之見。根據前後文意脈絡，朱氏乃順承薛、王融通儒、
道的觀點，並以「合孔、李庭之見」為本章要旨。其進一步指出
天無二道，人無二心，孔、老二聖之授受，實皆不外乎心性之
學，並以北宋理學家邵康節所言「心者，性之郛廓」[17]推衍其
義。「心」是「性」的城堡，如果沒有「心」，「性」中的仁義
禮智之「理」，將無有安放與發用之處，此是以「心」來說
「性」[18]。因此，一切人的行為發動，率皆無法離於心性。朱氏

---

[17] 邵雍：〈伊川擊壤集序〉中有言：「性者，道之形體也，性傷，則道亦
從之矣。心者，性之郛郭也，心傷則性亦從之矣。身者，心之區宇也，
身傷則心亦從之矣。物者，身之舟車也，物傷則身亦從之矣。是知以道
觀性，以性觀心，以心觀身，以身觀物，治則治矣，然猶未離乎害者
也。不若以道觀道，以性觀性，以心觀心，以身觀身，以物觀物，則雖
欲相傷，其可得乎？若然，則以家觀家，以國觀國，以天下觀天下，亦
從而可知之矣？」，〔宋〕邵雍著，郭彧、于天寶點校：《伊川擊壤
集》（上海：上海古籍出版社，2015 年），頁 2。此中乃指出道、性、
心、身、物一貫相通的緊密關係。邵雍以為「道」是最高範疇，在其統
領之下，「性」是「道」的形體，「心」是「性」的郛郭，「身」是
「心」的區宇，「物」是「身」的舟車。此五者環環相扣，彼此互相牽
動影響。

[18] 〔宋〕黎靖德編：《朱子語類》卷第四中嘗載：「又曰：『邵堯夫說：

繼而以「遭喪之戚」為例，其認為悲傷之情乃出自於心性真切、
自然的發露——「非以仁、非以義、非以禮、非以道德而為之
也。率其無思、無為之真而已。傍觀者謂之仁可也，謂之義、謂
之禮亦可也」。此即所謂「率性而為」、「成戚而現」，是道德
情感活潑潑的自我呈現、當下即是，是在無思、無為的情況之
下，真誠自然的當體流露，其間並無一點外在粉飾或是虛偽造作
的成分存在。朱氏於是設問：「率性而行，非道乎？成戚而現，
非德乎？」，答案自然是肯定的。朱氏以為老子力求擺脫仁義的
定名與拘執，老子的「道」既是無聲無臭、無方無體，當然無形
可見、無跡可守，故其道德心性之發動不僅不著於物、不礙於
物，亦不為種種定名、行跡所限。據此，實可謂老子重視道德心
性之學的思想內涵，實與儒家無異。儒、道兩家之所以產生對
立，道術之所以被割裂，都是沒有認清此一理論分際之故，此乃
昏瞶不明者之自為也。最後，朱氏認為儘管毀謗與稱譽兼而有
之，但是對於孔、老二聖與道德心性的本質而言，並不會因為或
毀或譽，而於聖人與天理本身造成有所增加或有所減損的現象。

在「合孔、老門庭之見」的思想前提之下，對於《老子》文
本中若有呈現出與儒家對立之勢的相關章句，朱氏便會極力加以
澄清並分析說明其意蘊，〈絕學無憂〉章章後總評中，朱得之亦
曾針對老子「絕聖」一說提出己見，其云：

「性者，道之形體；心者，性之郭郭。」』此說甚好。蓋道無形體，只
性便是道之形體。然若無箇心，卻將性在甚處！須是有箇心，便收拾得
這性，發用出來。蓋性中所有道理，只是仁義禮智，便是實理。吾儒以
性為實，釋氏以性為空。若是指性來做心說，則不可。今人往往以心來
說性，須是先識得，方可說。」，頁64。

愚謂老子論道之極致，必以聖人為標的。如曰：聖人行不
言之教、聖人之道為而不爭，中問（案：此當「間」字之
誤）不一而足。而此復曰：絕聖者，蓋斥明睿自居，具
曰：余聖者也。其稱頌之聖，則無知無為，淳厖樸素之德
也。（卷上，頁81-82）

〈凡例〉中，朱氏嘗表明老子「黜仁義」，乃是黜其「跡」。因
此，老子並非本質上否定仁義，而是否定或化掉仁義在實踐的過
程當中，所可能產生的種種副作用，此是其「絕仁棄義」之故，
乃為了消解有知有為、有著有礙的仁義之跡。老子「絕聖」的動
機，大抵也是如此。朱得之此一黜聖之舉，亦是為了化除、消解
「聖之跡」，「明睿自居，具曰余聖者」，即是「聖之跡」。成
聖之後的最大副作用，就在於發生不斷自我標榜與吹噓的現象。
朱氏指出老子蓋以聖人為理想人格的形象，如其有言「聖人行不
言之教」、「聖人之道為而不爭」等等。通觀《老子》言及聖人
之處，確實達至三十二次之多[19]。然而，老子又為何「絕聖」？
朱氏的解釋乃以為此處所絕斥之聖人，乃指以明睿自居者，也就
是那些自以為是、唯我獨尊、態度高傲，有了一點成就便洋洋得
意、鋒芒畢露的人。而老子所稱頌的聖人，其具備懷德抱道的形
象，自然展現出「無知無為」、「淳厖樸素」的理想人格型態，
行動舉止流露出含藏內斂、恬淡靜定的得道者特質。重要的是，
其聖而不自以為聖。因此，老子的「絕聖」並非本質上否定聖

---

[19]　此據陳鼓應之統計，參見氏著：《老子今註今譯及評介》詮解第十九章
　　「註釋一」，頁124。

人，而是要預防或治療「自以爲聖」的大頭病。朱氏如此替老子辯護說解，無非是爲了將儒、道界限泯除，以揭櫫儒、道並行不悖的思想理念。職是之故，其對於孔、老關係的建立，亦依循《史記》〈老子傳〉與〈孔子世家〉中所載「孔子問禮於老子」的歷史情境，肯定兩人的授受關係。關於孔子遵信老子，與老子有著授受關係的說法，在其《莊子通義》中屢屢述及[20]。事實上，朱氏亦常以老、莊兩人的關係，對等看待孔、老之間的關係[21]，此蓋與其「合孔、老門庭之見」的老學觀點，有著密不可分的關係。

第三節　有無不二，體用雙即

　　明代老學研究者多數於詮解《老子》首章時，點出全書之綱領所在。故其詮解《老子》之理趣，蓋於此詮解過程中先行表露

20　《莊子通義》詮解〈天道〉「孔子西藏書于周室」一段，言：「此章大
　　意，藉中屢現，無煩多訓，但記孔、李相見之因耳。其相聞必久，故有
　　相規相正之言，後篇則漸相同相許也。」；〈達生〉「仲尼適楚」一
　　段，言：「此即事以演老子之言，以見孔之信老也。」；〈田子方〉
　　「孔子見老聃」一段，言：「李、孔之授受，莫此爲精。」，不一而
　　足。參見〔明〕朱得之：《莊子通義》，分見頁 399、521、580。收入
　　嚴靈峯編輯：《無求備齋莊子集成・續編》（臺北：藝文印書館，1974
　　年）。關此，方勇：《莊子學史（第二冊）》（北京：人民出版社，
　　2008 年 10 月）第三章第二節「朱得之的《莊子通義》」中亦有詳述，
　　頁 370-371。

21　方勇說：「朱得之以看待老子、莊子關係的態度來看待老子、孔子的關
　　係，顯然已偏離了《莊子》的宗旨。」，見氏著：《莊子學史（第二
　　冊）》，頁 371。

立場與闡明旨意。若能仔細疏理此章注文，大抵能初步釐析出各家詮解的義理向度。《老子通義》亦不例外[22]，朱得之詮解《老子》首章之中，殆因其心學的學思背景之故，即大肆發揮個人所勝擅的心學思想，將此章轉化成爲心學概念的場域，因而使其解《老》被歸納爲心學論述的典型代表。詮解首章「故常無，欲以觀其妙；常有，欲以觀其徼。此兩者，同出而異名，同謂之玄，玄之又玄，眾妙之門」時，即可明顯見此義理趨向。其云：

> 無言寂，有言感。寂感同時，有體用無先後。二欲字，言志欲如此。二觀字，言良知。妙字，言體之蘊心也。徼字，言用之行意也。兩者指有無，有無非二，謂同出異名，正謂體用一原也。玄者，幽深隱微，望之無窮，即之無地，即不可道之物也。有無之義，反觀此中可見。寂然不動之時，無而未嘗無也。感而遂通之時，有而未嘗有也。故曰：同謂之玄。（卷上，頁45-46）

首先，可以發現朱氏並沒有依王弼或王道以「無欲」、「有欲」爲讀，而是以「常無」、「常有」爲讀[23]。其次，在理論內涵方

22　《老子通義》首章中即以「名可名，非常名」爲一書之綱領。朱氏曰：「凡天下之物，有形可名，則一定不易。真常之名，無方無體，隨時變易。是以萬物定名與未著物者不同，故曰：『可名，非常名。』此二句，乃一書之綱領。」，頁44-45。

23　〔明〕王道：《老子億》對於首章「故常無欲以觀其妙；常有欲以觀其徼」兩句，乃依循王弼注《老》以「無欲」、「有欲」爲讀，故作「故常無欲，以觀其妙；常有欲，以觀其徼」。朱得之的句讀與此不同，其作「故常無，欲以觀其妙；常有，欲以觀其徼」，乃以「常無」、「常

面，其申述「無」、「有」皆源自於「道」，是「道」的一體兩
面，並就體用關係安排兩者之間的理論間架。朱氏援引〈繫辭上
傳〉「寂然不動，感而遂通」[24]，推衍「無」、「有」之間緊密
的互動關係。「寂然不動」是「無」是「體」，「感而遂通」是
「有」是「用」，「無」、「有」出自同一根源，皆本源於
「道」。它們一旦從「道」發出，便有了不同的「名」，一者是
「無」，一者是「有」，此即是「同出而異名」。朱氏先以
「體」言「無」，以「用」言「有」，此是採分別說的方式，彰
明兩者殊異。其後，則以非分別說的方式，構設兩者之間的玄妙
關係。此同出於「道」的「無」與「有」，並非處於一種割裂對
立的存在狀態，而是「體不離用」、「用不離體」的相融相即。
且此「體在用中」、「用在體中」，才是「道」具體的存在樣
態，也就是有無不二，彼此雙彰、雙融、雙即的狀態。如是方為
具體的「道」，也就是「道」的「常無」與「常有」之謂。此誠
如朱得之〈讀老評〉中所言：

> 《莊子》書曰：「老聃建之以常無有，主之以太一，以濡
> 弱謙下為表，以空虛不毀萬物為實。」余惟無者，道之
> 體；有者，道之用。有、無皆常，則體不離用，用不離體
> 矣。立此志以自淑，立此學以淑人，而又主之以太一，則

有」為讀。朱、王對於首章的句讀雖然有所不同，但是兩人的詮解視角
皆取徑於心學維度，則是相當一致的。

[24] 〔魏〕王弼注、〔晉〕韓康伯注、〔唐〕孔穎達疏：《周易正義》卷第
七〈繫辭上〉中有言：「易无思也，无為也，寂然不動，感而遂通天下
之故。」，頁154。

超乎體用之外，而不離乎體用矣。一者，常也。一而加曰
太，無常可執也。濡弱謙下之德，人所共見、人所共沾被
者，故曰為表。其心空如太虛，而不棄萬物、不著萬物以
為實。功非善繼志者，不能為此言。陽明先生曰：「本體
要虛，工夫要實。」意正如此。（《老子通義·讀老
評》，頁 14-15）

引文乃朱氏節錄《莊子·天下》[25]論及老子學說大旨的一段文字
加以詮釋。言下之意，其將老子學說的核心重點落在「體」、
「用」與「本體」（虛）、「工夫」（實）兩組概念中發揮。先
點出「無者，道之體；有者，道之用」，將「道」的「無」、
「有」雙重面相，以「體」、「用」關係加以扣合，進一步指稱
「常無有」、「主之以太一」之謂，大抵皆在弘揚體、用之間的
辯證關係。「一」即是「常」，而「常無」、「常有」即是「體
不離用，用不離體」，有、無渾淪，不可分開的樣貌，此是
「道」的真常之態。因此，「常」當指「真常」，即真實恆常之
意，故朱氏亦稱謂老子之「道」為「真常之道」。朱氏詮解首章
中嘗言：「真常之道，無聲無臭，可行而不可守，可悟而不可
見，是以百家所自信者，非常道也」（卷上，頁 44），即以老子
所言「道」為「真常之道」，雖然無方無體、無聲無臭，但卻是
「可行」、「可悟」的。此亦揭櫫對於本體的理解，唯有透過工
夫的實踐，方有頓悟的可能。而「太一」之所以加個「太」字，

25　〔清〕郭慶藩編、王孝魚整理：《莊子集釋》卷十下〈天下第三十
　　三〉，頁 1093。

朱氏則認為象徵「無常可執」之意，此當是況喻不棄、不著的精神修養。因此，「主之以太一」即表述「超乎體用之外，而不離乎體用」的工夫修持[26]。其後又引陽明「本體要虛，工夫要實」之說，作為思維理路的佐證，進而印合老子「以濡弱謙下為表，以空虛不毀萬物為實」的理論內涵，通篇可見「體用雙即」的思維意識。就陽明「致良知」的體證路數而言，此「工夫」（用）即是「本體」（體），「本體」（體）即是「工夫」（用），兩者不即不離的關係，亦是其核心論述。因此，「體用一原」[27]、「體不離用」、「用不離體」、「體用無先後」等概念，貫串整部《老子通義》，當是朱氏心學背景的一種投射。

再回到前段首章引文的後續部分，朱氏徵引莊子評述老子學說的文字，除了藉以推衍無、有的體用關係之外，更重要的是，乃擬欲資借「常無」、「常有」之說，作為「常無欲以觀其妙；常有欲以觀其徼」，當以「常無」、「常有」為讀的例證。而此「無」、「有」的真實恆常之態，亦即「常無」、「常有」，朱氏則進一步以〈繫辭〉之說相比附。其言「寂然不動之時，無而未嘗無也。感而遂通之時，有而未嘗有也。故曰：『同謂之玄』。」，以及「寂感同時，有體用無先後」，皆是發揮所謂「常無」、「常有」之意。「無而未嘗無」，無而不無，即是

26　〔明〕朱得之：《老子通義》卷下中亦有言：「所謂不離體用，而不著體用者也。」，頁142。

27　〔明〕朱得之：《老子通義》卷上中亦嘗言：「知雄守雌，知白守黑，知雄（案：此當是「榮」字之誤）守辱，蓋體用一原，顯微無間之義。」，頁96。可見得體用的思維模式，不僅僅是「道」——有、無的形上玄論而已，更是人生哲學的一種準則。

「有」；「有而未嘗有」，有而不有，即是「無」。此蓋說明「無」、「有」相即相融的狀態，是以非分別說的圓融理境，透顯「道」之所以「玄之又玄」的特質[28]。其後，朱氏復以「良知」闡釋「觀」字之意，以「體之蘊心」言「無」之「妙」義，以「用之行意」言「有」之「徼」義，如此遂將形上道體轉化成為明儒「心體」之說。「體之蘊心」，當指「道體」即是「心體」，「道之在人」即是「心體」；而「用之行意」，則當指涉人體道之方的工夫實踐義[29]。凡此，心學術語可謂所在多有。朱氏之詮解明顯注入心學思維，透過心學眼光，將《老子》的文本符號轉化成為明儒道德形上學的思想載體。

　　尤有進者，朱氏詮解〈三十輻共一轂〉[30]章，復申述「無」、「有」之間相涵相攝的辯證關係，其云：

　　此因人妄分有、無為二，而不知其本相合而不相離也，故
　　即事物之易見以明之。……據吾心體之常，無者體也，有

28　關於老子之「道」中「無」、「有」之間的關係，牟宗三：《中國哲學十九講——中國哲學之簡述及其所涵蘊之問題》第五講〈道家玄理之性格〉中亦有相關闡述，其云：「玄是個圓圈，說它無，它又無而不無就是有；說它有，它又有而不有就是無，因此是辯證的（dialectical）。凡辯證的都是玄，就深。……只有辯證的才玄、才深，就是道家所說的玄。」，頁100。此說法與朱氏之言頗有相類之處。

29　《老子通義》「上篇」解題，朱氏即言：「篇分上下，猶《易》之分上下也。……今考之上篇，雖有玄德同於德、常德之言，要皆指道之在人者言也；下篇言德，即就人之行實成象者言也，其言道亦人體道之方如此也。……則從上下為篇，總曰道德經者是也。」，頁 43-44。此針對道、德二字的解釋，亦帶有心學況味。

30　此在〔明〕朱得之：《老子通義》為第十章。

> 者用也。故首章亦云：「常無觀妙，常有觀徼」，此乃
> 曰：「有之以為利，無之以為用」，似與首章意相反。蓋
> 道之體用，不可以有、無為定見。無固道之體，而有常資
> 無以為用；有固道之用，而無則因有以為體。此云：「有
> 之為利，無之為用者」，二之字蓋互相為指也。猶有其無
> 以為利，無其有以為用也。是有之中即藏乎無，非外有而
> 有所謂無也。無之神即寓乎有，非舍無而能用乎有也。
> （卷上，頁 63-64）

引文中先揭示此章重點：因為「有無相合」、「有無不二」的道
理，實在太過幽深隱微，不易為人所理解，故老子遂就形器世界
中易見的具體事物，諸如車、器、室之「有」為例，說明此
「有」之所以能產生作用之效，乃在於「車之受軸，器之受物，
室之受明」（卷上，頁 63）之「無」處（中空處）。而此
「無」，蓋三者所賴以「成其用」的關鍵，故曰：「無之以為
用，虛能容萬物是也」（卷上，頁 63）。朱氏以現象事物為譬，
闡釋「有之以為利，無之以為用」、「有無不二」的道理。同時
亦針對妄分「有」、「無」為二的誤解，予以框正。此中所謂
「據吾心體之常，無者體也，有者用也」，是將老子形上道體比
附為心體之說，並強調心體之「常」的體用兩面。朱氏進一步提
出首章「常無觀妙，常有觀徼」，與此處所言「有之以為利，無
之以為用」，乍看之下似乎意正相反，然而仔細思考便知並無衝
突。「常無觀妙，常有觀徼」，乃以「無」為體，以「有」為
用；而「有之以為利，無之以為用」，則以「有」為體，以
「無」為用，表面看來果真相反。針對此一矛盾之處，朱氏試圖

以「道」的體、用，實不能以「有」、「無」為定見來疏通。也就是說，「無」固然是道之體，然而「有」亦經常資藉「無」以成其用；「有」固然是道之用，然「無」亦經常資藉「有」以成其體，故體、用兩者實是一種互涵互攝、互為主體性的關係，亦即「即體即用」、「即用即體」──「體用雙即」的存在樣態。此時，體、用無別，有、無渾融，「無」是體、也是用，「有」是用、也是體，此即「道之體用，不可以有、無為定見」之謂。故朱氏乃以為「有之為利，無之為用者」，此二「之」字，蓋蘊含「有無互相指涉」之意，實可謂互為主體的共生關係。此乃凸顯「有」須依賴「無」，方能使「有」生發作用之功；而「無」亦須依賴「有」，方能使「無」有展現的場域，兩者相依相須、缺一不可，而究竟誰是體、誰是用似乎也分不清了。注文最後說：「有之中即藏乎無，非外有而有所謂無也。無之神即寓乎有，非舍無而能用乎有也」，即深刻總結出「有無不二」、「體用雙即」的老學見解。剋就陽明心學而言，體用觀念原是師生論談的主要綱領與核心論述。朱氏「有無不二，體用雙即」的思路，當是受此影響而來。觀其於此章章後總論中，徵引王道《老子億》之言曰：「老子之道，有無不二如此，是即所謂『允執厥中』者也。」（卷上，頁 65）[31]，將「有無不二」與「允執厥中」[32]合會，復得以印證朱、王兩人解《老》強烈的心學意識。

---

[31]　互見〔明〕王道：《老子億》，頁 48。文字略有不同，王道原文作「有無俱妙如此」。

[32]　此乃理學十六字心傳：「人心惟危，道心惟微，惟精惟一，允執厥中」中的最末一句。此是堯舜禹一脈相承之法，後亦被認為是孔門傳授，或學習《中庸》的心法訣竅。出自古文《尚書・大禹謨》。參見〔漢〕孔

　　職是之故，朱氏乃將此形上之道，落實於人心之中予以詮釋發揮。其詮解〈道沖而用之〉[33]章即言：

> 此章言道體之在人者也。故就人心可見處直指明之。……蓋吾身者，道之軀殼；吾心者，道之精神；德行者，道之英華；嗜欲者，道之塵垢。反觀內照，一念之動，道之銳也。百感交加，道之紛也。美善顯著，道之光也。不絕嗜欲，道之塵也。人能息念，挫道之銳矣。感不留跡，解道之紛矣。韜晦自守，和道之光矣。混俗居常，同道之塵矣。銳，獨也。紛，眾也。光，淨也。塵，垢也。盡忘其眾寡淨垢之念，然後天人合一。恍恍惚惚，似有一物存於知覺之間者，此言道之體也。……首二句言本體，次四句言工夫。湛兮句言人既得道之意，與首二句應。（卷上，頁 50-52）

　　就道體之在人而言，朱氏乃以為可據「人心之可見處」，予以直指發明。他以為「身」是道的軀殼，「心」是道的精神，「德行」是道的英華，「嗜欲」是道的塵垢。其後則解讀「挫其銳，解其紛，和其光，同其塵」，以「一念之動」為道之銳，「百感交加」為道之紛，「美善顯著」為道之光，「不絕嗜欲」為道之塵。進而申說「人能息念，挫道之銳矣。感不留跡，解道之紛矣。韜晦自守，和道之光矣。混俗居常，同道之塵」，以此四句

安國注、〔唐〕孔穎達疏：《尚書正義》卷第四〈大禹謨第三〉，頁55。

[33] 此在〔明〕朱得之：《老子通義》為第四章。

彰明工夫修養的重要性。若能用功修爲，則能「盡忘其眾寡淨垢之念」，然後達至「天人合一」的得道境界。如是隱隱約約，亦似有一物存於知覺之間者，此當即道體、心體的當下即是。因此，朱氏以爲「湛兮其若存」一句，即言人既得道之意，並呼應首兩句「道沖而用之或不盈，淵兮似萬物之宗」的道體義。此將虛的道體落實於人心加以實言，亦即陽明所說：「本體要虛，工夫要實」[34]之意。凡此，心學的概念術語與義理氛圍充斥其中，如是的哲學提煉，當可謂爲以心學視域詮解《老子》的代表型範。

結　語

明代老子學中，薛蕙、王道、朱得之所處年代接近，所持老學觀點亦多有謀合之處，此蓋與三人皆係屬儒者身分有著密切關係。朱得之在《老子通義》中，屢屢於注文或章後總評中援引薛、王解《老》之作的大段文字，以作爲扣合自身觀點的理論驗證，充分流露出對於兩人老學見解的肯定與信服。本書「貳：儒家學說與老子學說交融互攝」一部分，前面三章之所以先後安排以薛蕙《老子集解》、王道《老子億》、朱得之《老子通義》作爲論述對象，動機即緣於此。希望能夠判讀隱藏在字裡行間的個人思想與意見，並力圖分別勾勒他們具體的老學主張，嘗試檢別其間詮解的共同模式，以統整出此一時期儒者詮解《老子》的主要特色與型範。經過仔細探究，確實發現三人在詮解《老子》的

34　朱氏〈讀老評〉中，即援引陽明此兩句話，作爲老子學說的註腳。參見〔明〕朱得之：《老子通義·讀老評》，頁15。

義理思維上頗具集體共識，一併合觀當可尋得一條鮮明的儒、道交涉的軌跡，而足以作為有明一代老子學的重要表徵。

因此，本章乃以心學家朱得之《老子通義》一書為研究焦點，探究其如何以心學維度建立老子思想的義理規模，藉以達到視域融合的詮解效能。擬由兩個研究進路彰顯其心學意識：首先是「合孔、李門庭之見」的思想前提，說明朱氏老學思想中儒、道融通的問題意識。為了駁斥世儒非議老子「黜仁義」、「不識仁義」的誤解，朱氏反覆援引薛蕙、王道解《老》之說，並扣合自身的老學主張，試圖匡正世儒的相關誤解。其以薛蕙「先道德而後仁義」、「道包於仁義」，推衍孔、老不相違悖的見解，最後則以王道解《老》之說，推論衍義三人「合孔、李門庭之見」的集體共識。此中乃揭示出老子之道大於仁義，其非外於仁義，而是包納仁義，以此證明將孔、老斷為二橛，是不究老子理蘊的說法；其次則是「有無不二，體用雙即」的核心觀念，「體」、「用」範疇的討論原是心學家建構理念的骨幹，朱氏將其運用到老子「無」、「有」關係的架構之中，且亦以此為老學思想體系的重要軸心，並以「體用不二」、「相即相入」的辯證關係，反覆申說「有無不二」、「體用雙即」的圓融理境。進一步亦將此道體落實為心體之說，以彰顯工夫修養的重要性，並證明老子之道乃是可行、可悟的。凡此，在在彰顯《老子通義》中心學與老學交涉的義理向度。朱得之《老子通義序》中嘗言：「《通義》之作，由自然而通其心之所安也」（頁 2），此「通其心之所安」的理論歸宿，當可謂《老子通義》一書通向心性關懷的最佳明證，而是書作為「老學」與「心學」相互疏通的重要中介橋樑，亦可不言而喻。

第四章　張位《張洪陽註解道德經》的道德論述

第一節　問題的提出

明代張位（1534-1613）[1]詮註《老子》[2]一書，在老子學史上未曾引起相關注意。然而，細察其詮解之文字，不爲艱深、生澀之語，除了文句流暢自然，語意精簡扼要之外，思想見解亦能多所發明[3]。其間鮮少倡言形上玄論，而以「性命宗源」[4]爲一思考

---

[1] 張位生卒年根據晏國彬、俞兆鵬：〈湯顯祖與張位的交游述略〉（《南昌大學學報》，第 39 卷第 1 期，2008 年 1 月），頁 104。

[2] 參見〔明〕張位：《張洪陽註解道德經》，收入嚴靈峯編輯：《無求備齋老子集成・初編》（據明萬曆十九年積秀堂刊道書全集本景印）。以下所引皆依此本，僅於文後標示卷數、章數、頁數，不另作註。此外，今人周悟坦亦有重校《張洪陽註解道德經》，收入古於陵、周悟坦、履安甫：《玄宗內典》（臺北：真善美出版社，1969 年 11 月）。若嚴氏所輯本遇有文字模糊之處，則參酌周氏重校本以爲衡定。

[3] 張位註解《老子》精闢之處，茲略舉數例以資證明。如其解卷之下，〈上德不德〉章第三十八「夫禮者忠信之薄，而亂之首也。前識者道之華，而愚之始也。」時云：「禮本治人，反爲亂首；智本明察，反爲愚始，爲其淳厚眞實之意漓也。」，頁 1A-1B；解卷之下，〈人之生〉章第七十六「柔弱處上」時云：「故柔非懦怯之謂也。乃強而能忍，與物無競，而謙卑遜順之謂也。」，頁 19A-19B；解卷之下，〈天下柔弱〉

進路，深入闡發《老子》道德性命之學的微言大義，亦令人有耳目一新之感。《玄宗內典經註‧弁言》即曾評述是書云：「張洪陽註《道德經》，能得道經綱要，註解不拘文字，而會心於微。雖見仁見智，不能盡經旨之量，而大端已得。不落蹊徑，其裨益後學之功，亦非尠少」[5]，此中所謂「能得道經綱要」、「不拘文字」、「會心於微」、「大端已得」、「不落蹊徑」、「裨益後學」等等，顯現出評述者對其註《老》的多方認可與肯定。

根據初步觀察，張位詮註《老子》，整體而言可以提出兩個特出、獨到之處，頗能吸引研究者關注之目光。首先是以《老子》的「道德」一說為軸心，將其與「性命」、「有無」兩組概念緊密相扣，提煉出一個發明老子思想奧義的哲學進路與觀察角度，極具個人「道德」論述的思想特色。且以《老子》復名《道德經》，道家亦稱為道德家而言，更彰顯出「道」與「德」當是老子哲學中至關重要的根本觀念[6]。張氏即以此為其註《老》的

　　章第七十八「正言若反」時云：「蓋至尊至貴，反在能至卑至賤也。」，頁 20A。凡此，皆能切中肯綮、精準扼要點出老子思想的要義。

4　《張洪陽註解道德經‧老子道德經序》中言：「中間所發，亦有前人偶同。但愚意惟從性命宗源，闡其微義，固亦不盡合也。」，頁 2A。張氏此處似乎自覺地意識到，以「性命宗源」的義理向度疏理《老子》，殆亦有可能造成不盡契合老子思想原意的地方。

5　參見古於陵、周悟坦、履安甫：《玄宗內典經註‧弁言》，頁 1。《玄宗內典》收錄五部經註，除了《張洪陽註解道德經》之外，尚有《張洪陽註解陰符經》、李道純註：《清靜經》、李簡易註：《無上玉皇心印經》、尹愔註：《五廚經》。《張洪陽註解道德經》由周悟坦負責重新對校，此段文字推測當為周氏所言。

6　張岱年：《中國哲學大綱》（北京：中國社會科學出版社，1997 年 4

思想重點，將「道德」與「性命」、「有無」兩對範疇予以串
聯、貫通，試圖框定出一個獨特的義理規模與理論間架。其次，
在此一思想前提之下，連帶亦大力提倡《老子》一書為工夫之
書，為教戒之語。一方面將立論重點放在強調性命修養的心性體
認與工夫實踐之上，另一方面亦同時駁斥將老子思想視為伎倆、
智術的說法。凡此，是為《張洪陽註解道德經》的精到之處，也
是本章之所以成文的動機所在。

　　張洪陽於《明史》中有傳[7]，其為隆慶二年（1568）進士，
最被關注的事蹟，當是於萬曆元年（1573）八月，上疏擬請恢復
起居注一事[8]。其主要雖是政治人物的身分，但在文學造詣方面
也有極高之成就，是一位頗具才華的詩人。著名戲劇家湯顯祖，
晚年棄官後，在南昌與張位過從甚密。湯氏尊其為師，兩人蓋因
政治立場與文化興趣相近，因而有著深刻的接觸與交往[9]。湯顯

月）第一篇第二章〈道論〉中即言：「道與德是道家哲學之最根本的二
　觀念。故道家亦稱為道德家。」，頁 24。

[7]　參見〔清〕張廷玉等：《明史》（臺北：鼎文書局，1975 年 6 月）卷二
　百十九〈列傳第一百七〉，頁 5777-5779。

[8]　《明史・張位傳》中載：「萬曆元年，位以前代皆有起居注，而本朝獨
　無，疏言：『臣備員纂修，竊見先朝政事，自非出於詔令，形諸章疏，
　悉湮沒無考。鴻猷茂烈，鬱而未章，徒使野史流傳，用偽亂真。今史官
　充位，無以自效。宜日分數人入直，凡詔旨起居，朝端政務，皆據見聞
　書之，待內閣裁定，為他年實錄之助。』張居正善其議，奏行焉。」，
　《明史》卷二百十九〈列傳第一百七〉，頁 5777。此中所引發相關問
　題，參見何冠彪：〈萬曆復置起居注問題論議〉（《書目季刊》，第 38
　卷第 1 期，2004 年 6 月），頁 93-102。

[9]　關此，參見晏國彬、俞兆鵬：〈湯顯祖與張位的交游述略〉，頁 104-
　108。

祖在祝賀張位七十壽辰時，曾經賦詩曰：「豁達文章伯，紓徐道
德臣」[10]，抒發了對張位文才與高尚品格的稱頌與讚美。事實
上，明代儒者多潛心於道德性命之學，張位自不例外。且在有明
一代老子學的研究領域當中，以《老子》為道德性命之書的見
解，亦可謂為儒者共識。然而，學者之間談道言德、談性言命的
思維方式與理論依據，路數或有不盡相同之處。張位即資藉詮註
《老子》的多方論述，企圖建構一己道德性命之學的義理主張，
在靜無、動有之間，構設出「德全而道備」的思維理路，並以此
為老子學說的性命宗源，以及自身安性立命的終極皈依與關懷。
其所建構的道德論述，不管在形式或內容上，皆能充分彰顯個人
的詮解特色。因此，以《張洪陽註解道德經》為研究對象，針對
其中道德論述的部分，進行相關細節的闡幽發微，當具有學術的
價值與意義[11]。

　　本章擬採取以下兩個研究進路，希望能抉發張位註《老》中
的道德思想。其一是「道德」與「性命」的義理通貫。張位以
《老子》一書為性命之書，其針對「性命」一辭在形式架構的理
解，蓋是順承《易傳》所言「性命」思路而來。然而，對於「性

10　〔明〕湯顯祖：《玉茗堂全集》（《續修四庫全書》本，上海：上海古
　　籍出版社，2002 年）卷十五《玉茗堂詩之十・奉壽洪陽詩二十八韻》。
11　此外，尚值得注意的是，《張洪陽註解道德經・老子道德經序》中有
　　言：「是書與《陰符經》相表裏，予註《陰符》，因併註此，是可合而
　　觀焉」，頁 2A。因此，《陰符經》對於張位老學思想的影響，當亦值
　　得注意。此處限於篇幅，暫不論之。張氏註《陰符經》，參見《張洪陽
　　註陰符經》，收入海王邨古籍叢刊《道書全集》（北京：新華書店，
　　1990 年 10 月），以及古於陵、周悟坦、履安甫：《玄宗內典》一書
　　中。

命」內在義理的了解，張位並不往儒家「性善」一路貞定，而是
直接從道家「性眞」一路汲取營養。此蓋是其儒、道會通的詮解
方式，雖然資藉儒家言性命哲理的外在框架，然而內在精神仍隸
屬於道家式的[12]。其二是「道德」與「有無」的義理串聯。此中
一方面論證「道」與「德」之間的深密關係，另一方面也極力申
述「道德」與「有無」交相連屬的意義。其間，張位復以「道貴
自然」、「德尙無爲」，分別闡述「道」、「德」之內蘊。「自
然」、「無爲」皆是心性體認的工夫修養。如是，不管「道德」
抑或「有無」，率皆性命玄修之事，遂淡化「有」、「無」原有
的形上玄思，落實爲心性鍛鍊的治身理身之道。據此，可以發現
張位除了認定《老子》爲性命之書外，同時也是工夫之書。故其
將老子之言說，視爲對人行爲的警戒、教示之語，亦專力駁斥將
老子學說視爲黑暗伎倆、智慮之術的看法，並以「消盡伎倆」爲
老子學說的重要指標之一，試圖彰顯「道德」內涵的實踐意義。
凡此，皆爲本章關注焦點，以下即分別闡釋之。

第二節 「道德」與「性命」的義理通貫

　　針對張位註《老》中的道德論述進行通盤考察，可以發現最
值得注意之處，即在於其將「道德」與「性命」、「有無」兩組
概念，分別加以義理通貫與串聯的哲學構思，並據此而提出的相
關議論與見解。序言中，張氏開宗明義說：「《老子》，性命之

---

[12] 張位詮解《老子》中的「性命」觀點，其理解的趨向蓋與薛蕙解《老》
　　一致。參見本書「貳：儒家學說與老子學說的交融互攝」第一章〈薛蕙
　　《老子集解》的性命論述〉，頁 159-190。

書也」（〈老子道德經序〉，頁 1A），說明其認爲老子學說的
核心重點，即在於治身理身的性命修爲之上。至於若想進入老子
思想的奧堂，除了精準把握住重要字辭、術語之外，尙需深入理
解字辭、術語的內在理蘊，誠如序言所云：

> 蓋人生精氣勃勃，只求炫露發泄焉，竭而後已。是書逆道
> 也，與易同體。篇中曰虛、曰無、曰退、曰損、曰柔、曰
> 弱、曰深、曰靜、曰嗇、曰下、曰素、曰朴、曰慈、曰
> 儉、曰守雌、曰去奢、曰挫銳、曰無欲、曰絕學、曰不
> 盈、曰不爭、曰不敢先、曰不自大、曰昏愚頑鄙、曰嬰兒
> 赤子，皆收斂退藏，忘情絕念，兢兢不放之意。凡以葆守
> 未漓，補苴既漏，謝雕琢以還太朴，飡氣母而抱元和，斯
> 德全而道備，于我其旨深矣！（〈老子道德經序〉，頁
> 1A-1B）

此中明示《老子》要旨之一，即在於對峙世俗之人「只求炫露發
泄」的浮誇現象[13]，而此亦正是性命修養所面對至爲根源性的問
題。張位指出，鋒芒顯露、恃強好勝，常使得原本精氣勃勃、生
機盎然的人，疾速陷入枯竭衰敗之中。因爲一個人只求顯露，容
易造成精疲力竭、自我毀滅的後果，唯有含藏內斂、柔弱謙退才
能縣縣若存、永不窮盡。張位列舉出二十五個同質性的詞語，並
將其統括爲「收斂退藏」、「忘情絕念」、「兢兢不放」的生命

---

[13]　張位註卷之上，〈持而盈之〉章第九即言：「盈滿難持，驕矜自敗。氣
　　溢思淺，才高思炫。如金玉難守，富貴遺殃。人生到此，勇決最
　　難。」，頁 4A-4B。

準則，具體說明其對於生命哲理的關心與重視。可以想見，張位
詮註《老子》的出發點，當以安性立命爲初衷，其歸結老子學說
之深旨爲：「葆守未漓，補苴既漏，謝雕琢以還太朴，飡氣母而
抱元和」，蓋認爲只要時時存養性命，維持虛靜渾全、完整和諧
的狀態，俾使得精充氣足、歸純返素、葆守未漓，如是則能臻至
「德全而道備」的生命理境。此說不僅僅揭示治身理身的理論訴
求，同時也提出性命涵養的終極目標與理想境界。

　　既以性命鍛鍊的視角，構築道德渾全的種種可能性，故張氏
乃於詮註《老子》之時，將原本屬於形上玄理的文字，轉化成爲
性命學說的思想載體。如其詮解《老子》首章「有」、「無」之
說時，嘗云：「這有、無兩端，都從元始太虛中生出，而爲名不
同。盡性至命，總是玄修。」（卷之上，〈道可道〉章第一，頁
1A-1B），即將原先言及道論的思想基調，轉化成爲性命修養的
實踐之學，明顯削弱形上玄談的義理氛圍。「盡性至命，總是玄
修」一語，也透顯出其解《老》的思維傾向。事實上，張位乃認
爲儒、釋、道皆以闡揚性命之學爲其理論旨向的。儒家是「順性
命以還造化」，禪宗是「幻性命而超大覺」，而老氏則是「修性
命而得長生」（〈老子道德經序〉，頁 2A），三家思路雖然不
盡相同，但是重視性命涵養則是共識。張氏指稱老子「修性命而
得長生」，實非專指對形軀生命的深護厚養，並致力於延年益壽
之意[14]，而是特指形神兼顧、性命雙修，專力於「性立命固」的
種種修爲。其嘗云：

---

[14] 張氏註解卷之下，〈出生入死〉章第五十即嘗言：「若假術延生，乃喪
　　生之本也。」，頁 6B。

> 神太用則竭，形太勞則廢。凡貪生益生之事，皆伐性戕命
> 之為。雖曰愛之，其實害之；雖曰憂之，其實讐之。忘形
> 順則，長養太和，絲毫不掛，性立命固，不待資蓄，無事
> 調服，而長生之道在我矣。（卷之下，〈民之饑〉章第七
> 十五，頁 19A）

言下之意，乃指出「神太用」、「形太勞」，是促使生命加速竭
廢、乾枯的原因，此即文前所述「炫露發泄」一問題之成因。而
「貪生」、「益生」之事，皆屬伐戕性命之舉，表面上好似愛
它、憂它，實際上卻是害它、讐它。若真要煉養性命以求得長
生，就必須「忘形順則」、「長養太和」，以至於「絲毫不掛」
的地步，才能達至「性立命固」的穩定狀態。如是，則「不待資
蓄，無事調服」，自然能得長生之道。可見得其認為老子之求長
生，並非一味求得形軀年命的延長而已，而是希望在有生之年，
以無所罣礙、「遺生而後身存」[15]的方式，深蓄厚養此一和諧完
整的性命主體，此之謂「修性命而得長生」。

　　職是之故，因為主張《老子》為性命之書的前見，張位遂將
老子最看重的「道德」觀念與「性命」之說交相串聯，資藉此一
理論通貫，初步構設道德論述的思想內涵。其於註《老》序言

15　嵇康〈養生論〉中嘗言：「無為自得，體妙心玄，忘歡而後樂足，遺生
　　而後身存。若此以往，庶可與羨門比壽、王喬爭年，何為其無有
　　哉！」，此中所云「遺生而後身存」，即是說清虛靜泰至忘了養生，而
　　後養生的功效才得以完全。張位註文中所謂「絲毫不掛」，當亦具此深
　　刻意蘊。參見〔晉〕嵇康：《嵇中散集》卷第三（《四部叢刊》本，臺
　　北：臺灣商務印書館，1965 年 5 月），頁 16。

中，先分別界定「道」、「德」之意，並說明兩者之關係，其
云：

> 蓋自然為道，得道為德。渾淪旁魄，生天生地，無所不
> 冒，道也；包涵蘊蓄，成身成物，有以自完，德也。
> （〈老子道德經序〉，頁 1A）

張位嘗試從幾個不同的面相，申論「道」、「德」之內容及其關
係。首先，為了說明「道」與「德」之間的關係，他點明「道」
的內容為「自然」，「得道」即為「德」[16]，指出「道」在理論
位階上高於「德」的看法。而「道」、「自然」、「德」三者文
字符號雖然殊異，但其蘊涵的內容卻是可以相通的。「自然」是
「道」的特質，而「得道」便是「德」，「道」與「德」實際上
一貫相通。此中對於「自然」一義的重視，亦能切中肯綮把握住
老子思想的要旨。其次，剋就萬物生成、發展的過程而言，
「道」具有「渾淪旁魄，生天生地，無所不冒」的創始義、生就
義；而「德」則具有「包涵蘊蓄，成身成物，有以自完」的完成
義、蓄養義。此由「道」、「德」分別說明萬物生成、發展的過
程，乃指涉「道」是創生的本體，而「德」則是以其得之於

---

[16] 唐君毅：《中國哲學原論：導論篇》（臺北：臺灣學生書局，1986 年 9
月）〈原道〉一文中，將老子言「道」之義，析分為六，即「形上實體
之道」、「貫通異理之道」、「道相之道」、「同德之道」、「修德或
生活之道」、「作為事物及人格心境狀態之道」，頁 368-385。此中所
謂「同德之道」，亦即張位「得道為德」之意，是將「道」與「德」的
關係統攝起來。此蓋是老子論「道」的一個重要面相。

「道」的「自然」特質，生畜、長養、成熟萬物的重要元素。此誠如詮註五十一章中所言：「道主發生，德主畜養。」（卷之下，〈道生之〉章第五十一，頁 7A），一生、一養清楚表明「道」與「德」各司其職。就「得道爲德」而言，「道」是「全」，原是一個渾淪和諧、尙未分化的整體。而「德」則是「分」，是「道」的分化，就其能分化爲多，而爲各物之「德」而言，則「德」實可謂「物之所以爲物」的根據[17]。各物的根源即是「德」，一物的發展、完成亦皆有賴於「德」，此即《莊子・天地》中所言「物得以生，謂之德」[18]之意。因此，「道」與「德」，實皆爲萬物的形上根源，只不過在職責上，一主發生、一主發展。此即張岱年所言：「道是萬物由以生成的究竟所以，而德則是一物由以生成之所以。一物之所以爲一物者，即德」[19]。在理論位階上，「道」實較「德」更具優先性，是萬物生成的究竟本源。「道」與「德」既是萬物的根源，當然也是人的根源，而人如何能向「道德」回歸，以至於「歸根復命」（十六章），便是攸關性命之養的重要課題[20]。

　　據此，張位遂將「性命」與「道德」，予以統攝串聯起來。

---

[17]　張岱年：《中國哲學大綱》第一篇第二章〈道論〉中，即分析說：「一物由道而生，由德而育……。道與德乃一物之發生與發展之基本根據。……德是一物所得於道者。德是分，道是全。一物所得于道以成其體者爲德。德實即是一物之本性。」，頁 24。

[18]　〔清〕郭慶藩編、王孝魚整理：《莊子集釋》卷五上〈天地第十二〉，頁 424。

[19]　張岱年：《中國哲學大綱》第一篇第二章〈道論〉，頁 23。

[20]　關此，徐復觀：《中國人性論史・先秦篇》第十一章〈文化新理念之開創——老子的道德思想之成立〉中亦有精闢之發揮，頁 337-340。

序言中接著說：

> 各正性命，道也；盡性至命，德也。故謂失道而後德，道
> 生之、德蓄之，皆因所以然而歸自然。老子之言道德蓋如
> 此。（〈老子道德經序〉，頁1A）

張氏認為「道」是「各正性命」，而「德」則是「盡性至命」，
將「性命」一說納入「道德」論述的內容當中。「各正性命」、
「盡性至命」皆源自《易傳》。「各正性命」語出《周易・乾
卦・象傳》中言：「乾道變化，各正性命，保合大和，乃利
貞。」[21]；而「盡性至命」一語則出自《周易・說卦傳》中言：
「和順於道德而理於義，窮理盡性以至於命」[22]。張位既認定
《老子》為性命之書，並以《易傳》之言合會《老子》的性命哲
理，故其凝定性命思想的義理方向，大抵以儒家言說為其立論基
調[23]。〈乾卦・象傳〉所言：「乾道變化，各正性命」，一向為

---

[21] 〔魏〕王弼注、〔晉〕韓康伯注、〔唐〕孔穎達疏：《周易正義》〈上
經乾傳〉第一，頁10-11。

[22] 〔魏〕王弼注、〔晉〕韓康伯注、〔唐〕孔穎達疏：《周易正義》卷第
九〈說卦〉第九，頁183。

[23] 關於《易傳》的義理傾向，究竟歸屬於儒家抑或道家，存在著不同看
法。陳鼓應在《老莊新論》第三部分：〈易傳與老莊〉一文，及其《易
傳與道家思想》（臺北：臺灣商務印書館，1994年9月）一書中，皆提
出《易傳》的哲學思想屬於道家的說法。此與歸屬於儒家的傳統觀點不
同，在當時曾引發熱烈討論。此處仍依傳統看法，支持《易傳》為儒家
經典一說，此在徐復觀：《中國人性論史・先秦篇》第七章〈陰陽觀念
的介入——《易傳》的性命思想〉、戴璉璋：《易傳之形成及其思想》
（臺北：文津出版社，1997年2月）第二章〈思想的淵源〉、吳怡：

宋、明儒者闡釋性命哲理的最佳依傍。《易》以「乾道」爲宇宙生化的本體，萬物即由此「乾道」之流衍變化而來。「乾道」是天命流行之體，其流行下貫於萬物，而爲萬物各自的本性。其既已具備於萬物本性之中，是爲萬物所自來之命，故「乾道」所命予萬物的本性，與「乾道」內容一致。此即「乾道變化，各正性命」的義涵，而其所貞定之「性」，即是依「乾道」之生化流行而來，是所謂天之所命的「性分」。「性」之所以成爲一種命分、性分，即立基於《中庸》「天命之謂性」[24]的思路，是天道所賦予人的原始本性，此是儒家以天道、天命說「性」的義理規模[25]。細察張位以《老子》爲性命之書，其針對「性命」一辭在形式架構的理解，根據其所言「各正性命，道也；盡性至命，德也」，當可合理推測殆與《中庸》、《易傳》所代表的性命思路無別。然而，對於性命內容的了解，張位並不從孟子「性善」的道德本性進行思考，而是從老莊「性眞」的純樸本性，進行養分的汲取。此蓋是其儒、道會通的詮解方式，雖然資藉儒家言性命哲理的外在形式框架，然而其內在的精神血脈仍是隸屬於道家精神的。

　　職是之故，張位乃以《易傳》所言性命哲理的理論框架，會

　　《易經繫辭傳解義》（臺北：三民書局，1991 年 4 月）導言〈孔子思想對易經的貢獻〉中，皆有相關闡述。

24　〔宋〕朱熹：《四書章句集注‧中庸章句》，頁 22。

25　〈說卦傳〉中言：「窮理盡性以至於命」，其所言性、命之關係，亦正在此一思路底下形塑而成的，此實有類於孟子「盡心知性知天」。只是此處之「命」作爲名詞使用，是天之所命的「命分義」，與《中庸》「天命之謂性」之「命」，作爲動詞的「命令義」有所不同。

合《老子》的性命學說。其以「乾道」況喻老子之「道」[26]，兩
者皆代表宇宙生化的形上依據。而《易傳》「乾道變化，各正性
命」，亦正可凸顯出張氏老學思想中「道」與「德」（性之命
分）的深切關係。此中思路或許稍顯曲折，但是只要釐清
「道」、「德」、「性」一貫相通的思維理路，便能豁然明朗。
關於老子「道德」與「性命」的關係，徐復觀亦曾申論說：

> 德是道的分化，萬物得道之一體以成形，此道之一體，即
> 內在於各物之中，而成為物之所以為物的根源；各物的根
> 源，老子即稱之為德。……就其「全」者「一」者而言，
> 則謂之道；就其分者多者而言，則謂之德。道與德，僅有
> 全與分之別，而沒有本質上之別。所以老子之所謂道與
> 德，在內容上，雖不與《中庸》「天命之謂性」相同；但
> 在形式的構造上，則與《中庸》「天命之謂性」無異。道
> 等於《中庸》之所謂「天」；道分化而為各物之德，亦等
> 於天命流行而為各物之性。因此，老子的道德論，亦即老
> 子的性命論。[27]

言下之意，乃以為《中庸》的「天」就是道家的「道」，「道」
分化而為各物之「德」，「道」是全，「德」是分，「德」一旦
內化到萬物之中，即為萬物之「性」。故萬物之根源，老子即稱

26　〔明〕張位：〈老子道德經序〉中嘗言：「是書逆道也，與《易》同
　　體。」，頁 1B。
27　徐復觀：《中國人性論史·先秦篇》第十一章〈文化新理念之開創——
　　老子的道德思想之成立〉，頁 337-338。

之爲「德」，萬物之「性」實即是「德」。《老子》五千言中雖無一「性」字，實際上「德」即是「性」，故亦有其實質內容的人性論。既然「得道」爲「德」，而「德」一旦內化至萬物之中，即爲萬物之「性」，故「道」、「德」、「性」一貫相通的道理也就不言而喻[28]。徐先生雖以《中庸》「天命之謂性」合會老子的「道德」之說，然《中庸》言性命原與《易傳》同一思路。根據徐先生的觀察，老子所言「道」、「德」，其內在理蘊雖不與《中庸》「天命之謂性」相同，但在形式構造上則無有差別，「道」即是「天命流行」，而「德」則是「性」，由此論證老子的「道德論」亦即老子的「性命論」。此一觀點實與明代張位的看法不謀而合。只不過張位依傍的是《易傳》，將其中談論「性命」的形式框架，縮合到老子的「道德」思維當中，以成就個人「道德」論述的完整性。

　　張位以〈乾卦‧象傳〉「各正性命」扣合老子之言「道」，此一思路得以疏通之後，再以〈說卦傳〉「盡性至命」申說「德」義，似乎就不難理解了。〈說卦傳〉中所謂「盡性」，是由工夫的實踐，體證性命所以然之理。天道必須具體而落實，它內在於人就是人的本性。因此，天道、人道乃是通貫爲一的。只有自強不息、健行不已的盡己之性、盡物之性，才能體悟「性之命分」所根源的天理義蘊。而所謂「至於命」，就是要人立「命」之所在，得性命之正道而立，如此便能彰顯天理，進而與天理相契應。因此，「盡性」的終極目標便是達到「至於命」的

---

[28]　此與文前所述張岱年的觀點一致，參見《中國哲學大綱》第一篇第二章〈道論〉，頁24。

理境[29]。此是儒者「天道性命相貫通」之意，亦即〈說卦傳〉中所謂「和順於道德而理於義，窮理盡性以至於命」的主要意涵，實有似於孟子言「盡心知性知天」、「存心養性事天」[30]的思路。張位截取「盡性至命」，附合《老子》之「德」，是在「性即德」的前理解之下，凸顯「盡性」實爲「踐德」，是透由工夫實踐，以求體證「性命所以然之理」，亦即「天道」、「天理」的義蘊。而「至命」之說，即在於「踐德」之同時，不斷彰顯「天理」，返歸「天道」，以證得一己性命之正道，如是天道性命相貫通，達至天人相契的境界。此中張氏雖援用《易傳》言性命的形式結構，但在義理內容上並不以儒家精神來定調。「天道」、「天理」，蓋即老子自然無爲之道、自然無爲之理，此一性命所以然之理，並不往儒家的純粹至善，孟子良知四端的仁、義、禮、智處貞定，而係屬道家人性論中自然眞樸的義理方向。且其工夫修養亦不走道德實踐的路數，而是以老子倡言的虛靜斂藏、柔弱不爭爲重心，力圖完成天道性命相貫通的可能性。此乃憑藉〈說卦傳〉「窮理盡性以至於命」的形式框架，進行理論詮釋的義理轉化，勾勒出專屬於老子學說的道德性命之學。

　　細觀張位詮註《老子》首章中所云，亦可見此一論說之端緒，其云：

---

[29]　關於「窮理盡性以至於命」的義理架構，參見戴璉璋：《易傳之形成及其思想》，頁177-180。

[30]　〈盡心上〉中說：「盡其心者，知其性也。知其性，則知天矣。存其心，養其性，所以事天也。殀壽不貳，修身以俟之，所以立命也。」，參見〔宋〕朱熹：《四書章句集注·孟子集注》卷十三，頁489。

> 物具太極，各正性命。非有真常定觀，不能窺其妙徼也。
> 故於至靜時，常守真空，性根自露；至動時，常保妙有，
> 命蒂自固。（卷之上，〈道可道〉章第一，頁 1A）

「太極」即是「天理」、「天道」。所謂「物具太極，各正性
命」，蓋是強調「道」所賦予宇宙萬物的「性命之正」。「道」
創生萬物，隨即透過「德」，賦予萬物各自之本性，此即是其
「性命之正」；而「德」的孕育蓄養，則是不斷落實「盡性」、
「踐德」的工夫實踐，終至復返於「道」（至命）的理境。然
而，雖然有「道」保證賦予「性命之正」的必然性，但要持續保
有「性立命固」的安定狀態，仍須經由種種修為與身心淬鍊，才
能在動有、靜無之間，永保人所本有的「性根」、「命蒂」，此
是護養生命的根基，張氏謂之為「真常定觀」。故其註文中云：
「至靜時，常守真空，性根自露；至動時，常保妙有，命蒂自
固」，如是方得以在動有、靜無之間，窺見性命之端倪與奧妙
[31]。此中結合大乘佛教空、有二宗言「真空」、「妙有」[32]之
意，發揮老子性命涵養的玄修之道，頓時將《老子》首章的思想

---

[31] 張位註卷之上，〈致虛極〉章第十六中亦嘗云：「夫萬物雖芸芸並作，
　　各有氣復歸根之時。這歸根時，叫做靜，乃是命根。由此而復，雖是萬
　　物復命，其實造化真常的道理，皆在於此。」，頁 8A。老子所謂「歸
　　根復命」，「復命」實即「復性」，亦即回復性命之本真，性與命當是
　　同義複詞。

[32] 此是援用大乘佛教空、有二宗所提出「真空」、「妙有」的觀念，闡釋
　　《老子》的「無」、「有」之說。關於「真空」、「妙有」，參見勞思
　　光：《新編中國哲學史（二）》第三章〈中國佛教哲學〉「大乘教義」
　　一小節，分見頁 194、202。

焦點，轉化成為治身理身的義理趨向。此外，張位詮解《老子》
三十三章復云：

> 知人、勝人，外炫者也；自知、自勝，內存者也。自知，
> 修性之道；自勝，修命之事。（卷之上，〈知人者智〉章
> 第三十三，頁 17A）

註文中以為「知人」、「勝人」，為「外炫者」；而「自知」、
「自勝」，則為「內存者」。一是生命向外炫露，一是生命向內
存養。張位主張「自知」是「修性之道」，「自勝」則是「修命
之事」，除了再次強調性命察存涵養的重要性之外，同時也流露
出對於「炫露發泄」一問題的深刻反省。由此可見，道德性命之
學乃張位老學思想中的核心重點，而「自知」、「自勝」亦當是
其「盡性」、「踐德」的性命修養之一。凡此種種，是為其「道
德」與「性命」義理通貫的相關論述。

第三節 「道德」與「有無」的義理串聯

除了建立道德性命之學的思想架構之外，張位亦將老子學說
中最重要的「有」、「無」一組概念吸納進來，藉此以闡釋
「道」與「德」之間的深密關係。其云：

> 自無生有，道也；從有返無，德也。（〈老子道德經
> 序〉，頁 1A）

張位認為「道」是「自無生有」，而「德」則是「從有返無」。
前者是自根源處往前看，說明「無」不能脫離「有」的狀態；後
者則是自「有」處向後返回本源，說明「有」不能脫離「無」的
狀態。事實上，此一「自無生有」是「道」，「從有返無」是
「德」的立說，當是要特別強調「道」、「德」兩者，皆兼具
「無」、「有」兩面的義理內涵，同時也揭櫫「無」、「有」一
體兩面的特性。「道」雖立足於「無」，但也是「有」；「德」
雖立足於「有」，但也是「無」。此一方面欲修正世人誤以
「道」為「無」、「德」為「有」，彼此斷為二橛的割裂式看
法；另一方面亦欲資藉「有無一體」的關係，凸顯出「道」與
「德」之間的緊密性。因此，張氏註《老》中，屢屢表述「道」
所具「無」、「有」的雙重面向，其云：

> 世人執有者狗象，尚無者着空。此道乃無中有、有中無，
> 不可執着。所謂「水中鹹味，色裹膠清。」道無又有，道
> 有又無，斯為妙也。故此章言夷、希、微、混為一源，是
> 無未嘗全無也；不皦不昧，不可名而歸於無物，是有亦未
> 嘗全有也。無象而有真象，是謂恍惚；無始無終，能御萬
> 有，是謂道紀。故歷代真詮曰：「存無守有」。（卷之
> 上，〈視之不見〉章第十四，頁 6B）

「道」的「自無生有」，是說明「道」所兼具「無」、「有」的
雙重特性，此即是「無中有」、「有中無」，不可以「尚無」，
亦不可以「執有」，因為尚無者「著空」，執有者「狗象」。

「水中鹹味，色裏膠清」語出傅大士〈心王銘〉[33]，張氏援引這兩句話，是爲了說明無、有一體的關係。「水中鹹味」，是指水裡頭有鹽，所以水能呈現出鹹味。但仔細看鹽在哪裡？它已融入水中，與水融爲一體。雖然看不到，但不能說沒有鹽的存在。「色裡膠清」，色是指顏料，顏料裏頭必須有膠清，才能將顏料黏附於紙上。但我們欣賞畫作時，卻只見到顏料，膠清在哪裡？因爲它與顏料已融爲一體，我們只看到顏料，看不到膠清，但不能說沒有膠清的存在。此中乃以「水中鹹味，色裏膠清」，象徵水與鹽、顏色與膠清融合一體的現象，借以說明「無」、「有」之間的辯證關係。張氏稱此爲「無中有」、「有中無」、「無又有」、「有又無」，以彰顯「道」的玄妙之處。其以爲《老子》十四章所言「夷」、「希」、「微」，即是表述「道」的「無未嘗全無也」；「不皦不昧，不可名而歸於無物」，則是表述「道」的「有未嘗全有也」。「無未嘗全無」，所以是「有」；「有未嘗全有」，所以是「無」。不墮入「無」、「有」之邊見，對於「道」才能有整全的體認。此亦即張位註《老》首章中所云：「若至無而包涵萬有，至有而渾合至無，有無交入，精而又精，是謂玄之又玄。」（卷之上，〈道可道〉章第一，頁 1A-1B），深刻說明無、有渾融一體的玄妙關係。以此類推，針對「德」的「從有返無」，「有」、「無」之間亦當如是之見。

　　就「道」、「德」而言，「道」若是「存無守有」，那麼

---

[33] 〈心王銘〉乃南朝梁代傅翕所撰，主要是闡明心性根本之大作。收錄於〔宋〕釋道元編纂：《景德傳燈錄》（臺北：臺灣商務印書館，四部叢刊三編據上海涵芬樓景印常熟瞿氏鐵琴銅劍樓藏宋刻本，1976 年）卷第三十，頁2。

「德」就是「存有守無」。此是張氏專力強調「無」、「有」之間，不即不離、不一不二、圓融一體的關係。因此，張位道德觀的基本論述，乃如其所云：「凡有形者皆自無而生有，復從有而歸無。」（卷之下，〈道生一〉章第四十二，頁 3B）。「道」的「自無而生有」，與「德」的「從有而歸無」，是「無」、「有」上下兩個方向的一往一來，最終形成一個圓圈的循環[34]。而「道」、「德」或者「有」、「無」之間，彼此能夠通貫爲一的理論依據，則與性命涵養的工夫實踐深切攸關。也就是透過「道貴自然，德尚無爲」（卷之下，〈上德不德〉章第三十八，頁 1A）的工夫入路，以臻至「道德」、「有無」交融一體的理想狀態，此即是張氏所謂「德全道備」、「有無渾合」的生命理境。誠如文前所述，「道主發生，德主畜養」，而「德」畜養萬物的方式，即是本之於「道」創生萬物的「自然」，也就是「無爲」。「自然」與「無爲」互訓，說明「德全道備」就是以著「無所矯揉造作」的姿態，生畜、長養、成熟萬物，以至於「生之而不有，爲之而不恃，長之而不宰」，讓萬物能夠自我生長、自我興作、自我完成，此即所謂「玄妙之德」的展現[35]。張氏詮

34　牟宗三：《中國哲學十九講——中國哲學之簡述及其所涵蘊之問題》第五講〈道家玄理之性格〉中，亦嘗針對「無」、「有」之間的辯證關係加以闡釋，其云：「玄是個圓圈，說它無，它又無而不無就是有；說它有，它又有而不有就是無，因此是辯證的（dialectical）。凡辯證的都是玄，就深。……只有辯證的才玄、才深，就是道家所說的玄。所以辯證只能用在人生的實踐、精神生活方面，離開這個層面講都不對。」，頁100。張位特別強調「有」、「無」率皆玄修之事，蓋與牟先生此說交相呼應，此於文後將有細論。

35　張位註解卷之下，〈道生之〉章第五十一中即言：「然道之所以為尊，

註〈載營魄〉章第十中即云：

> 雖抱生畜之柄，然生而不自有，為而不自恃，長而不自
> 宰，是之謂玄妙之德。（卷之上，〈載營魄〉章第十，頁
> 4B）

此「玄妙之德」，亦即「道之妙也」[36]，是「無而能有」、「有
而能無」的精神涵養，也就是掌握生、畜之柄的「道」與
「德」，以其創生、蓄養萬物所流露出「生而不有」、「為而不
恃」、「長而不宰」的玄妙智慧。當「道」以順任自然的方式創
生萬物之後，它便內在於萬物之中，而成為萬物各自的本性，這
就是「德」。而「得道」的「德」，便以「無為」的方式，育
畜、長養萬物，讓萬物的自然本性得到充分的伸展。因此，張氏
言「道」的「自然」，實即「德」的「無為」。「自然」、「無
為」就是不去禁制、壓抑萬物，不干涉、不操控、不把持，順任
萬物自生、自長、自成。萬物本自有生長、衍化的能力，因此不
必去主宰、掌控，也能自我完成、自我實現，此即老子言「道之
尊，德之貴，夫莫之命而常自然。」（五十一章）之謂。因此，
「道」與「德」是萬物生成、發展的基本依據，而它們生、發的
基本原則，便是「自然」、「無為」。凡此，除了分析說明

而德之所以為貴者，皆莫為之使而常自然。故生畜長養成熟，雖本於道
之自然，至於生之而不有，為之而不恃，長之而不宰，是謂玄妙之德，
亦出自然而無所矯揉造作也。」，頁7A。

[36] 張位註解卷之上，〈三十輻〉章第十一中即言：「無中生有，道之妙
也。」，頁5A。

「道」、「德」之間的深邃關係，同時也揭示「自然」、「無為」互訓的意義，兩者異名而同實。值得注意的是，張位雖不同於王道、朱得之，從體、用觀念架構無、有（道、德）之間的深密關係，然而在理論內涵的認知與判斷上，三人基本上是沒有分歧的。

職是之故，此「自然」、「無為」，便是「道德」論述中至關重要的義理內涵與工夫修養。從「自然」到「無為」（自「道」至「德」），再從「無為」返「自然」（自「德」歸「道」），「道德」圓融一體，「有無」渾合無間，如是則能成為一個「體道充德」[37]者，而此亦是「道」的「自無生有」，以及「德」的「從有返無」的思想底蘊。據此，老子所言「道德」的形上學意義，乃得以展現其「境界型態形上學」[38]的義理方向。而人如何能向「道德」回歸，使得「道德」渾全，達到「德

---

[37] 〔清〕郭慶藩編、王孝魚整理：《莊子集釋》卷五中〈天道第十三〉中嘗言：「夫虛靜恬淡寂漠无為者，天地之平而道德之至，故帝王聖人休焉。」，頁 457；卷六上〈刻意第十五〉中亦言：「夫恬惔寂寞虛无无為，此天地之平而道德之質」，頁 538。此中指稱「道德」的極致，乃在於能夠體現虛靜恬淡、自然無為之道，而成就一個「體道充德」的理想人格。「體道充德」實即是「德全道備」，張位註《老》所言「道德」之意，蓋承此一觀念而來。且「德全」一詞之使用，在《莊子》外篇中實亦可見。卷六上〈刻意第十五〉中言：「平易恬惔，則憂患不能入，邪氣不能襲，故其德全而神不虧。」，頁 538；卷七上〈達生第十九〉中亦言：「望之似木雞矣，其德全矣，異雞无敢應者，反走矣。」，頁 655。

[38] 牟宗三即稱道家式的形上學為「境界型態的形而上學」。參見《中國哲學十九講——中國哲學之簡述及其所涵蘊之問題》第五講〈道家玄理的性格〉，頁 87-109。

全而道備」的性命理境，落實「自然」、「無爲」的心性體認與
精神涵養，便是重要的不二法門。以「自然」、「無爲」爲「道
德」的主要內容，蓋是對儒家倫理道德觀念的一種轉化，充分表
現了專屬於道家義理脈絡底下的道德觀。因此，工夫論在張位整
體老學思想中的核心地位，實不可忽略。將「無」、「有」轉化
成爲工夫修養的實踐內涵，誠如其註《老》首章中所云：

> 這有、無兩端，都從元始太虛中生出，而爲名不同。盡性
> 至命，總是玄修。〈道可道〉章第一，頁 1A-1B）

張氏認爲「有」、「無」兩端，皆自原始太虛中生出，雖然名號
有所不同，然而針對性命之道而言，不管「有」或「無」，內蘊
的盡是玄修工夫。關此，其註《老》中復言：

> 反猶復也。靜極忽然生有，這是天機萌動之初。但順其自
> 然，專氣致柔，切莫助長，這是道之用功處。夫萬物皆生
> 於有，而萬有皆生於無。世人但知從有生有，而不知從無
> 生有。故能從有入無，而煉情歸性，自能無中生有，而玄
> 牝立玄關露矣！但執有狗象者，終信不及也。（卷之下，
> 〈反者道之動〉章第四十，頁 2A-2B）

註文中認爲「道」是「無」、是「靜」；而「德」則是「有」、
是「天機萌動之初」[39]。「道」的用功處，就在於「順其自然，

---

[39] 張位註《老》中將「有無」與「動靜」兩組範疇加以結合，如其於卷之

專氣致柔，切莫助長」⁴⁰的創生方式。針對「道」的創生萬物，一般人但知「從有生有」，亦即「萬物皆生於有」；卻不明白「從無生有」，亦即「萬有皆生於無」的道理。對於「執有狥象」者而言，要理解最究竟的「無」，並非易事。因此，張位認為若能「從有入無」、「煉情歸性」，自能明白「無中生有」的道理，如是「玄牝立」、「玄關露」，「道」創生真機的不可思議性，就此自然得以豁然開朗。此中將「從有入無」與「煉情歸性」相比附，且以「順其自然，專氣致柔，切莫助長」言「道之用功處」。在在可以看出，張位不從形上玄思的角度，不以抽象思辯的方式，建構無、有的理論脈絡，反而是落實到生命之中，以真切的性命涵養發明「無」、「有」的性命奧義，進而闡述治身理身的精闢見解。此實與其將《老子》一書，視為性命之書有著密不可分的關係。

正因為以《老子》為性命之書，故張位註《老》中對於工夫修養的重視與提點，可謂俯拾即是。正使得《老子》也是一本工夫之書。諸如：

> 這幾句雖是形容之語，便是真功夫也。（卷之上，〈古之善為士〉章第十五，頁 7A）

上，〈載營魄〉章第十嘗云：「玄學要動而能靜，有而能無。」，頁4B。

⁴⁰ 此「切莫助長」一語，當是援用《孟子·公孫丑上》孟子申述「養氣」功夫時所言：「必有事焉而勿正，心勿忘，勿助長也」。參見〔宋〕朱熹：《四書章句集注·孟子集注》卷三，頁 319。

致虛當至於極，守靜當至於篤。此虛、靜二字，實修道真
功夫也。（卷之上，〈致虛極〉章第十六，頁 7B）

這抱一是忘我忘物、收斂退藏的功夫，而能為天下式者。
（卷之上，〈曲則全〉章第二十二，頁 11A）

大抵人生只慾忿二端為害，赤子精至無慾，和至無忿。未
能含德之厚，且從懲忿窒慾上做功夫。（卷之下，〈含德
之厚〉章第五十五，頁 9A）

首先，其指出《老子》十五章中所言「若冬涉川」、「若畏四
鄰」、「儼若客」、「冰若釋」、「敦若樸」、「曠若谷」、
「渾若濁」數句，雖皆形容之語，然而內涵重點實是工夫修為的
門徑，藉此以彰顯有道者生命實踐的氣象。其次，標舉十六章所
言「虛」、「靜」二字，是修道的真工夫。而二十二章所謂「抱
一」，則是「忘我忘物」、「收斂退藏」的工夫，且為天下人行
事之準則法式。最後一條引文，則表述若要如赤子般「精充氣
和」、「含德之厚」，大抵需從「忿」、「慾」兩端入手，只有
「懲忿窒慾」的工夫做到位，才能復歸赤子般的純真和諧。凡
此，乃足以說明將老子思想視為人生哲理的指導方針。事實上，
性命與工夫原是相依相存的關係，否則一切主張盡是玩弄光影。
因此，張位亦將老子言說，視為對人行為的警示與告戒之語，他
說：

老氏之學，最惡強大，和柔簡約謙退，乃為大，於細的道

理。（卷之下，〈天下皆謂〉章第六十七，頁 15A）

此章只是戒人輕舉妄動的意思。（卷之上，〈重為輕根〉
章第二十六，頁 13B）

學道以謙默恬靜為主，最戒剛強自逞之事。言人奮力於勇
敢，定遭殺害；堅忍於柔弱，必能自全。（卷之下，〈勇
於敢〉章第七十三，頁 17B）

但勝心不忘，持盈最難識得破，忍不過。古人有言，強梁
者不得其死。惟這句言語，說得痛快真切。吾將此為教
父。（卷之下，〈道生一〉章第四十二，頁 3B）

引文中一方面戒人不可輕舉妄動，避免剛強自逞之事發生；另一
方面也提倡和柔簡約、謙默恬靜、堅忍於柔弱等「自全」的觀
點。並特別指出「強梁者不得其死」一句，說得痛快真切，故當以
此為施教之張本。張位認為這些戒人之語，都是老子耳提面命的
教示，一旦認真落實到性命涵養之中，乃可達至理想人格的境界。
　　因為對《老子》一書如是的體會與領悟，張位乃特別駁斥將
老子學說視為黑暗伎倆與智慮之術的看法。其註文中屢屢使用
「伎倆」一辭，並以「消盡伎倆」為實踐老子思想的目標之一，
如其云：

然世人所以多敗者，總以其情欲未忘，伎倆不消耳。（卷
之下，〈其安易持〉章第六十四，頁 13B）

彼經營不足，伎倆日增，辯博矜誇，精神馳騖，一不成而萬有餘喪矣。（卷之下，〈小國寡民〉章第八十，頁21A）

聖智仁義巧利，世方汲汲而趨者。我今一切絕棄之，這三句言語，殊無文采足觀。恐聞之者信心不及，反以為落空而無所依傍。故又教之以見素抱樸，少私寡欲。但依此循行，不待絕棄，而伎倆自消矣。（卷之上，〈絕聖棄智〉章第十九，頁9A）

必絕學方無憂，若但能減省而已。猶唯與阿，雖應有緩急，其隨人一也。猶善與惡，雖事有公私，其有為一也。可見一切伎倆，都宜消盡，乃可入道。（卷之上，〈絕學無憂〉章第二十，頁9B）

值得注意的是這幾句話：「可見一切伎倆，都宜消盡，乃可入道」，說明「消盡伎倆」乃是「入道」的門徑。張位以為面對「伎倆日增」、「伎倆不消」的存在境域，必須透過「見素抱樸，少私寡欲」的工夫予以解消。他觀察世人之所以多敗亡，精神之所以多馳騖的原因，就在於操弄黑暗伎倆。所謂「伎倆」，當是指暗中運用聰明、智慮，以入於權詐的方式，成就一己之私的卑劣手段。此蓋與老子思想中追求純真坦白、自然無為的精神相違離。張位因此主張「緘聰明，黜智慮」，並以此為「為道日損」的「無為」工夫[41]。其更進一步指出「伎倆」是一種落入形

---

[41]　張位註卷之下，〈為學日益〉章第四十八中即云：「為學要求日益，若

迹、虛矯的有所作爲，他說：

> 行無迹，言無瑕，計不用籌，閉不用鍵，結不用繩，都是
> 自然不着形迹的意思。一有形迹，便生分別歧人我，聰明
> 發露，智慮矜誇，去道遠矣。……大巧若拙、雖智若迷，
> 此學道之要妙也。（卷之上，〈善行無轍迹〉章第二十
> 七，頁 13B-14A）

一旦落入形迹，便易「生分別」、「歧人我」，如是則「聰明發
露，智慮矜誇」，結果去「道」益遠。其以爲二十七章所言：
「善行無轍迹，善言無瑕讁，善計不用籌策，善閉無關鍵而不可
開，善結無繩約而不可解」數句，皆是譬喻「自然不着形迹」的
意思，一旦有了形迹，就是落入「伎倆」。老子之學最忌虛僞巧
詐，故主張「大巧若拙」、「雖智若迷」，此是不以外顯外露、
鋒芒彰揚的方式，貪求自我表現、自我聲張，而主張含藏內斂、
柔弱謙退的爲人處世之道，張位乃謂此爲「學道之要妙」[42]。

　　尤有進者，張位乃以爲善治者必須保有一種「愚人之心」的

為道則要求日損。絀聰明，黜智慮，到那無為田地，能無為則無不可為
矣。」，頁 6B；詮註卷之下，〈治人事天〉章第五十九中亦云：「黜
聰明，絕智慮，則真元完復，根日深而蒂益固，長生久視之道，曷以踰
此。」，頁 11A。總之，絀絕聰明、智慮，當是其「消盡伎倆」的重要
治身門徑。

[42] 此外，以被誤解最深的三十六章為例，張位詮註卷之上，〈將欲噏之〉
章第三十六「將欲歙之，必固張之；將欲弱之，必固強之；將欲廢之，
必固興之；將欲奪之，必固與之」數句，並不往陰謀掉闔之術的義理向
度作解，而是以「消息盛衰」之理來看待，頁 18B。

涵養。此「愚」字，歷來引發甚多誤解，主要是針對《老子》六
十五章中所言「古之善為道者，非以明民，將以愚之」的爭議，
張位於此註云：

> 今之稱善治者，率以明智為先。然不知古之善為道者，非
> 以明民，將以愚之。不是用術去愚他，蓋與之渾樸相忘云
> 爾。（卷之下，〈古之善為道〉章第六十五，頁 14A）

張位特別指出所謂「將以愚之」，不是用「術」去愚弄百姓，而
是指君、民之間，彼此「渾樸相忘」之意。此是指以「無為」的
心性修養，順任自然地治理天下。故此「愚」字，實是正向之
辭，而「愚人之心」則是善治者者理想的人格境界，故其註乃復
云：「我此心真若愚人之心也哉！沌沌兮與太虛同體。」（卷之
上，〈絕學無憂〉章第二十，頁 10A）。此中所謂「沌沌兮與太
虛同體」，便是張位所稱「德全而道備」、「復歸於渾沌」[43]的

43　張位喜以《莊子・應帝王》「渾沌」一說，譬喻無分別心，精氣完整和
　　諧的生命理境。參見〔清〕郭慶藩編、王孝魚整理：《莊子集釋》卷三
　　下〈應帝王第七〉，頁 307。誠如其註卷之上，〈大道廢〉章第十八中
　　云：「渾沌既鑿，遂有標榜。聰明自用，反相欺蔽。不和顯孝，昏亂見
　　忠。一切有為之法，皆自私用智之為，去道遠矣。」，頁 9A；卷之
　　上，〈曲則全〉章第二十二云：「惟守其不足以需有餘，則抱元守一，
　　復歸渾沌，概鑪漏必補，纖悉必復。」，頁 11A-11B；卷之下，〈聖人
　　無常心〉章第四十九云：「忘我故公，忘分別斯德全。是以聖人在世，
　　民有心思，化以返渾沌；民有聰明，化以還赤子。」，頁 6A；卷之
　　下，〈其政悶悶〉章第五十八云：「渾沌則神全，攪擾則散亂。」，頁
　　10B。

最高理境。凡此，是爲「道德」與「有無」的義理串聯所引發的相關論述。

結　語

　　「道」、「德」、「性」、「命」、「有」、「無」，若以單字字辭視之，乃個別指涉特殊的義理內涵。然而，若將他們兩兩組合，形成「道德」、「性命」、「有無」三組哲學概念之後，彼此之間所具不即不離、圓融一體、雙即雙彰的有機聯繫，更增添豐富的哲學理趣，並展現一種辯證圓融的思維理路。張位詮解《老子》中，所謂「德全道備」、「有無渾合」、「性立命固」等理想人格的展現，即是以此圓融說的方式，一體呈現老子思想的至高理境。此乃深刻說明其老學思想中，對於老子玄深道理的把握，就在於心性體認的工夫修養，因而特別重視性命主體的實踐與精神生活的感悟。此一詮解《老子》的義理向度，頗能彰顯張位老學思想的特徵。而針對張位詮註《老子》整體觀察的結果，可以印證《張洪陽註解道德經》中，乃嘗試將《老子》「道德」一說，與「性命」、「有無」兩組概念緊密相扣，開發出一條理解《老子》的可能路徑，同時亦呈現其「道德」論述的主要特色。其以「道德」爲軸心，透過與「性命」、「有無」的義理通貫與串聯，成功將「性命」、「有無」二說，統攝到老子「道德」論述的思想體系當中，確實別具一格。且其如是詮解的義理向度，一方面充分回應明儒對於道德性命之學的重視；另一方面也清楚表述道家之言「道德」，與一向以「道德」爲價值核心的儒家思想，確實分屬兩條不同的義理脈絡。

　　因此，本章乃以《張洪陽註解道德經》爲研究對象，希望深入發抉其「道德」論述中的義理主張。探索進路取徑有二：首先是疏理「道德」與「性命」的義理通貫。張位以《老子》爲性命之書，其針對「性命」一辭在形式架構的理解，乃順承《易傳》所言「性命」一路而來。然而，對於「性命」內在義理的定位，張位並不往儒家「性善」作解，而是從道家「性眞」汲取養分。此蓋是其儒、道會通的詮解方式，雖然資藉儒家言性命哲理的形式框架，然其內在精神的取向仍隸屬於道家式的。其次，則是「道德」與「有無」的義理串聯。其以「有無渾合」爲主要立說，以「無中有」、「有中無」、「無又有」、「有又無」，彰顯「道」與「德」兩者，實皆兼具「無」、「有」兩面的特性。此乃亟欲修正以「道」爲「無」、「德」爲「有」，彼此斷爲二橛的看法。此間，張位復以「道貴自然」、「德尙無爲」，表述「道德」的理論內涵。「自然」、「無爲」咸是心性體認的工夫修養，而「有」、「無」亦率皆性命玄修之事，可以發現張位特別看重老子思想的工夫義、內聖義。因此，其進一步將老子言說，視爲對人行爲的警戒與教示之語，同時亦專力駁斥將老子學說視爲黑暗伎倆、智慮之術的看法，並以「消盡伎倆」爲老子學說的重要旨標，力圖彰顯出「道德」內涵的實踐意義。如是「損之又損」，以「黜聰明，絕智慮」爲杜絕虛僞巧詐的工夫門徑，以達到「沌沌兮與太虛同體」，此即其所謂「德全而道備」、「復歸於渾沌」的生命理境。凡此，是爲張位《張洪陽註解道德經》中道德論述的義理向度，也是本章所發揮的重點所在。

結　論

　　〈結論〉處擬以「研究的回顧與展望」收束全文。除了就本書所歸結出明代老子學詮解的義理向度，予以綜論式的總結與回顧之外，另亦剋就其間所引發的相關問題提出一些思考與反省。最後，則是未來的研究方向與展望，說明在目前累積的學術成果之上，如何將個人的研究繼續往前推進與延展。

　　整體而言，本書所關注的是明代老子學發展流衍及其變化遞嬗的概況，先後提出「澄清前人對於老子思想的誤解」與「儒家學說與老子學說的交融互攝」的觀察視域，作爲核心主題的論述。此兩個詮解的義理向度，適足以凸顯出明代老子學不同於其他時代的表徵，因而具有時代與經典水乳交融的深刻意義。事實上，仔細思量其中詮解維度的凝塑成形，大抵與陽明心學的流行不無關係。尤其至明代中期以後，因爲心學思潮蓬勃之故，對於程朱理學的批判聲浪日益增多，連帶也使得程朱老學的相關議論有越來越多的趨勢，進而全面延伸至針對《老子》八十一章易引發誤解的篇章進行深入的討論與評騭。尤有進者，此一時期，注《老》解《老》中章後總評的立說方式，當該也助長了學者議論的風氣，不僅提供「自下己意」的論說空間，成功締造了許多不落俗套的想法，無形中也提升了哲學論辯的理論高度與思想內涵，因而有相當值得注意與著墨之處。再者，心學的理論思維與

概念術語對於明代老子學的滲透與影響，更是至關重要的詮解面向，此乃不容忽視。心學思潮的活絡興盛，蓋亦促使儒家學說與老子學說交融互攝的詮解進路，在儒者社群之中形成一種集體共識的現象。彼等力圖達至合會孔、李門庭之見的詮釋目的與效果，彰顯出儒、道會通的問題意識，直可謂為專屬於有明一代的老子學圖象。

　　因此，本書《明代老子學詮解的義理向度》正文中共計有八個章節，研究方向劃分為兩個核心主題的探究，其下各自輻射出四個章節的相關論述。第一部分「澄清前人對於老子思想的誤解」四個章節當中，有專家專著式的微觀探索，亦有全面專題式的宏觀研析，但大抵聚焦在澄清前儒對於老子思想的誤解為主。專家專著方面，比較強力探索的是薛蕙《老子集解》一書，是書在明代老子學中頗受歡迎，被同期人徵引的頻率最高，因而得到最多的關注與青睞。此中最引人注意的，就是對於程朱老學的評議與駁正。程朱老學的思想特點，就在於認為老子之學「入於權詐」。因為將老子思想定向於耍權詐、存私心，在討論老子與楊朱的關係時，遂片面緄合楊朱「為我」之學與老子「欲成其私」之說，整體朝向自私自利的個人主義作解釋。而朱子也以「老子便是楊氏」一說，作為說明「孟子不排老子」的原因，因為老子、楊朱的師生關係，孟子闢楊朱其實便是闢老子。朱子同時也認為申、韓之流的「入於變詐刑名」，即是源出於老子的「惟靜故能知變」，兩者係屬同一源流，此說亦得以合理解釋《史記》何以將老子與申、韓同傳。凡此，皆在程朱以「老子為竊弄闔闢之術」的思想前提底下，鋪設開展一系列論述。薛蕙反對程朱之說，乃提出「老子非竊弄闔闢之術」、「楊朱之學不盡合於老

子」、「申韓少恩非原於道德之意」等對反意見。此外，薛蕙另
又提出「晉人之亂非本於老子」、「老子之學非棄人事而獨任虛
無」兩項論點，其以爲晉人亡國的成因，不在於清談玄虛抑或放
達任誕之故，眞正原因乃出於當時士人自身種種貪鄙偷薄的行
徑，故晉室之亂實與老子之學毫無干係。其亦進一步釐清老子
「虛無」之說的意蘊，並提出「任虛無以應事」的圓融理境，極
力強調老子學說「入世」、「應事」的特質，並進一步扣合老子
形上之道「無」、「有」的雙重性格，揭示其「即體即用」、
「動靜如如」的辯證特質，以駁斥向來以老子之學獨守虛無、不
問世事的誤解。此外，三十六章與六十五章，是《老子》八十一
章中，歷來被誤解最深、誤會最多的代表，明代學者在詮解此兩
章之時，多喜據此以闡發議論，一方面對於前儒的誤解多所澄
清，另一方面也嘗試以不同角度發明章旨，進而衡定老子思想的
理論方向與義理內涵。重新檢視明人之註解及其章後總評，可以
發現彼等乃以「老子非陰謀捭闔之術」、「秦愚黔首非本於老
子」爲集體共識，其中周延縝密的相關檢討與論述，凸顯出明人
評議觀點的獨到之處。必須特別說明的是，這些主張的立論成
說，觀點與觀點之間多是環環相扣、彼此牽動的，故在申述的過
程當中，其內容或稍有互見之處，實乃在所難免。各章中針對相
關議題歷史脈絡的縱向爬梳，以及爭議性論題橫向的內容剖析與
疏理，皆能以詳切篤實的態度加以釐清，期能彰顯出明代老學研
究者亟欲澄清老子思想相關誤解的思維理路與脈絡。

　　本書第二部分則以「儒家學說與老子學說的交融互攝」爲核
心主題，其下亦輻射出四個章節的相關論述。研究對象以儒者身
分的註《老》解《老》著作爲主軸，四個章節皆自專家專著之

中，精選出一個主題作為論述焦點，藉此以透顯出明代老子學中
「援儒入《老》」的詮解向度。擇選出來的有：薛蕙《老子集
解》、王道《老子億》、朱得之《老子通義》與張位《張洪陽註
解道德經》等四本專著，討論重點大抵著力於發揚儒家學說與老
子學說交融互攝的情形。對於此一部分的章節安排，或可簡要歸
結為兩點：其一是關注以《老子》一書為道德性命之學的義理取
向，以薛蕙、張位的解《老》為代表；其二則是關注陽明弟子的
詮註《老子》，此則以王道、朱得之的解《老》為代表。四人皆
可歸入「援儒入《老》」的詮解型範。薛蕙《老子集解》中的性
命論述與張位《張洪陽註解道德經》中的道德論述，皆將老子學
說視為道德性命之學，力圖抉發老子思想中天道性命相貫通的思
維理路。薛蕙老學思想中重視性命之理的問題意識，其切入點即
是將性命或心性的問題，提升到形上道體的位置，並視之為天
理、天道，進一步論述天道性命相貫通的意義。因此，其致力於
發明老子思想中的性命哲理，以「性命為天道」，以「一生死為
性命精微之理」，以「虛靜為性命的本然樣貌」，進而關注
「心」的迷亂盲動，提出「養性」、「復性」等心性理論的主
張，以此架構其性命論述的整體內容。而針對張位老學思想中的
道德論述，觀察發現其乃將《老子》「道德」一說，與「性
命」、「有無」兩組概念緊密相扣，開發出一條理解《老子》道
德性命之學的可能路徑。以「道德」為軸心，透過與「性命」、
「有無」的義理通貫與串聯，成功將「性命」、「有無」二說，
統攝到老子「道德」論述的思想體系當中，如是詮解的義理向
度，亦能充分回應明儒對於道德性命之學的重視。薛、張兩人雖
與陽明心學無直接關係，不敢專斷判讀其思維理路定然受心學影

響，但是心學所建立起以儒家道德學說、性命哲理爲核心的理論
體系，究竟如何依憑《老子》文本作爲思想載體，而以注文的形
式再現，並且形成強而有力的詮釋學體系，在薛蕙、張位詮解
《老子》的相關論述中，似乎明顯可見其端倪。再者，針對陽明
心學與老子學說的交流互動，根據目前保留完整的明人老學著作
當中，明確記載與陽明曾有師承關係的，就是王道與朱得之。因
此，探究王道、朱得之老學思想中的心學色彩，揭櫫兩人如何將
心學思維注入老學之中，藉此以達到視域融合的詮釋效果，當是
明代老子學的重點要項之一，或可稱之爲老子詮釋史中的「心學
論述」。王道《老子億》的形上論述，主要鎖定在其針對《老
子》首章與四十二章的闡釋發揮，分析說明老子形上道德論及其
宇宙生成論的內在意涵。首章章末總評中，將意旨結穴於理學十
六字心傳，充分彰顯其心學論述的義理向度。而四十二章的詮解
亦大抵從儒學視角出發，資藉《莊子》、《中庸》、《易傳》、
《太極圖說》等形上思維以建構老子宇宙生成的圖式，其間儒者
意識的表現，可謂相當明顯。而朱得之的心學論述則以「合孔、
李門庭之見」，以及「有無不二、體用雙即」兩個觀察進路，印
證其詮解《老子》的心學視角。此是心學與老學之間，儒家與道
家之間，兩個不同學術領域，在歷史機緣的衝擊之下，互涵互攝
的結果。總體來說，除了揭示合會儒、道的問題意識之外，更多
篇幅在闡明如何將老子思想中的形上道體落實爲心體之說，成爲
明儒道德形上學的思想表述，且進一步以體用概念及其深密關
係，連結綰合老子學說中多組相對的哲學概念，諸如「有無」、
「動靜」、「虛實」、「道德」、「母子」、「本末」、「無名
有名」、「無欲有欲」等等，而得以重新詮構老子思想體系的理

論間架與義理精髓。凡此,不僅提供建立明代老子學具體圖象的
省察視野,對於陽明心學而言,這些資料的蒐羅匯集,同時也是
研究心學重要的輔助視窗。

　　事實上,就明代老子學詮解的多元化傾向而言,其間亦不乏
以佛教、莊子、黃老、道教等思想詮解《老子》的義理向度。然
而,在形式、內容上,若真要舉出最足以代表明代老子學的詮解
特徵,而有別於其他時期老子學風貌的,此「澄清前人對於老子
思想的誤解」與「心學與老學的交融互攝」兩個面向,當能獨樹
一幟、自成一家,作為明代老子學獨有的時代表徵與特色。註解
家針對前儒種種誤解的澄清,尤其是程朱老學思想的全面檢討與
反省,其間義理脈絡之詳實、思維理路之嚴謹,以及討論內容之
豐富,都是前所未有的,而足以讓研究者大書特書。拙著《宋代
老子學詮解的義理向度》一書中,嘗分析說明宋代儒者社群詮解
《老子》的基本模式,除了大量援引儒家經典文獻與《老子》交
相附會之外,有關心性論述的比例也相當高[1]。但是宋儒以《老
子》文本為談心論性的思想載體,以及資藉《易傳》闡述老子道
德性命之學的相關內容,與明代儒者立論成說的方式明顯有所不
同,使得宋、明兩代「援儒入《老》」的詮解進路各具別樣色
彩,並非僅僅單調複製而已。且就其哲學的理論高度與思想體系
的嚴謹度而言,明代儒者的詮注《老子》或許有更加圓熟的趨
向。我們只要觀看王道《老子億》詮解《老子》第一章,以及各
個註解家章後總評的大篇幅論述,或許就能表示同意,其間洞見
所在多有,且又多能自成一格。明代儒者徵引頻率最高的儒典,

---

[1]　關此,參見拙著《宋代老子學詮解的義理向度》第二、三、四章。

大抵是形上學況味最濃的《中庸》與《易傳》，針對書中相關文句的節錄最為常見，目的蓋為了更方便闡發老子道德性命之學，並進而更完整呈現明儒道德形上學的義理脈絡，道體與心體之說時而可見，對於老子「天道性命相貫通」的理論思維多所發微，如是詮解的傾向與風氣，雖承自宋儒解《老》之影響，但義理發揮之深度實有甚於宋儒。明儒引用儒典的頻率明顯不若宋儒，但徵引更多的是宋明理學家的哲學概念與術語，畢竟宋明理學的發展到了明代幾乎已是巔峰之境，其對各方各面的影響力道威力十足。如果仔細觀察，就可以清楚發現宋、明兩代儒者詮解《老子》的殊異之處。

此中避不開的是攸關詮釋學的思考。關此，拙著《宋代老子學詮解的義理向度》一書〈結論〉之中，嘗以加達默爾「哲學詮釋學」的理論觀點作為參照系，藉此反省《老子》詮釋史中「《老子》注我」與「我注《老子》」兩個詮解定向之間，所引發的相關問題。希望透過西方詮釋學的理論視角，對於中國傳統哲學經典的詮釋問題，激盪出更深廣的回響與反應。這些引發的問題，諸如：《老子》一書的原意究竟存不存在？也就是說，作者意圖是否重要？是不是將詮解方向鎖定在同一個學派，或是一本書的封閉系統裡，就能避免誤入歧途，回歸理解的正道？換言之，有沒有一種相對安全的詮解模式，而能躲開歪曲、誤解《老子》的嫌疑？又，如何面對詮釋者的借題發揮與另闢蹊徑，當詮釋者戴上各式有色眼鏡之後，其所觀看到的老學圖象還是原創時期的樣貌嗎？如果不是，它是否具備學術研究的價值與意義？還是說，作者已死！經典誠然走過它的舊時代，接下來的復活過程則容許讀者諸多想像的空間，無限度的各說各話，或者恣意解讀

都是可以被接受的？抑或是，讀者的發言權當有一個底線，那麼底線應該設定到何種程度，才能顧及學術的共識與尊嚴？或許還可以這樣追問：既然讀者的參與也很重要，那麼，讀者有無優劣之別？有沒有所謂理想的典型讀者？讀者的知識涵養與水平，以及詮釋學的相關訓練是否必要？凡此種種，皆當予以細細斟酌與考量，或許一時之間無法全面得到完善解答。但是，若能將其納入中國哲學經典的注疏傳統與詮註特色之中思考，或能得到一些啟發與領悟[2]。就真理的追尋而言，問題的提出及其思考過程，總是遠比獲得最後的答案來得深刻雋永。

　　《明代老子學詮解的義理向度》只是關注明代老子學的一個起步與發端，其間尚有許多思想價值頗高，且其見解精到的老學專著，值得再個別深入探究與思想開發。例如：明太祖朱元璋的御注《老子》、陸西星《老子道德經玄覽》、李贄《老子解》、焦竑《老子翼》、釋德清《老子道德經解》、王一清《道德經釋辭》等等。限於才力、心力與論述篇幅，只能納入未來可能的研究方向與重點要項，希望來日能有機會逐一詳實省察，俾使得明代老子學的歷史圖象更加完整、具體而清晰。筆者十餘年來多注意歷代老子學的發展流衍與變化，目前著墨較多的是宋代、明代與唐代。其中宋、明兩代老子學相關研究成果業已陸續出版成書，也在先行者的理論基礎之上，提出一些新的觀點與看法。然而，學術研究之路畢竟還很漫長遙遠，希望未來也能針對唐代老子學的發展內容，提出一些全面的判斷與整理。此際已經初步完

2　關此諸多問題的思索與反省，《宋代老子學詮解的義理向度》第九章〈結論〉中已有詳細論述，此處不再贅述，頁333-354。

成的觀察對象有：成玄英《道德經開題序訣義疏》、王眞《道德經論兵要義述》與陸希聲《道德眞經傳》，對於唐代道士、將軍、儒者三種不同身分學者的詮解《老子》，其義理內蘊的特色與風格，皆有深入的闡釋與發明。目前正在進行的議題，主要以唐代君王的詮註《老子》爲重心，對於唐玄宗的《御注》、《御疏》，以及唐末推廣、衍釋玄宗老學思想甚爲用心的杜光庭，針對其所撰《道德眞經廣聖義》皆有相當關注，希望能在日後發表一些新的觀察與論述，對於唐代老子學歷史輪廓的建構也能盡一份心力。凡此，當是未來研究方向的期許與展望。

　　此書是多年來研究成果的一個整理與結集，要合理化貫串這些原先零散的單篇論文，並盡可能以核心主題加以統攝連結，偶爾會興起一種遠比重寫一本書更辛苦的無力感。爲了讓論述重點清晰完整、縝密周備，增補與刪節是必要的過程，而最後的修改與潤飾，則是更吃力沉重的工作。困難的或許不是再寫一點什麼，而是割捨一些沒必要的枝節。爲了讓言說更聚焦、更集中，文字讀起來更輕盈、更俐落，多數時候必須專心致志，一鼓作氣坐在書桌前，和論文建立深邃情感，其間面臨搏鬥掙扎的情況，也是時而有之的。雖然有苦有樂，但也不失爲一個讓研究者重新思考和審視過去的大好機會。波赫士曾說：「如果我們閱讀一本古書，那麼就彷彿在閱讀：書成之日那天截至今日爲止，書籍所經歷的那一段時光。因此，我們應該保持崇敬書籍的心。」[3]確實，我是以著莊嚴崇敬的心情，面對後老子時期，《老子》一書

---

[3]　關此，參見〔阿根廷〕波赫士（Jorge Luis Borges）著、王永年、林一安等譯：《波赫士的魔幻圖書館》（新北市：臺灣商務印書館，2016 年12 月）〈書籍〉，頁 39-40。

所經歷的悠遠漫長的時光隧道，觀看它的流轉，它的變化，它的
精彩。而它也從不吝嗇的帶給我許多靈光乍現的時刻，讓我耽溺
在安靜閱讀的愉悅感受之中，進而蘊蓄明晰的判斷力與充沛的生
命力，最終能身體力行老子思想的哲學理趣，領受它所帶來的
光。或許，經典從來不披露事物，只是幫助我們發掘事物。經典
存在的目的並不是為了讓人理解，而是為了讓人去詮釋，為了激
勵讀者繼續思考而存在[4]。是的，思想蘊含其中，必須抽絲剝繭
才得以解放其精華。毫無疑問，《老子》正是具備如是魅力與活
力的古籍，其思想靈光所釋放出的力與美，在時間之流中不斷形
塑千萬讀者的靈魂，讓人們能夠成為更真實美好的自己，而此正
是經典之所以為經典的意義所在。

---

[4]　以上觀點出自波赫士，其如是云：「在整個東方，至今還存在這樣的觀
　　念：書籍不應披露事物，只應幫助我們發掘事物。儘管我對希伯來語一
　　無所知，還是對神祕哲學《喀巴拉書》作了些研究，我讀過《光輝之
　　書》、《創世之書》的英文和德文讀本。我知道這些書的撰寫目的不是
　　為了讓人理解，而是讓人去詮釋，為了激勵讀者繼續思考而存在。」，
　　《波赫士的魔幻圖書館》〈書籍〉，頁32。

參引書目舉要

一、古代典籍

〔周〕管仲著、〔清〕戴望校：《管子校正》，北京：中華書局，1954年。

〔周〕列禦寇：《列子》，臺北：藝文印書館，1975年。

〔周〕韓非著、陳奇猷校注：《韓非子集釋》，臺北：華正書局，1977年。

〔秦〕呂不韋編纂、陳奇猷校釋：《呂氏春秋校釋》，臺北：華正書局，1985年。

〔漢〕司馬遷：《史記》，臺北：鼎文書局，1977年。

〔漢〕賈誼：《新書》，臺北：臺灣商務印書館，1979年。

〔漢〕劉安著、〔漢〕高誘注：《淮南鴻烈解》，臺北：河洛圖書出版社，1976年。

〔漢〕班固：《漢書》，臺北：鼎文書局，1977年。

〔漢〕韓嬰：《韓詩外傳》，《四部叢刊正編》，臺北：臺灣商務印書館，1965年。

〔漢〕劉向編：《說苑》，《四部叢刊正編》，臺北：臺灣商務印書館，1965年。

〔漢〕河上公注：《老子道德經河上公章句》，收入《老子四種》，臺北：大安出版社，2003。

〔漢〕孔安國注、〔唐〕孔穎達疏：《尚書正義》，臺北：藝文印書館，1989年。

〔漢〕鄭玄注、〔唐〕孔穎達疏：《禮記正義》，臺北：藝文印書館，1989

　　年1月。

〔魏〕王弼注、樓宇烈校釋：《老子周易王弼注校釋》，臺北：華正書局，
　　1983年。

〔魏〕王弼注、〔晉〕韓康伯注、〔唐〕孔穎達疏：《周易正義》（十三經
　　注疏本），臺北：藝文印書館，1989年。

〔晉〕張湛注：《沖虛至德真經》，臺北：藝文印書館，1971年。

〔晉〕范甯：〈王弼何晏論〉，嚴可均編：《全上古三代秦漢三國六朝
　　文》，臺北：世界書局，1961年。

〔晉〕嵇康：《嵇中散集》（《四部叢刊》本），臺北：臺灣商務印書館，
　　1965年。

〔晉〕裴頠：〈崇有論〉，收入嚴可均編：《全上古三代秦漢三國六朝
　　文》，臺北：世界書局，1961年。

〔南朝宋〕劉義慶著、余嘉錫編撰：《世說新語箋疏》，臺北：華正書局，
　　1989年。

〔南朝梁〕傅翕：〈心王銘〉，收入〔宋〕釋道元編纂：《景德傳燈錄》
　　（四部叢刊三編據上海涵芬樓景印常熟瞿氏鐵琴銅劍樓藏宋刻本），
　　臺北：臺灣商務印書館，1976年。

〔唐〕房玄齡等：《新校本晉書并附編六種》，臺北：鼎文書局，1992
　　年。

〔唐〕韓愈：《韓昌黎集》，臺北：河洛圖書出版社，1975年。

〔唐〕陸希聲：《道德真經傳序》，收入嚴靈峰編輯：《無求備齋老子集
　　成・初編》，臺北：藝文印書館，1965年。

〔宋〕周敦頤：《周子全書》，臺北：廣學社印書館，1975年。

〔宋〕程顥、程頤：《二程集》，臺北：漢京文化事業公司，1983年。

〔宋〕張耒：《柯山集》，臺北：新文豐出版公司，1984年。

〔宋〕邵雍著、郭彧、于天寶點校：《伊川擊壤集》，上海：上海古籍出版
　　社，2015年。

〔宋〕蘇軾著、孔凡禮點校：《蘇軾文集》，北京：中華書局，1990年。

〔宋〕蘇轍：《老子解》，收入嚴靈峰編輯：《無求備齋老子集成・初
　　編》，臺北：藝文印書館，1965年。

〔宋〕范應元：《老子道德經古本集註（一）》，嚴靈峯編輯：《無求備齋老子集成・初編》，臺北：藝文印書館，1965 年。

〔宋〕郭茂倩編撰：《樂府詩集》，臺北：里仁書局，1980 年。

〔宋〕司馬光編著、楊家駱編：《新校資治通鑑注》，臺北：世界書局，1961 年。

〔宋〕朱熹：《四書章句集注》，臺北：大安出版社，2005 年。

〔宋〕朱熹：《周易本義》，臺北：新文豐出版公司，1979 年。

〔宋〕朱熹：《晦庵先生朱文公文集》，京都：中文出版社，1977 年。

〔宋〕黎靖德編：《朱子語類》，北京：中華書局，1999 年。

〔元〕杜道堅：《玄經原旨發揮》，收入《正統道藏》，臺北：新文豐出版公司，1988 年。

〔元〕吳澄：《道德眞經註》，收入嚴靈峯編輯：《無求備齋老子集成・初編》，臺北：藝文印書館，1965 年。

〔明〕焦竑：《老子翼》，臺北：廣文書局，1962 年。

〔明〕焦竑：《老子翼》，收入嚴靈峯編輯：《無求備齋老子集成・初編》，臺北：藝文印書館，1965 年。

〔明〕薛蕙：《老子集解》，收入嚴靈峯編輯：《無求備齋老子集成・初編》，臺北：藝文印書館，1965 年。

〔明〕薛蕙：《老子集解》，收入《叢書集成簡編》（惜陰軒叢書本），臺北：臺灣商務印書館，1966 年。

〔明〕薛蕙：《約言》，收入《叢書集成初編》，北京：中華書局，1985 年。

〔明〕薛蕙：《考功集》，收入《文淵閣四庫全書》冊 1272，臺北：臺灣商務印書館，1983 年。

〔明〕張位：《張洪陽註解道德經》（據明萬曆十九年積秀堂刊道書全集本景印），收入嚴靈峯編輯：《無求備齋老子集成・初編》，臺北：藝文印書館，1965 年。

〔明〕張位：《張洪陽註解道德經》，收入《道藏精華》，臺北：自由出版社，1989 年。

〔明〕張位：《張洪陽註陰符經》，收入海王邨古籍叢刊《道書全集》，北

京：新華書店，1990 年。

〔明〕釋德清：《老子道德經解》，收入嚴靈峯編輯：《無求備齋老子集成‧初編》，臺北：藝文印書館，1965 年。

〔明〕朱得之：《老子通義》，收入嚴靈峯編輯：《無求備齋老子集成‧初編》，臺北：藝文印書館，1965 年。

〔明〕朱得之：《莊子通義》，收入嚴靈峯編輯：《無求備齋莊子集成‧續編》，臺北：藝文印書館，1974 年。

〔明〕朱得之：《老子通義》（明嘉靖四十四年朱氏浩然齋刊本），臺北：中國子學名著集成編印基金會印行，1978 年。

〔明〕王道：《老子億》（明嘉靖四十五年錫山安如山刊本），收入嚴靈峯編輯：《無求備齋老列莊三子集成‧補編（一）》，臺北：成文出版社，1982 年。

〔明〕陸長庚：《老子道德經玄覽》，收入嚴靈峯編輯：《無求備齋老子集成‧初編》，臺北：藝文印書館，1965 年。

〔明〕沈一貫：《老子通》，收入嚴靈峯編輯：《無求備齋老子集成‧初編》，臺北：藝文印書館，1965 年。

〔明〕林兆恩：《道德經釋略》，收入嚴靈峯編輯：《無求備齋老子集成‧初編》，臺北：藝文印書館，1965 年。

〔明〕徐學謨：《老子解》，收入嚴靈峯編輯：《無求備齋老子集成‧初編》，臺北：藝文印書館，1965 年。

〔明〕龔修默：《老子或問》，收入嚴靈峯編輯：《無求備齋老子集成‧初編》，臺北：藝文印書館，1965 年。

〔明〕洪應紹：《道德經測》，收入嚴靈峯編輯：《無求備齋老子集成‧初編》，臺北：藝文印書館，1965 年。

〔明〕趙統：《老子斷註》，收入嚴靈峯編輯：《無求備齋老子集成‧初編》，臺北：藝文印書館，1965 年。

〔明〕王一清：《道德經釋辭》，收入嚴靈峯編輯：《無求備齋老子集成‧初編》，臺北：藝文印書館，1965 年。

〔明〕危大有：《道德眞經集義》，收入《正統道藏》，臺北：新文豐出版公司，1988 年。

〔明〕王陽明：《王陽明傳習錄》，臺北：廣文書局，1979 年。

〔明〕湯顯祖：《玉茗堂全集》（《續修四庫全書》本），上海：上海古籍出版社，2002 年。

〔清〕張廷玉等：《明史》，臺北：鼎文書局，1975 年。

〔清〕王夫之：《莊子解》，臺北：里仁書局，1984 年。

〔清〕黃宗羲：《明儒學案》，北京：中華書局，1985 年。

〔清〕郭慶藩編、王孝魚整理：《莊子集釋》，臺北：木鐸出版社，1988 年。

二、現代專著

方　勇：《莊子學史》，北京：人民出版社，2008 年。

王　力：《老子研究》，天津：天津市古籍書店，1989 年。

王　淮：《老子探義》，臺北：臺灣商務印書館，2001 年。

王邦雄：《老子的哲學》，臺北：東大圖書公司，1990 年。

王雲五主持：《續修四庫全書提要》，臺北：臺灣商務印書館，1972 年。

古於陵、周悟坦、履安甫：《玄宗內典》，臺北：真善美出版社，1969 年。

任繼愈：《老子繹讀》，北京：北京圖書館出版社，2007 年。

任繼愈主編：《中國哲學發展史（秦漢）》，北京：人民出版社，1983 年。

江淑君：《宋代老子學詮解的義理向度》，臺北：臺灣學生書局，2010 年。

牟宗三：《中國哲學十九講——中國哲學之簡述及其所涵蘊之問題》，臺北：臺灣學生書局，1986 年。

牟宗三：《中國哲學的特質》，臺北：臺灣學生書局，1987 年。

牟宗三：《心體與性體（一）》，臺北：正中書局，1989 年。

牟鍾鑒：《老子新說》，北京：金城出版社，2009 年。

余英時：《歷史與思想》，臺北：聯經出版事業公司，1977 年。

吳　怡：《易經繫辭傳解義》，臺北：三民書局，1991 年。

吳林伯校注：《老子新解——《道德經》釋義與串講》，北京：京華出版社，1997 年。

李　零：《人往低處走：《老子》天下第一》，北京：三聯書店，2007 年。

胡　適：《中國古代哲學史》，臺北：臺灣商務印書館，1986 年。

唐君毅：《中國人文精神之發展》，臺北：臺灣學生書局，1988 年。

唐君毅：《中國哲學原論：導論篇》，臺北：臺灣學生書局，1986 年。

孫以楷注釋：《「老子」注釋三種》，合肥：安徽人民出版社，2003 年。

容肇祖：《韓非子考證》，臺北：臺聯國風出版社，1972 年。

徐復觀：《中國人性論史・先秦篇》，臺北：臺灣商務印書館，1987 年。

袁保新：《老子哲學之詮釋與重建》，臺北：文津出版社，1997 年。

馬敘倫：《老子覈詁》，收入嚴靈峯編輯：《無求備齋老子集成・續編》，
　　　臺北：藝文印書館，1970 年。

高　明：《帛書老子校注》，北京：中華書局，1996 年。

張岱年：《中國哲學大綱》，北京：中國社會科學出版社，1997 年。

郭沫若：《十批判書》，臺北：古楓出版社，1986 年。

陳鼓應：《老子今註今譯及評介》，臺北：臺灣商務印書館，2014 年。

陳鼓應：《老莊新論》，臺北：五南圖書出版公司，1995 年。

陳鼓應：《易傳與道家思想》，臺北：臺灣商務印書館，1994 年。

陳榮捷：《朱學論集》，臺北：臺灣學生書局，1988 年。

陳德和：《道家思想的哲學詮釋》，臺北：里仁書局，2005 年。

勞思光：《新編中國哲學史（一）（二）》，臺北：三民書局，1987 年。

黃　釗：《道家思想史綱》，長沙：湖南師範大學出版社，1991 年。

董恩林：《唐代老學：重玄思辨中的理身理國之道》，北京：中國社會科學
　　　出版社，2002 年。

熊鐵基、馬良懷、劉韶軍：《中國老學史》，福州：福建人民出版社，1997
　　　年。

劉文典：《淮南鴻烈集解》，王雲五主編：《國學基本叢書四百種》，臺
　　　北：臺灣商務引書館，1968 年。

劉笑敢：《老子古今：五種對勘與析評引論》，北京：中國社會科學出版
　　　社，2006 年。

劉韶軍：《日本現代老子研究》，福州：福建人民出版社，2006 年。

蔣錫昌：《老子校詁》，臺北：東昇出版社，1980 年。

鄧立光：《老子新詮——無為之治及其形上理則》，上海：上海古籍出版
　　　社，2007 年。

賴錫三：《莊子靈光的當代詮釋》，新竹：國立清華大學出版社，2008年。

錢　穆：《莊老通辨》，臺北：東大圖書公司，1991年。

戴璉璋：《易傳之形成及其思想》，臺北：文津出版社，1997年。

魏元珪：《老子思想體系探索》，臺北：新文豐出版公司，1994年。

嚴可均編：《全上古三代秦漢三國六朝文》，臺北：世界書局，1961年。

嚴靈峯：《中外老子著述目錄》，臺北：中華叢書委員會，1957年。

嚴靈峯：《周秦漢魏諸子知見書目》，北京：中華書局，1993年。

〔日〕太田方：《韓非子翼毳》，收於《漢文大系（八）》，臺北：新文豐出版公司，1978年。

〔英〕W. T. Stace 著、楊儒賓譯：《冥契主義與哲學》，臺北：正中書局，1998年。

〔德〕阿斯特（G. A. F. Ast）著、洪漢鼎譯：《詮釋學經典文選（上）》，臺北：桂冠圖書公司，2005年。

〔阿根廷〕波赫士（Jorge Luis Borges）著、王永年、林一安等譯：《波赫士的魔幻圖書館》，新北市：臺灣商務印書館，2016年。

三、期刊論文

尹志華：〈從老學史看「六經注我」的詮釋方法〉，收入劉笑敢主編：《中國哲學與文化》，桂林：廣西師範大學出版社，2009年6月。

车宗三：〈超越的分解與辯證的綜合〉，《鵝湖月刊》第19卷第4期總號第220，1993年10月。

何冠彪：〈萬曆復置起居注問題論議〉，《書目季刊》，第38卷第1期，2004年6月。

李慶：〈明代的《老子》研究〉，收入陳鼓應主編：《道家文化研究》第十五輯，北京：三聯書店，1999年3月。

李慶：〈論薛蕙的《老子集解》——明代的《老子》研究之七〉，《阜陽師範學院學報》總第109期，2006年1月第1期。

晏國彬、俞兆鵬：〈湯顯祖與張位的交游述略〉，《南昌大學學報》第39卷第1期，2008年1月。

陳鼓應：〈莊子論人性的眞與美〉，《哲學研究》2010 年第 12 期，2010 年
　　12 月。

陳榮捷：〈戰國道家〉，《歷史語言研究所集刊》第 44 本第 3 分，臺北：
　　中央研究院歷史語言研究所，1972 年 10 月。

劉固盛：〈論朱熹的老學思想〉，《上饒師範學院學報》27 卷第 1 期，
　　2007 年 2 月。

顏國明：〈朱子闢老子平議——以「老子即楊墨」與「老子是權謀法術」爲
　　例〉，《國立臺北師範學院學報》第 14 期，2001 年 9 月。

四、學位論文

林玉琴：《薛蕙《老子集解》研究》，銘傳大學應用中國文學系碩士論文，
　　2008 年。

韋東超：《明代老學研究》，華中師範大學歷史文化學院博士學位論文，
　　2004 年。

涂立賢：《王道《老子億》研究——兼與陸西星《老子道德經玄覽》比
　　較》，華中師範大學專門史碩士學位論文，2013 年。

翁琬婷：《王道《老子億》研究》，國立政治大學中國文學研究所碩士論
　　文，2011 年。

張博勳：《薛蕙老學思想研究》，國立臺灣師範大學國文學系博士論文，
　　2012 年。

楊雅婷：《朱得之《老子通義》研究》，國立臺灣師範大學國文學系碩士論
　　文，2013 年。

雷振瑞：《朱得之老學思想研究》，華中師範大學專門史碩士學位論文，
　　2014 年。

後　記

本書承蒙行政院國家科學委員會專題研究計畫與學術性專書寫作計畫補助完成，特予致謝。相關提案於下：

- 2009-2010 年專題研究計畫案：「明代老子學研究──以明人澄清老學之誤解為核心（I）」（編號：NSC98-2410-H-003-101）
- 2010-2011 年專題研究計畫案：「明代老子學研究──以明人澄清老學之誤解為核心（II）」（編號：NSC99-2410-H-003-086）
- 2011-2012 年專題研究計畫案：「明代老子學研究──以陽明心學與老學之關涉為觀察核心」（編號：NSC100-2410-H-003-032）
- 2015-2016 年學術性專書寫作計畫案：「明代老子學詮解的義理向度（I）」（編號：MOST104-2410-H-003-110）
- 2016-2017 年學術性專書寫作計畫案：「明代老子學詮解的義理向度（II）」（編號：MOST105-2410-H-003-135）

本書得以完成，端賴家人、師長、同事、朋友、研究助理、學生的諸多協助與鼓勵，而母校國立臺灣師範大學提供安定的教研環境，亦是重要因緣，謹此表達深摯的謝忱。

國家圖書館出版品預行編目資料

明代老子學詮解的義理向度

江淑君著. — 初版. — 臺北市：臺灣學生，2018.01
面；公分

ISBN 978-957-15-1753-7 (平裝)

1. 老子 2. 研究考訂

121.317   106025229

明代老子學詮解的義理向度

著　作　者　江淑君
出　版　者　臺灣學生書局有限公司
發　行　人　楊雲龍
發　行　所　臺灣學生書局有限公司
地　　　址　臺北市和平東路一段 75 巷 11 號
劃 撥 帳 號　00024668
電　　　話　(02)23928185
傳　　　眞　(02)23928105
E - m a i l　student.book@msa.hinet.net
網　　　址　www.studentbook.com.tw
登記證字號　行政院新聞局局版北市業字第玖捌壹號
定　　　價　新臺幣四二〇元
出 版 日 期　二〇一八年一月初版
I　S　B　N　978-957-15-1753-7